The Rhodesia Medal Roll

Honours and Decorations of the Rhodesian Conflict 1970-1981

Edited by
David Saffery

Cover design copyright © Chris Eason 2006.

Breast star of the Grand Commander of the Legion of Merit of Rhodesia from the collection of Nigel McLean.

Published by Jeppestown Press, 10A Scawfell St, London, E2 8NG, United Kingdom.

Arrangement and introductions copyright © David Saffery 2006

ISBN   0-9553936-0-4
ISBN-13   978-0-9553936-0-0

All Rights Reserved. No part of this publication may be reproduced, stored in a retrieval system, or transmitted, in any form or by any means, electronic, mechanical, photocopying, recording, scanning or otherwise, except as described below, without the permission in writing of the Publisher. Copying is not permitted except for personal use, to the extent permitted by national copyright law. Requests for permission for other kinds of copying, such as copying for general distribution, for advertising or promotional purposes, for creating new collective works, or for resale, and other enquiries, should be addressed to the Publisher.

Contents

Contents	3
Acknowledgements	5
Introduction	7
Naming	9
Inconsistency	10
Common abbreviations	11
The Grand Cross of Valour (G.C.V.)	16
The Conspicuous Gallantry Decoration (C.G.D.)	17
The Grand Commander of the Legion of Merit (G.C.L.M.)	18
The Grand Officer of the Legion of Merit (G.L.M.)	19
The Independence Decoration (I.D.)	21
The Independence Commemorative Decoration (I.C.D.)	22
Commander of the Legion of Merit (C.L.M.)	25
Police Cross for Conspicuous Gallantry (P.C.G.)	27
The Silver Cross of Rhodesia (S.C.R.)	28
Prison Cross for Gallantry	29
Officer of the Legion of Merit (O.L.M.)	30
The Member of the Legion of Merit (M.L.M.)	34
The Police Decoration for Gallantry (P.D.G.)	41
The Bronze Cross of Rhodesia (B.C.R.)	42
The Police Cross for Distinguished Service (P.C.D.)	45
The Defence Cross for Distinguished Service (D.C.D.)	46
The Rhodesia Prison Cross for Distinguished Service (P.S.C.)	47
The Meritorious Conduct Medal (M.C.M.)	48
The Rhodesia Prison Medal for Gallantry (R.P.M.)	51
The Medal for Meritorious Service (M.S.M.)	52
The Police Medal for Meritorious Service (P.M.M.)	61
The Defence Force Medal for Meritorious Service (D.M.M.)	65
The Rhodesia Prison Medal for Meritorious Service (P.M.S.)	69
The President's Medal for Chiefs	70
The President's Medal for Headmen	71
The Military Forces' Commendation	72
The Director's Commendation (Prisons)	81

Contents

The Police Long Service Medal	82
The Exemplary Service Medal	122
The Prison Long Service Medal	137
Police Reserve Long Service Medal	143
The Medal for Territorial or Reserve Service	203
Fire Brigade Long Service and Good Conduct Medal	222
The Rhodesia Badge of Honour	224
The President's Medal for Shooting	233
The President's Commendation for Brave Conduct	234
The Commissioner's Special Commendation for Bravery	235
The Commissioner's Special Commendation for Bravery	235
The Commissioner's Commendation for Bravery	235
His Excellency The Officer Administering the Government's Commendation for Bravery	237
Bibliography	238
Index to names listed in this book	239

Acknowledgements

This book was inspired by a casual conversation five years ago with Craig Fourie—one of the world's foremost experts on the honours and awards of Rhodesia, and co-author with Jonathan Pittaway of the two finest and most comprehensive recent reference works dealing with southern African military history: *S.A.S. Rhodesia* and *L.R.D.G. Rhodesia*. The editor also wishes gratefully to acknowledge the assistance of the following:

The Government of the Republic of Zimbabwe;
H. E. Mr Simbarashe Simbaneduku Mumbengegwi, Ambassador of the Republic of Zimbabwe to the United Kingdom;
Martin Makururu and Miss Zirima at Zimbabwe House, London;
The Director and staff of the National Archives of Zimbabwe, and particularly William Tekede;
Nicholas Vumbunu, Harare;
Nigel McLean, Johannesburg;
David Heppenstall, of the Rhodesian Army Association.

Introduction

This volume contains the details of over 12,000 Rhodesian honours and decorations awarded to individuals between 1970 and 1982, when the Rhodesian honours system was superseded by that of the new state of Zimbabwe. The preponderance of military awards and decorations reflects the fact that Rhodesia was in a state of civil war for most of its existence following its Unilateral Declaration of Independence from the United Kingdom in 1965.

Its white minority government declared Rhodesia a republic in 1970, and practically all Rhodesian honours and decorations were created by a system of Warrants less than a year later, in November 1970. Honours and decorations awarded by the Rhodesian state were recorded in notices published in the *Rhodesia Government Gazette* and its successors the *Zimbabwe Rhodesia Government Gazette*, the *Southern Rhodesia Government Gazette* and the *Zimabwe Government Gazette* (although the government of Zimbabwe seems to have stopped gazetting honours and awards in about 1995), and it is on these public notices that this volume is based.

The last Rhodesian gallantry awards to be gazetted were published in December 1979, just months before Zimbabwean independence in April 1980. However, Army General Orders of 30 June 1980 announced a final grant of honours and decorations, including the Grand Cross of Valour, four Silver Cross of Rhodesia awards and ten Bronze Cross of Rhodesia awards; thanks to the kind assistance of David Heppenstall of the Rhodesian Army Association I am able to include these previously little-known awards in this book.

This roll can do little more than scratch the surface of the Rhodesian honours system, although it does at least encompass the full period of award from the first decorations in 1970 to the final armed service long service medals awarded in mid-1981, by which time the

Introduction

structure of the new Zimbabwean honours system was already largely in place. The roll also includes details of a final, isolated award of several hundred Police and Police Reserve Long Service medals, in June 1982.

The work corrects a few errors and omissions in those portions of the roll that were previously reproduced in publications in the late 1970s. The tens of thousands of un-gazetted General Service Medals awarded by the Rhodesian armed forces; District Service Medals and Prison General Service Medals all fall outside its scope, and await their own specialist rolls.

Inevitably this work will contain errors, either in transcription or as a result of the publication of incorrect or misspelt information in the original Government Gazette entry. The Editor will be pleased to receive any corrections. Please note that all corrections received will be posted on the Jeppestown Press web site: www.jeppestown.com.

Naming

While the administration and publication of Rhodesian honours and awards was generally efficiently managed and accurately recorded, the naming of awards to black recipients can sometimes cause confusion. To give an example, Kenneth Tovakare Chinyere's Bronze Cross of Rhodesia was awarded in 1970 and gazetted as awarded to Private K. Tovakari; his Exemplary Service Medal was awarded ten years later and gazetted to 642782 WO2 T. Chinyere. Rhodesian medals are invariably impressed on the rim or reverse with small sans-serif capitals.

Disparity in naming has several sources—sometimes, through ignorance, white clerks simply confused black Rhodesians' clan names and given names; or deliberately enlisted an individual under a 'European' name in preference to an African one. Traditional naming systems in southern Africa mean that someone may often be known by different names to different groups of people, and people may change their names at different stages of their lives. In addition, some black people who enlisted in the Rhodesian security forces may have used different names at different times in their career in order to minimise the likelihood that their families might face intimidation from opponents of the white minority government. In many cases awards may be positively identified as belonging to the same person through the recipient's service number.

On a related note, there is evidence that a handful of gallantry awards may not in every single case have been gazetted, so that the fact that a named example exists but does not appear in a *Government Gazette* notice does not in *every* case mean that the medal is a fantasy piece. In this, as usual, let the buyer beware.

Inconsistency

Unfortunately, the reader will find inconsistency in the layout and content of the following roll. Different gazette notices were laid out in different forms over the eleven years encompassed by this work, and contained a variety of information; so that, for example, the notice of award of the Police Reserve Long Service Medal of 5 March 1971 is unique in indicating the town in which each recipient served, while most of the subsequent notices for this award give just the province—and some not even that.

Where there are different ways of displaying information, I have wherever possible followed the course that will be of greatest convenience to the researcher or historian, even if this does not necessarily follow habitual procedure in the branch of the armed forces concerned.

Common abbreviations

2nd Lt	Second Lt	Const	Constable
Act	Acting	CSM	Colour Sgt Major
AFR	African Field Reservist	Capt	Captain
APO	African Patrol Officer	D	Detective
		D	Deputy
APR	African Police Reservist	DA	District Assistant
Ald	Alderman	D C Insp	Detective Chief Inspector
Asst Comm	Assistant Commissioner	D C Supt	Detective Chief Superintendent
B.C.R.	Bronze Cross of Rhodesia	D Dir	Deputy Director
Bdr	Bombardier		
B.S.A.P.	British South Africa Police	D Insp	Detective Inspector
C	Chief	D Const	Detective Constable
CFO	Chief Fire Officer	D Sgt	Detective Sergeant
C.G.D.	Conspicuous Gallantry Decoration	D.C.D.	Defence Cross for Distinguished Service
C Insp	Chief Insp		
C Supt	Chief Supt		
C Wdr	Chief Warder	Div Off	Divisional Officer
C.L.M.	Commander of the Legion of Merit	D.M.M.	Defence Forces Medal for Meritorious Service
Cmdr	Commander		
Col Sgt	Colour Sgt		
Comm	Commissioner	DO	District Officer
Cpl	Corporal		

Common abbreviations

DSA	District Security Assistant	Insp	Inspector
		L	Lance
		L Cpl	Lance Corporal
Flt Lt	Flight Lieutenant	L Sgt	Lance Sergeant
FO	Fire Officer	Ldg AC	Leading Aircraftsman
FR	Field Reservist	Ldg Frm	Leading Fireman
Frm	Fireman		
G.C.V.	Grand Cross of Valour	LSO	Lance Sec Officer
G.C.L.M.	Grand Commander of the Legion of Merit	Lt	Lieutenant
		Lt Col	Lieutenant Colonel
		Maj	Major
Gen	General	Maj Gen	Major General
G.L.M.	Grand Officer of the Legion of Merit	Mast	Master
		Mast Tech	Master Technician
Grp Capt	Group Captain	M.C.M.	Meritorious Conduct Medal
Grp Ldr	Group Leader		
Hon	Honourable	M.L.M.	Member of the Legion of Merit
I.C.D.	Independence Commemorative Decoration	M.S.M.	Medal for Meritorious Service
I.D.	Independence Decoration	NSPO	National Service Patrol Officer
J Cpl	Junior Corporal		
J Cmdt	Junior Commandant	O Cadet	Officer Cadet
		Off	Officer
Jun Sub Off	Junior Sub Officer	P.C.D.	Police Cross for Distinguished Service
KC	Keep Commander (Guardforce)		

Common abbreviations

P.C.G.	Police Cross for Conspicuous Gallantry	R.P.M.	Rhodesia Prison Medal for Gallantry
P.D.G.	Police Decoration for Gallantry	RPO	Reserve Patrol Officer
PFO	Principal Fire Officer	RSM	Regimental Sergeant Major
P.M.M.	Police Medal for Meritorious Service	RSO	Reserve Section Officer
		S	Senior
P.M.S.	Prison Medal for Meritorious Service	S.C.R.	Silver Cross of Rhodesia
		Sgt	Sergeant
		Sgt Maj	Sergeant Major
PO	Patrol Officer (B.S.A.P.) or Prison Officer	SO	Section Officer
		Sec Off	Section Officer
		Sec Off	Second Officer (Fire Brigade)
Pol Res	Police Reserve		
Pol Res Obs	Police Reserve Observer	Sec Ldr	Section Leader
		Sen	Senator
PRP	Police Reserve Pilot	Sqn Ldr	Squadron Leader
P.S.C.	Prison Cross for Distinguished Service	Snr	Senior
		Snr Frm	Senior Fireman
		Stat Off	Station Officer
		Stat Sgt	Station Sergeant
R C Insp	Reserve Chief Inspector	St Insp	Staff Inspector
R C Supt	Reserve Chief Superintendent	St Sgt	Staff Sergeant
		St Ldr	Stick Leader
R Insp	Reserve Inspector	Sub Insp	Sub-Inspector
		Supt	Superintendent
Rfn	Rifleman	(T)	B.S.A.P. Technician
		T	Temporary

Common abbreviations

UTO	Under Training Officer
VR	Volunteer Reserve
W	Woman
Wdr	Warder
WFR	Woman Field Reservist
W Grp Ldr	Woman Group Leader
WO1	Warrant Officer Class I
WO2	Warrant Officer Class II
WRPO	Woman Reserve Patrol Officer

The Rhodesia Medal Roll

The Grand Cross of Valour (G.C.V.)

Rhodesia's highest award for gallantry, for conspicuous valour by members of the Security Forces in combat.

24.3.1978

Act Capt C. F. Schulenberg, S.C.R.

30.6.1980

780793 T Maj Grahame Alexander Wilson, S.C.R., B.C.R.

The Conspicuous Gallantry Decoration (C.G.D.)

For acts of the highest gallantry and brave conduct of an outstanding order in a non-combatant capacity; the highest award for gallantry awarded to civilians.

14.10.1977

Mr R. J. Kogler (posthumous)

20.4.1979

Mr J. G. Scott

The Grand Commander of the Legion of Merit (G.C.L.M.)

For outstanding service to Rhodesia.

CIVIL DIVISION

The Hon C. W. Dupont I.D.

23.3.1979

The Hon I. D. Smith, I.D., M.P

MILITARY DIVISION

No awards gazetted

The Grand Officer of the Legion of Merit (G.L.M.)

For outstanding service to Rhodesia.

CIVIL DIVISION

11.11.1973
Senator S. E. Morris, I.D., C.M.G.

Mr W. H. H. Nicolle, I.D., O.B.E.
The Hon. A. R. W. Stumbles, I.C.D.

11.11.1974
Mr N. H. B. Bruce, I.D.
The Hon. J. H. Howman, I.D.
Mr L. C. Ross, LD., M.B.E.
The Hon. L. B. Smith, I.D.
Mr D. W. Young, I.C.D., M.C.

11.11.1975
Senator the Hon. D. W. Lardner-Burke, I.D.
Mr D. C. Lilford, I.C.D.
Mr E. A. T. Smith, I.D., Q.C., J.P.

11.11.1976
Mr T. A. T. Bosman, I.D.
Air Vice Marshal H. Hawkins, I.C.D., C.B.E., A.F.C.
The Hon. R. T. R. Hawkins, I.C.D., M.P.
The Hon. B. H. Mussett, I.D., M.P.

Mr C. N. Wetmore, I.C.D.

11.11.1977
Mr J. F. Gaylard
The Hon A. P. Smith, I.D.
The Hon D. C. Smith, I.C.D
The Hon P. K. F. V. van der Byl, I.D.

17.2.1978
Mr P. D. W. R. Sherren, C.L.M., P.C.D.

11.11.1978
Mr N. Cambitizis
Col G. H. Hartley
The Hon M. H. H. Partridge, I.C.D.

27.4.1979
The Hon J. W. Pithey, I.C.D., C.B.E.
Lt Col Henry Breedon Everard, I.C.D., D.S.O., T.D.
Mr William Michie Irvine
Mr K. Flower, I.D., M.B.E.

Grand Officer of the Legion of Merit

MILITARY DIVISION

11.11.1977

Lt Gen G. P. Walls, O.L.M., D.C.D., M.B.E.

The Independence Decoration (I.D.)

For persons who played a notable and significant part in the Unilateral Declaration of Independence in 1965.

11.11.1970

Mr F. E. Barfoot, C.B.E.
Mr T. A. T. Bosman, Q.C.
Mr N. H. B. Bruce
Mr A. M. Bruce-Brand, C.B.E.
The Hon. P. K. F. V. van der Byl, M.P.
Mr G. B. Clarke, C.M.G., I.S.O.
The Hon. I. B. Dillon, M.P.
Brigadier the Hon. A. Dunlop, D.S.O.
The Hon. C. W. Dupont
The Hon. the Lord Graham
Sir Cornelius Greenfield, K.B.E., C.M.G.
Senator the Hon. P. van Heerden
The Hon. J. H. Howman, M.P.
Lt Col W. M. Knox
The Hon. D. W. Lardner-Burke, M.P.T.
The Hon. I. F. McLean, M.P.
Senator S. E. Morris, C.M.G.
The Hon. B. H. Mussett, M.P.
Senator Chief M. Mzimuni
Mr W. H. H. Nicolle, O.B.E.
Mr L. C. Ross, M.B.E.
The Hon. G. W. Rudland
The Hon. A. P. Smith, M.P.
Mr E. A. T. Smith, Q.C.
The Hon. I. D. Smith, M.P.
The Hon. L. B. Smith, M.P.
The Hon. J. J. Wrathall, M.P.
Chief Zwimba, M.B.E.

20.4.1979

Mr K. Flower

The Independence Commemorative Decoration (I.C.D.)

For persons rendering valuable service to Rhodesia.

11.11.1970

Mr F. A. Alexander, M.P.
Mr J. Armstrong, I.S.O.
Mr E. G. Atmore
Mr J. G. Aylward
Mr J. E. Baker
Air Vice Marshal A. M. Bentley, C.B.E., A.F.C.
Mr H. S. Bezuidenhout
Mr H. B. Bloomfield, M.B.E.
Mr N. J. Brendon
Mr S. F. Brice, O.B.E.
Mr J. S. Brown, O.B.E.
Mr G. H. Bryan
Mr F. E. Buch
Mr J. D. Cameron
Senator W. J. J. Cary
Mr W. F. Cattle
Mr M. M. Cawood
Mr C. H. Chandler
Chief Chiota
Senator Chief Chirau
Chief Chitanga
Chief Chivero
Chief Chiwundura
Mr J. Christie, M.P.
Mr R. J. D. Christie
Mr C. F. S. Clark, M.P.
Mrs M. A. Clark
Mr P. Claypole
Mr H. E. Coleman
Mr C. H. V. Cooke, M.B.E., M.C.
Maj Gen K. R. Coster, O.B.E.
Mr D. H. Cummings, O.B.E.
Mr C. S. Davies
Mr J. J. L. de Kock
Mr R. W. Dell
Lt Col C. R. Dickenson, C.M.G.
Ald. D. Divaris, M.P.
Mr S. N. Eastwood
Mr V. P. Ehrenfeld
Dr W. P. Elford
Mr T. M. Ellison, M.P.
The Hon. G. Ellman-Brown C.M.G., O.B.E.
Lt Col H. B. Everard, D.S.O., T.D.
Mr D. Fawcett Phillips, M.P.
Mr A. I. A. Findlay
Chief Fish
Mr D. Frost
Mr A. Gale-Langford
Mr Titus Garisi
Mr R. T. Garvin
The Hon. J. Gaunt
Wing Cmdr C. S. V. Goodwin, O.B.E.
Mr N. F. Grant
The Hon. J. C. Graylin, C.M.G.
Mr R. A. Griffith, M.B.E.
Mr M. C. Hagelthorn
Mr R. F. Halsted
Dr D. A. Hamilton Ritchie, M.P.
Mr G. M. Harries
Mr A. D. Harris
Col G. H. Hartley, O.B.E., E.D., M.P.
Lt Col K. G. Harvey, D.S.O., M.B.E., E. D.
Air Vice Marshal H. Hawkins, C.B.E., A.F.C.
The Hon. R. T. R. Hawkins, M.P.

Independence Commemorative Decoration

Mr C. B. A. Hayes
Mr J. M. Helliwell
Mr C. A. Heurtley
Mr E. K. Hockey
Mr H. J. C. Hooper
Mr R. B. Hope-Hall, M.P.
Mr J. A. C. Houlton
Mr L. J. Howe-Ely
Mr E. H. Howman
Mr A. T. Inglesby
Mr W. M. Irvine, M.P.
Lt Col N. G. Jardine, O.B.E., T.D.
Chief Kayisa Ndiweni
Mr G. J. Kluckow
Mr K. K. E. Kuhn
Mr P. G. H. Lamport-Stokes
Mr A. L. Lazell, M.P.
Lt Col A. Leslie, O.B.E.
Mr D. C. Lilford
Mr G. Lloyd-Roberts
Chief Mabigwa
Lt Col A. J. W. MacLeod, D.S.O., M.P.
Senator Chief Mafala
Mr J. M. Magowan, O.B.E.
Mr J. Maltas
Chief Maranke
Mr W. Margolis, O.B.E.
Mr E. G. E. Marsh, C.B.E.
Mr Matambo, B.E.M.
Ald S. H. Millar, M.P.
Mr M. G. Mills
Mr T. Mitchell
Lt Col L. Moody, M.C., T.D.
Mr T. P. Morgan
Chief Mukanganwe
Mr B. Musoni
Chief Myinga
Chief Ndanga
Chief Nema
Mr J. A. Newington, A.F.C., M.P.
Senator Chief Ngorima
Chief Ngungumbane
Mr R. K. Nilson
Mr S. D. O'Donnell
Mr E. Osborn
Mr B. Owen-Smith
Mr H. R. T. Oxley
Mr E. R. B. Palmer
Mr P. Palmer-Owen, M.P.
Mr J. A. G. Parker
Mr K. K. Parker
Mr G. H. Parkinson
The Hon. M. H. H. Partridge, M.P.
Mr F. L. Patch
Mr R. Patterson, M.B.E., D.C.M.
Mr W. R. Perry
Mr J. W. Phillips, O.B.E.
Mr T. A. Pinchen, M.P.
Senator J. Pincus
The Hon. J. W. Pithey, C.B.E.
Mr B. Pouter, M.P.
Grp Capt H. J. Pringle, O.B.E.
The Hon. H. J. Quinton
Mr H. Reedman
Mr C. H. Roberts
Mr H. C. W. Rouse
Mr R. Rushmere
Mr J. R. Ryan
Chief Samuriwo
Chief Shumba
Senator Chief Sigola, M.B.E.
Brigadier A. Skeen, O.B.E.
Mr J. D. Slaven
The Hon. D. C. Smith, M.P.
Grp Capt G. A. Smith, O.B.E., E.D.
Mr K. M. Smith, M.B.E.
Mr L. G. Smith

Independence Commemorative Decoration

Sen Chief Sogwala
Mr J. Spink
Mr R. Stallwood
Maj E. S. Streeter, M.B.E.
Sen J. R. Strong
Mr C. I. H. Stuart
The Hon. A. R. W. Stumbles
Lt Col H. D. Tanner, O.B.E., M.P.
Mr L. R. Thompson
Mr K. H. Towsey, O.B.E.
Mr C. G. Tracey
Capt P. A. Travers
Cmdr S. C. Trethowan
Mr E. C. W. Trollip, A.F.C.
Mr G. S. Walker
Mr H. W. H. Wallis
Mr H. G. Ward
Dr M. H. Webster, O.B.E.
Mr W. N. Wells
Mr C. N. Wetmore
Sen W. R. Whaley
Chief Whata
Mr D. T. M. Williams
Mr S. A. Wilmot
Air Vice Marshal A. O. G. Wilson, O.B.E.
Mr D. W. Young, M.C.
Chief Zimuto

27.11.1970

Mr C. C. Seddon

21.12.1973

Mr N. Cambitzis
Sir Frederick Crawford, G.C.M.G., O.B.E.
Mr J. Penman
Mr T. R. Pittard
Mr M. Rule
Mr N. Spoel

Mr R. S. Walker

2.1.1976

Mr K. D. Leaver

25.3.1977

Mr H. W. Freeman

15.9.1978

Capt J. M. Malloch

Commander of the Legion of Merit (C.L.M.)

For distinguished service to Rhodesia.

CIVIL DIVISION

11.11.1972
Comm S. F. S. Bristow, P.C.D.

11.11.1973
Mr D. J. Divett
Mr G. A. D. Roberts

11.11.1974
Mr W. Basson
Dr C. A. L. Myburgh

11.11.1975
Mr C.H. V. Cooke, I.C.D., M.B.E., M.C.
Lt Col W. M. Knox, I.D.
Mr A. F. Mason
Comm P. D. W. R. Sherren, P.C.D.
Mr K. H. W. Towsey, I.C.D., O.B.E.

11.11.1976
Mr A. G. Calder
Mr L. J. Howe-Ely, I.C.D.
Mr W. Margolis, I.C.D., O.B.E.

11.11.1977
Mr J. E. Baker, I.C.D.

Mr J. H. H. Louwrens
Mr J. A. G. Parker, I.C.D.

11.11.1978
Comm P. K. Allum
Mr G. H. M. Beak
Mr J. D. Cameron
Mr W. F. Cattle
Mr M. M. Cawood
Mr R. E. Garmany
Dr D. C. Krogh
Mr J. M. Magowan
Capt J. Malloch
Mr L. G. Smith

23.3.1979
Mrs. J. M. M. Smith

27.4.1979
Mr E. G. Atmore
Mr M. F. Garnett

30.11.1979
Mr Alan Hunt

7.12.1979
W. F. Sievwright
A. J. Smith

Commander of the Legion of Merit

MILITARY DIVISION

11.11.1975
Air Marshal M. J. McLaren

29.10.1976
Maj R. F. Reid-Daly, D.M.M., M.B.E.

11.11.1978
Lt Gen J. S. V. Hickman
Air Marshal F. W. Mussell

Police Cross for Conspicuous Gallantry (P.C.G.)

For conspicuous gallantry.

20.6.1975

21149 Const C. Kampaundi

25.3.1977

8158 PO D. G. Edwards
22150 Const S. M. Manyawu

5.8.1977

22327 Const E. Mazarire

8.9.1978

9440 LSO L. R. O'Brien

The Silver Cross of Rhodesia (S.C.R.)

For conspicuous gallantry.

13.9.1974
2Lt C. D. Collett
4155 Sgt P. I. McNeilage
3148 Sgt A. P. Franklin
R44579 Cpl C. Martin

11.4.1975
Air Lt R. J. Watt
6113 Sgt G. Whittal

26.9.1975
Lt C. F. Schulenburg
644758 L Cpl H. Wuranda
644719 Pte Rangarairayi

15.10.1976
Flt Lt M. Borlace

29.10.1976
Capt R. S. S. Warraker

22.4.1977
Flt Lt V. B. W. Cook

29.7.1977
2nd Lt M. D. Stobart-Vallaro
727700 Sgt J. McKelvie

4.11.1977
Flt Lt K. Benecke, D.C.D.

31.3.1978
644664 Sgt E. Piringondo
644553 T Sgt S. Mpofu

19.5.1978
727860 T L Cpl R. N. Phillips

8.9.1978
L Cpl C. Sarirowona

13.10.1978
2nd Lt B. M. Thompson
(posthumous)

13.4.1979
Capt G. A. Wilson, B.C.R.

25.5.1979
Cpl L. Pilate

1.6.1979
Capt R. C. MacKenzie, B.C.R.
Capt M. F. Pearse, M.F.C.
(Operational)
Capt C. B. Willis, B.C.R.

14.9.1979
781135 Lt A. T. Telfer (MFC Operational)
781250 2nd Lt G. L. Trass
646796 Cpl A. Ali

5.10.1979
646688 L Cpl Raymond Hariori

7.12.1979
780673 Maj B. M. Snelgar
(posthumous)

30.6.1980
781133 Lt P. Lawless
V7000 Lt B. M. Sudbury
645642 Cpl A. Matambo
113816 Tpr J. M. Coast

Prison Cross for Gallantry

For conspicuous gallantry.

No award appears ever to have been gazetted

Officer of the Legion of Merit (O.L.M.)

For distinguished service to Rhodesia.

CIVIL DIVISION

11.11.1971

Mr G. H. Bradbury, M.B.E.
Mr D. Espach
Mr K. H. Greager, M.B.E.
Mr J. G. Robinson
Dr J. Wakeford, O.B.E.
Mr T. A. Wright

12.7.1971

Mr R. J. V. Bailey
Professor G. Bond
Mr C. A. Bott
Mr W. Crabtree
Mr K. M. Fleming
Mr J. M. Hammond
Mr G. F. J. Handover
Dr L. Jacobson
Mr B. H. Lovemore
Dr I. McDonald
Mr D. J. Morris
Dr H. J. van Reenen Mostert

10.7.1972

Mr M. M. S. Simmonds
Mr E. D. Vansittert, P.C.D.
Mr E. S. White, O.B.E.

11.11.1972

Mr D. Airey

1.11.1973

Dep Comm (Retired) T. Allen, P.C.D.

Ald. C. M. Austin, M.B.E.
Mr M. E. Eyett
Mr A. D. Fraser, I.S.O.
Dep Comm P. D. W. R. Sherren, P.C.D.
Mr F. H. R. Sletcher
Mr J. M. Williamson

11.11.1974

Mr R. R. Gregory
Mr B. C. W. Hacking
Mr D. F. Lovemore
Mr H. R. Martin, O.B.E.

11.11.1975

Mr H. Anderson
Mr R. Calmeyer
Mr D. Eccles
Dep Comm L. J. Jouning, P.C.D.
Mr G. L. Henson
Mr L. S. Hill
Mr N. G. Hodson
Ald. W. R. Kinleyside
Mr A. Moseley, M.M., M.P.
Dr D. A. Parker
Col H. M. de Berdt Romilly

11.11.1976

Dep Comm P. K. Allum, P.C.D.
Engineer W. A. Bailey
Mr F. W. Baldock
Mr K. D. Leaver, I.C.D.
Mr J. Penman, I.C.D.
Ald B. I. S. Tumner

Officer of the Legion of Merit

12.8.1977

Mr D. V. S. Dunn

11.11.1977

Mr R. H. Annan, D.S.O.
Mr P. W. Bosch
Mr W. Dahmer
Mr R. R. Klette
Mr E. M. Micklem
Mr J. L. D. Nicolle, O.B.E.
Mr A. R. Patman
Mr R. G. Phillips

25.11.1977

Dr C. R. Huxtable, M.C.

15.9.1978

J. D. Adamson
J. S. Hatton
R. D. Pilson (posthumous)
D. C. Tapson
J. G. Wilson

11.11.1978

Dep Comm G. Atkinson
Asst Comm R. E. Burrell
Dr G. F. T. Child
Mr D. M. Connolly
Dep Comm J. Denley
Mr C. A. Hudson-Beck
C Supt M. J. P. McGuinness
Mr F. L. Patch
Mr H. Radnitz
Dr D. H. Saunder
Ald G. A. Sulter
Mr J. H. Tapson
Mr G. S. Walker
Mr B. Walters
Mr J. E. B. Wiltshire
Mr C. Wright

Mr D. A. B. Wooldridge

Awards to foreign nationals

Mr W. Jacobs
Judge C. Thompson

8.12.1978

Miss J. L. Howson

5.1.1979

Award to foreign national

Mr R. Griggs

27.4.1979

Mr J. Christie, I.C.D.
Mr D. Divaris, I.C.D.
Mr C. J. Roos
Maj E. W. D. Coventry
Lt Col C. R. Dickenson
Mr M. A. Dumas
Asst Comm J. S. T. Fletcher
Mr D. Goldin (posthumous)
Lt Col C. W. Greathead
Mr R. Henwood
Mr K. R. Housden
Mr E. H. Howman
Mr L. G. Leach
Lt Col D. I. Mitchell
Mr E. W. Pope-Simmonds
Mr D. Robinson
Mr A. J. Saich
Mr J. M. Stracham
Dr A. Wilson

7.12.1979

Mr A. L. Alison
Mr B. Ankers
Mr, C. O. G. Benson
Mr T. Bryer
Mr G. W. A. Chubb

Officer of the Legion of Merit

Mr W. R Ferris
Mr I. A. B. Galletly
Mr M. V. Gardner
Mr J. G. Hillis
Mr A. S. Holland
Dr A. D. Hurrell
Mr, H. J. Malaba
Mrs. L. O. Mehmel

Dr J. S. B. Preece
Dr R. H. N. Smithers
Dr J. G. N. Stagman
Mr W. Talbot-Evans
Mr C. V. Tapson
Mr C. G. Tracey
Mr F. C. Viljoen

MILITARY DIVISION

12.7.1971

Army

Maj Gen G. P. Walls, M.B.E.
Brigadier T. L. Passaportis
Brigadier K. A. Radford.

Air Force

Air Vice Marshal J. P. Moss
Air Commodore J. H. Deall, D.S.O. O.B.E., D.F.C.
Grp Capt D. A. Bradshaw

11.11.1973

Army

Maj Gen G. A. D. Rawlins.

Air Force

Air Marshal M. J. McLaren
Air Commodore H. J. Pringle, I.C.D. O.B.E.

11.11.1974

Army

Lt Col E. G. R. Turner
Maj B. A. Barrett-Hamilton

Air Force

Air Vice Marshal F. W. Mussell

26.9.1975

Army

Lt M. K. Hardy
724533 Sgt B. P. D. Fitzsimmons

11.11.1975

Army

Col J. W. Drummond

Air Force

Air Commodore A. W. Mutch
Grp Capt A. M. M. Thomson

11.11.1976

Army

Maj Gen J. S. V. Hickman, M.C.
Lt Col P. H. Browne

23.9.1977

Maj N. G. C. Fawcett, B.C.R.
Maj P. W. Armstrong

Officer of the Legion of Merit

11.11.1977
Lt Col C. H. French
Act Maj A. B. C. H. Dalton

21.4.1978
T Maj A. G. Sachse, B.C.R.
Act Maj C. J. I. Kriel

15.9.1978
Lt Col R. J. N. Lever

11.11.1978
Air Vice Marshal C. W. Dams
Brigadier H. Barnard
Brigadier W. A. Godwin
Maj Gen A. N. O. MacIntyre
Maj Gen A. L. C. Maclean
Lt Col M. G. Pelham
Grp Capt O. D. Penton

13.4.1979
Act Brigadier M. D. Shute

Air Commodore N. K. Kemsley
Maj B. A. Campbell

8.6.1979
Maj M. J. Swart

3.2.1978
Grp Capt N. Walsh, B.C.R.
Maj B. G. Robinson, M.C.M.

7.12.1979
781162 Act Capt J. A. C. White.
B.C.R., D.M.M.
5003 Lt C. J. Gough
Lt-Col I. R. Stansfield

30.6.1980
780689 Maj N. D. Henson
V2720 Maj W. M. R. Bragge
V2527 Maj N. E. York

Member of the Legion of Merit

The Member of the Legion of Merit (M.L.M.)

For distinguished service to Rhodesia.

CIVIL DIVISION

11.11.1971

Mr W. Acutt
Miss D. R. M. Hughes
Mr R. H. S. Kelly
Mr W. H. Kitto
Mr I. MacLachlan, M.B.E.
Mrs J. Reid
Mr P. M. Swift
Dr M. L. Westwater

12.7.1971

Mrs N. W. Armstrong
Mr E. G. Bagshawe
Mr J. F. Barham
Mr B. H. Blowers
Mr E. T. Bridges
Mr W. G. Croxford
Mr A. E. Davies
Mr H. F. W. Davies
Dr D. M. du Toit
Mr V. S. Evans
Mr R. L. Foster
Mrs M. S. Hornby
Miss L. M. M. Jamieson
Mr J. Knapman
Dr B. F. Laidler
Mr W. J. Ludgater
Mr S. G. MacLaurin
Mr R. L. Mitchell
Mr G. C. Molyneux
Mrs D. L. Munn

Mr P. S. Newman
Mr O. J. Olesen
Mr J. Redfern
Mr J. L. Reid
Mrs M. G. Robertson
Mr E. H. Smith
Mrs I. R. E. Spilhaus
Mr W. D. Suffell
Mrs G. Ward
Mrs H. Wyrley-Birch
Mr G. L. Yeoman

10.7.1972

Mr M. M. Buchan, M.B.E.
Mr F. S. Caley, O.B.E.
Dr J. K. A. Davey
Mr L. R. Gordon
Mr J. A. Little
Miss A. O'Connor
Mr G. H. Stone, M.B.E.
Mr E. Seymour White

11.11.1972

Mr G. E. Bedford
Mr K. D. L. Chalmers
Ald. F. E. Chisholm
Dr H. V. de V. Clarke
Lt Col J. E. Everington
Mr L. H. Miller
Mr C. E. M. Moore, M.B.E.
Dr J. Ritchken
Mr E. D. Roper

Member of the Legion of Merit

Dr R. B. Saunders
Mr W. Widdup, M.C., M.M.

11.11.1973

Mrs B. Duke
Mrs D. Duncan
Mr L. Huddy
Miss S. Johnson
The Very Reverend Archdeacon
C. S. Mitchell
Mr G. J. C. Nel
Mr J. H. G. Robertson
Mr H. H. Penman
Mr N. S. Price, C.M.G., O.B.E.
Engineer A. R. Sibson
Miss J. D. Sparks

9.8.1974

Mr L. J. Buckley
Mr A. G. Deere
Mr C. J. Herd

11.11.1974

Mr R. Abercrombie
Mr R. Adendorff
The Hon. E. Broomberg, M.P.
Mr E. E. Burke
Mr P. C. Dighton
Mr A. J. Frost
Mr H. R. Hack, M.B.E.
Mr A. Holden
Mr J. M. Johnston
Mr B. A. Page
Mr S. Pearson
Mr S. W. Sandford
Mr R. P. Widdows
Mr W. W. Wilson

11.11.1975

Mr J. H. Beattie

Mr J. F. Begley
Mr J. W. Brinsley
Mr L. S. C. Brunette
Mrs M. Chance
Mr K. J. Crow
Mr R. R. Bray
Mr A. I. A. Findlay, I.C.D.
Mr J. G. French-Smith
Mr H. A. S. Godley
Lady Graham
Mr C. R. Hacking
Mr I. W. Johnstone
Mr C. J. K. Latham
Mr C. S. Lineham
Rev. A. F. Louw
Mr A. G. Paterson
Mr L. G. Pike
Mr L. H. C. Sharp
Mr I. J. Thom
Mr A. Thompson
Mr J. G. Thompson
Mr J. H. Varkevisser
Mr G. E. Wells

11.11.1976

Mr A. E. F. Bailey
Mr G. Bresciani
Mr A. J. Bundock
Mr G. A. Ford
Mr R. K. Harvey
Ald. G. Heasman
Mr D. G. Mirams
Mr C. Myers
Mr R. W. J. Pratt
Miss E. C. Rees
Mrs L. Rosenfels
Mr O. Trivella
Mr T. H. Weston

Member of the Legion of Merit

12.8.1977

Mr J. W. M. Bellasis
Mr I. C. Cannell
Mr M. J. Carr
Mr C. W. Collett
Mr D. T. R. Ford
Mr W. J. Landsberg
Mr J. F. Saunders
Mr J. P. Skehel
Mr H. B. Ward
Miss W. D. Wilson

11.11.1977

Mr W. R. Atkinson
Mr I. C. Bisset
Mr P. J. B. Burt (posthumous)
Dr R. D. Carshalton
Miss E. M. Clark
Miss N. R. Conolly
Dr H. B. M. Farrell
Mr B. B. Fraser
Mr S. H. Fynes-Clinton
Mr H. K. Geel
Dr B. I. Granger
Mr J. R. Haarhoff
Mr A. W. Hall
Mr J. M. Hogg
Mr I. H. C. Moffitt
Mr J. D. Pearson
Mr J. A. K. Prowse
Mr W. F. Schwim
Mr W. Shepherd-Wilson
Mr R. M. Standish-White
Mr F. E. Taylor
Mr A. M. Verbeek
Mr J. W. Walsh
Mr L. M. Watson
Mr K. K. White

14.4.1978

8175 SO R. W. J. Parker

9.6.1978

Mr C. Pollet

7.7.1978

8157 SO B. R. C. Woan
8556 SO D. L. Brent
16021 Sgt Maj F. A. C. Shimongola

15.9.1978

R. J. Chapman
Mrs. M. E. Coleshaw
G. Coubrough
Dr J. F. Davis
D. W. du Plooy
Dr D. Greenfield
T. C. Kabell
Keni
R. D. Kennedy
A. F. le Roux
J. J. Naude
Sister S. C. Nyanyiwa
J. M. M. Paton
J. R. Peters
F. A. Scammel
R. L. van Heerden
G. S. Vaughan
T. M. Wellington
Mrs. M. G. Worral
R. W. T. Young

11.11.1978

Miss D. A. Aves
Mr I. S. L. Bickersteth
Mr W. A. Bowness
Dr R. A. Cahi
Mr F. X. B. Cooper

Member of the Legion of Merit

Dr D. J. Drake
Mr J. de Haast
Dr R. C. Elliott
Mr W. A. Francey
Mr B. S. Gaydon
Mr A. R. Goodwin
D Insp de Gray-Birch
Mr C. M. Hayes
Mr B. J. A. Hool
Mrs. E. A. Jaffray
Mrs. M. Kennedy
Mr J. A. Landau
Mr E. W. Miles
Snr Asst Comm P. S. Murray
Mr M. A. S. Niven
Mr C. P. Pafitis
Mr M. A. Pratt
Dr A. O. Pugh
Mrs. A. S. Reed
Mr C. H. Roberts
Professor W. F. Ross
A. H. Simpson
Mr W. A. Taylor
Mr W. J. Townsend
Mr R. van der Spuy
Mr J. A. P. Wakefield
Col E. M. Willar
Dr L J. S. Wright
Snr Asst Comm J. A. Wright

Awards to Foreign Nationals
Mr A. di Perna

27.4.79

Mr Geza Leopold Varga
Mr J. Berry
Mr W. J. Burden
Mr V. A. Davey
Sir G. Follows
Mrs. K. L. Gargan

Mr P. R. Gardner
Mrs. A. H. Guild
Mr W. S. Guthrie
Lt Col F. J. Harpur
Mr G. F. Heyns
Supt D. Hollingworth
Mr T. N. Howard
Mrs. J. F. Johnson
Miss J. H. Boyd
Mr H. S. Lemmer
Mr V. A. Lowrie
Mr P. W. W. Manger
R Supt R. Mansill
Mr E. J. May
Mr D. L. Peters
Mr W. B. Rooken-Smith
Mr J. W. M. Snell
Grp Capt P. E. Stableford
Mr C. J. Strong
Maj M. E. Wheaton
Mr E. A. Wilde
Mr M. B. Wiltshire
Mr J. F. L. Worsley

7.12.1979

Dr B. 1. Baldachin
Mrs. J. Belton
Mr H. M. Block
Dr Z. Cakl
Mr A. L Coast
Mr J. G. Cocking
Mr S. A. Cole
Mr D. Collen
Mrs S. M. Coulson
Mr H. G. Cusack
Dr A. E. Dell
Mr W. H. Dell
Capt R. C. Downes
Sister A. Dube
Mr I. G. Edmeades

Member of the Legion of Merit

Mr P. J. Field
Mr D. J. L. Forbes
Mr B Gardner
Sen Sister I. M. Gray
Mr P. R Gresham
Ald R. W. Guest
Mr J. M. Gurney
Mr C. P. Hayter
Mr F. Hobbs
Mrs J. Hosie
Miss I. F. Humphrey
Miss R. B. Hunter
Mr C. C. W. Ingham
Mr M. I. Johnstone
Mr G. P. Lawrence
Mr W. Matthes
Mr M. Mbirimi
Mr I. A. Murray
Mr V. A. Quinlan
Mrs I. R. E. Quinton
Mr J. H. Rae
Mr E. J. J. Roberts
Mr M. Rosenfels
Mr R. C. Sanders
Mr J. D. Stobart
Mr R. W. H. Tait
Mr J. D. Torrance
Dr E. F. Watson
Mr J. M. Wheeler
Mr A. Whyte
Mr B. A. Williams
Mr G. P. Woolcock
Mr I. de la Rue
Snr Asst Comm D. C. Hedge
Snr Asst Comm D. G. Bennison
C Supt F. C. Mason
PRP P. P. Palmer

MILITARY DIVISION

12.7.1971

Army

Lt Col S. A. Stokes, M.C., M.M.
Maj E. W. D. Coventry
Maj F. G. D. Heppenstall
Maj H. St. J. Rowley
WO1 G. A. H. Boyd

Air Force

Wing Cmdr A. F. Chisnall
Wing Cmdr K. A. S. Edwards
Sqn Ldr A. J. Rowe

11.11.1971

Hon. Col R. L. Harris
Wing Cmdr L. A. Deall

10.7.1972

Army

Col R. H. Bathgate-Johnston, T.D.
WO1 C. J. Cubitt, M.B.E.

5.4.1974

Army

4965 Sgt A. P. Rabie
(posthumous)

Air Force

Sqn Ldr P. J. H. Petter-Bowyer

11.11.1974

Army

Lt Col L. Jacobs
Capt M. F. Graham

Member of the Legion of Merit

26.9.1975

Army

Maj J. C. W. Aust
Maj P. J. Burford
Maj R. E. H. Lockley
Capt G. H. M. Barrett

11.11.1975

Army

Maj J. C. P. McVey

Air Force

Grp Capt H. A. Watson

15.10.1976

Army

Maj D. R. Lambert
642493 WO2 C. Muzondida
724228 Col Sgt D. A. Watt

29.10.1976

Maj F. J. Duncan
725440 T Sgt J. W. Lafferty
724447 WO2 J. A. Nel

11.11.1976

Maj T. Culverwell

23.9.1977

Maj B. Schlachter
Maj A. Dennison

3.10.1977

XR 5153 Sgt A. Chait
(posthumous)

11.11.1977

Lt Col L. E. Hawtrey

Maj D. S. Drake
Maj D. H. Frost
T Capt A. M. Lindner
Lt N. M. Tumbare, D.M.M.

14.4.1978

T Maj J. T. Strong

21.4.1978

724571 T Col Sgt R. G. Jenkinson

8.9.1978

200763 Const (Aux) Samuel Nigadzino

15.9.1978

Comdt R. Hallack
Lt Col H. S. Dunn

11.11.1978

Act Lt Col I. R. Bate
Maj C. M. Currin
WO1 L. C. Hallamore
Lt Col G. J. Merrington
Sqn Ldr M. E. Robinson
Act Maj C. F. Tulley

13.4.1979

Maj C. Finnie
WO2 J. G. L. Rudolph
Comdt J. D. Flannagan
Wing Cmdr J. F. du Rand

8.6.1979

WO2 W. E. van der Riet
T WO2 A. J. Balaam

7.12.1979

781166 Lt P. J. van der Riet, B.C.R.

Member of the Legion of Merit

644718 Col Sgt L. Chiyaka, B.C.R.
780479 Lt Col A. K. Boyd-Sutherland
V0152 Lt Col P. A. Conn
780654 T Maj H. L. Copeland
723164 WO1 T. F. Fisher
789716 T Maj F. R. Watts
861137S Snr Cmdt R. O. Tarr

V2493 Lt Col B. D. van Zyl

30.6.1980

781038 T/Maj C. N. Webster
T/Maj W. B. W. Rooken-Smith
642795 WO2 A. Chimuti

The Police Decoration for Gallantry (P.D.G.)

For gallantry.

23.10.1970

Insp F. J. S. Phillips
SO B. J. Tiffin
SO B. E. N. Marshall
FR J. M. Barker

2.8.1974

FR P. A. Conn

21.2.1975

6511 Insp J. E. Twine
20792 D Const A. E. Katsiru

20.6.1975

20174 Const C. Shoko

15.10.1976

21609 Const M. Ncube

25.3.1977

9010 SO T. B. Matthews
8980 PO D. J. Paul
90314 FR W. L. Bredenkamp
24465 FR M. C. A. de Robillard

5.8.1977

8525 SO T. C. Hewitt
(posthumous)

9.6.1978

APR E. Kauzanani
AFR D. Mkandhla
Const G. Soka

8.9.1978

16518 L Sgt Maj M. Masakwa

17.8.1979

8329 D Sect Off G. J. Lailey

5.10.1979

8539 D Sect Off H. W. Bacon
10041 PO B. J. Ludeke
10383 PO G. D. Sutherns

The Bronze Cross of Rhodesia (B.C.R.)

For gallantry.

23.10.1970

Army

Lt A. G. Sachse
Lt I. P. Wardle
2Lt N. G. Fawcett
2Lt C. J. Pearce
2Lt J. T. Strong
2Lt R. D. Marillier
WO2 A. K. Tourle
WO2 Wurayayi
Cpl J. Conway (posthumous award)
Cpl D. E. W. Croukamp
T Cpl R. R. Korb
Cpl K. R. Johnstone
Cpl L. P. Y. Woods
L Cpl T. S. Lahee
Pte K. Tovakari

Air Force

Wing Cmdr N. Walsh
Flt Lt M. F. McLean

13.9.1974

Army

2Lt R. J. A. Passaportis
6084 Sgt E. G. Fouche
R42094 WO2 Gibson
R44520 Cpl P. N. Rabson
R44525 L Cpl G. Gayon
R45348 Pte Phinias

26.9.1975

Army

Lt C. B. Willis
2Lt M. R. Moseley
643461 Sgt A. Ntulini Mazingane
725494 Sgt P. C. O'B. White
725324 Cpl C. C. S. Welch
644718 L Cpl L. Chiyaka
725282 L Cpl C. K. Robins
645124 Pte C. Chabata
645131 Pte F. Chigudu
644911 Pte F. Mugandani

15.10.1976

Army

Act Lt N. J. Theron
641024 WO2 M. Pongweni
724678 Sgt M. D. Kerr
644746 L Cpl D. Boyi
78657 L Cpl M. S. Forsyth
726202 Tpr D. J. Riekert
99295 Rfn D. J. de Beer

Air Force

Air Lt P. H. S. Simmonds
6363 Flt Sgt M. I. Upton

29.10.1976

Army

2Lt D. C. Passaportis
641816 WO2 Y. Kupara
723580 WO2 P. J. van der Riet
723483 WO2 J. A. C. White

644758 Act Sgt H. Wuranda
S.C.R.
644670 L Cpl K. Ruwuyu

25.3.1977

Army

644759 Act Cpl J. Makuwa
(posthumous)

22.7.1977

PR30190 Sgt M. E. Forbes
101387 T Cpl R. Ament
104614 T Cpl R. M. Smith

29.7.1977

Lt G. J. Schrag
2nd Lt G. D. B. Murdoch
Capt D. A. Samuels
93377 WO2 G. M. Pheasant
2nd Lt R. E. Carloni
85525 T Cpl N. Ross-Johnson
645040 L Cpl M. Magara
725748 L Cpl J. Fourie
727598 Tpr J. B. Hyde
99342 Rfn D. M. White
(posthumous)

23.9.1977

725082 Cpl T. G. Hodgson
727990 L Cpl M. W. Watson

7.10.1977

Capt R. C. MacKenzie
Capt G. A. Wilson
2nd Lt W. R. McIntosh
643781 WO2 V. Rashayi
38032 Cpl S. F. Reynolds

4.11.1977

Flt Lt J. R. Blythe-Wood

31.3.1978

Lt R. J. Smith
Lt J. M. Adams
724703 Sgt D. B. Taylor
723952 WO2 C. E. Krause
645032 Act Cpl B. Mzinda
644764 Act Cpl N. M. Obert

9.6.1978

KC T. H. E. Henwood

13.10.1978

Lt A. Thrush
WO2 A. Mashona
Sgt W. A. Fletcher
L Cpl G. K. Galloway

10.11.1978

T Sgt T. O. Nel

1.12.1978

T Maj D. H. Price

8.12.1978

T Cpl L. F. Androliakos
(posthumous)

9.2.1979

Maj A. Dennison, M.L.M.
Pte E. Rashamira

13.4.1979

KC S. A. C. Rigby
Lt R. J. van Malsen
Sgt D. Brown
T Sgt G. Vincent
Act Cpl N. J. van Niekerk
T Corp P. L. Kirkpatrick

Bronze Cross of Rhodesia

25.5.1979

T Sgt P. Wuranda
Sgt H. Hungwe
L Cpl C. Jele (posthumously)
Pte C. W. E. McCanlis
Tpr D. Ndhlovu
2nd Lt G. C. Rae
Lt R. J. Stout

1.6.1979

Act Lt R. J. Stannard

8.6.1979

Cpl M. R. Wilkinson
T Cpl N. K. MacLaughlin

14.9.1979

V3945 2nd Lt D. C. Rosenfels (posthumous)
727997 T Cpl P. M. Binion
647527 L Cpl H. Mawire
727785 Trooper I. R. Traynor

5.10.1979

781247 2nd Lt C. J. E. Vincent
103671 Cpl J. J. du Preez
644198 Cpl C. Ncube
661469 Pvt G. Mponda
728600 Cpl M. D. K. Lawrence (posthumous)

30.11.1979

791548C Guard T Shamu
726102 Sgt E. J. R. Kerr
728703 Cpl B. R. Kidd
728323 T L Cpl A. R. Gibson
107055 Rfn S. D. Geach
729624 T L Cpl R. J. A Harding

7.12.1979

10450 Act WO2 B. Hughes
99154 Cpl F. G. Price
644777 L Cpl D. Ndhlovu
Air Lt M. C. Kruger

30.6.1980

V3841 A/Capt A. G. Bichard
781238 Lt J. A. Scheepers
781335 2nd Lt S. J. Carpenter
724605 WO2 P. J. Fisher
722435 WO2 B. M. M. Laing
724404 C Sgt P. D. Berry
726707 Sgt C. E. Warren
11350B Sgt M. J. C. Meiring
646639 L Cpl H. Chimanikire
647501 Pte C. Musiiwa

The Police Cross for Distinguished Service (P.C.D.)

For distinguished service.

12.7.1971

Comm S. F. S. Bristow
Dep Comm W. Crabtree
Dep Comm P. D. W. R. Sherren
Snr Asst Comm T. D. Allen
Snr Asst Comm R. S. C. Bellamy
Snr Asst Comm A. M. Braes
Snr Asst Comm H. K. A. Gaitskell
Snr Asst Comm A. R. Godwin
Snr Asst Comm G. G. Lee
Snr Asst Comm E. A. Oppenheim
Snr Asst Comm L. H. Turner
Snr Asst Comm E. D. Vansittert
Snr Asst Comm E. G. H. White
Snr Asst Comm J. L. Wordsworth

11.11.1971

Snr Asst Comm L. J. Jouning

10.7.1972

Asst Comm D. Robinson

11.11.1972

Snr Asst Comm E. J. Sheriff

11.11.1973

Snr Asst Comm P. K. Allum
Snr Asst Comm G. Atkinson
Snr Asst Comm Lamond
Snr Asst Comm D. W. Wright

11.11.1974

Snr Asst Comm C. T. Thorpe, P.M.M.

11.11.1975

Snr Asst Comm C. N. Podmore
Snr Asst Comm J. Denley

11.11.1976

Snr Asst Comm P. S. Murray, P.M.M.
Snr Asst Comm J. D. Bradfield, P.M.M.

11.11.1977

Snr Asst Comm D. C. Hedge, P.M.M.
Snr Asst Comm J. A. Wright, P.M.M.

11.11.1978

Snr Asst Comm D. H. Sanderson
Snr Asst Comm D. G. Bennison
Snr Asst Comm R. G. E. Gardner

7.12.1979

Snr Asst Comm P. J. McCulloch
Snr Asst Comm T. G. Ward
Snr Asst Comm R. D. Eames

The Defence Cross for Distinguished Service (D.C.D.)

For distinguished service.

11.11.1975

Army
Maj Gen J. R. Shaw
Col H. Barnard

15.10.1976

Air Force
Air Lt K. Benecke

11.11.1976

Army
Lt Gen G. P. Walls, O.L.M.
Brigadier A. N. O. MacIntyre
Brigadier A. L. C. Maclean
Maj G. Walsh

11.11.1977
Flt Lt E. O. Lunt
Flt Lt R. B. McGregor

15.9.1978
Sqn Ldr H. G. Griffiths
Sqn Ldr D. A. G. Jones

11.11.1978
Wing Cmdr P. J. H. Petter-Bowyer

13.4.1979
Sqn Ldr C. J. T. Dixon
Flt Lt M. S. Ronne
Flt Lt A. R. Bruce
Brigadier A. B. Campling

22.6.1979
Sqn Ldr C. L. Wightman

30.11.1979
Wing Cdr J. E. Bennie
Flt Lt J. M. Baldwin

The Rhodesia Prison Cross for Distinguished Service (P.S.C.)

For distinguished service.

11.11.1971

D Dir J. C. C. Reyneke

11.11.1974

Director F. L. Patch, I.C.D.

11.11.1978

A. M. Hall

The Meritorious Conduct Medal (M.C.M.)

For brave and gallant conduct; this decoration was awarded to both civilians and members of the Security Forces in a non-combatant capacity.

23.10.1970

B.S.A. Police
Supt J. Wickenden (posthumous)

Army
Capt B. G. Robinson
WO2 R. A. Bouch (posthumous)
Col Sgt M. P. Cahill (posthumous)
Col Sgt J. Wright (posthumous)

1971

B.S.A. Police
16999B FR J. A. Galloway
16887E FR I. Palphramand
16392R FR K. Moser
17193M FR G. F. Ogilvie

29.9.1972

Mr W. M. de Beer
Mr A. M. Coetsee

23.3.1973

Mr R. C. Keth

2.8.1974

Fr F. (Thadeus) Stojecki

18.4.1975

Mrs Herene Motsi

16.5.1975

X7227 Mr Matambi
B30507 Mr Amon

26.9.1975

Flt Lt B. S. Moss
6506 Sgt E. A. Bower
4407 Sgt P. C. Clemence
644853 L Cpl R. N. Kama
X7843 Mr Duncan
Mr S. J. M. Swanepoel
Mr R. D. Scott

30.7.1976

Mr D. Plumsteel
Mrs M. Plumsteel

20.8.1976

Mr F. Chimbamu
Mr A. Enock
Mr S. Kadewere

23.9.1977

Mr H. T. J. Hastings (posthumous)

31.3.1978

Mrs. M. A. Horsfield
Mr M. A. van der Walt

9.6.1978

Mr A. R. M. Fynn
Mr D. R. Paul
Mr J. Mutepfa
Mr I. J. M. Nel

7.7.1978

Mr J. C. Encarnação

Meritorious Conduct Medal

28.7.1978

Derick Eugene Hattingh

11.11.1978

Mr J. E. C. Hood (posthumous)
Mr G. G. Beaumont (posthumous)
Miss D. C. Esterhuizen (posthumous)
Miss B. A. L. Pearson (posthumous)
Mrs. N. B. Holloway

22.12.1978

7777 D Insp D. C. I. Pocock

16.2.1979

10372 Grp Ldr J. R. Coleridge

27.2.1979

The City of Umtali (now Mutare)

9.3.1979

315708K J Cpl R. Hombasha

13.4.1979

17581 FR W. H. C. Collins
Mr J. P. du Toit

20.7.1979

18052 Sgt M. Magamula
23783 L Sgt W. Ngoshi

5.10.1979

DO R. N. J. Carruthers (posthumous award)
7677 D Sect Off P. F. Dewe

30.11.1979

004308G Keep Cmdr T. G. Johnson
950389B Keep Cmdr O. Mugany
201002 Aux Const P. Chaba (posthumous)
90659R FR D. I. Straw

7.12.1979

Mr W. W. Benjamin
Snr DA J. Chiramba
Snr DO I. S. Fyfe (posthumous)
Mr A. B. Hay
District Officer M. F. Miles
Mr B. J. Nell
14980G St Ldr J. M. Ousthuizen
780004E Guard K. L. Santi
Mr B. J. Vanstone
Mr I. Wilkinson
Snr DSA L Zinhu
Snr DO J. Bekker
DSA A. Date
6974 Insp E. H. Spencer
7502 D Insp M. D. Howard
7772 Insp A. D. M. Hopkins
8032 D Insp N. G. Spurr
9361 D Insp A. L V. Young
8677 Sec Officer p. J. Cloete
7915 Sec Officer D. R. M. Beveridge
8696 Sec Officer L. C. Masfen
8765 Sec Officer R. S. Kemp
9386 D Sec Officer J. J. Nel
9853 Sec Officer A. P. Fourie
9667 PO J. M. Harvey
10185 PO D. M. Rausch
10344 PO R. P. K. Curle
13747E PRP O. H. Knight
180495 FR J. W. Harris
228S4Q FR G. D. Gawler

Meritorious Conduct Medal

27065S PRP J. R. Watson
14978E FR E. A. Volker
(posthumous)
Mr G. R. Putterill
24146 Const E. Bajila

200839A Const T. Ncube
200840A Const C. Moyo
201610A Const Ncube
Mr T. Mpofu

The Rhodesia Prison Medal for Gallantry (R.P.M.)

For gallantry.

18.12.1970

Wdr Noah Masukume

The Medal for Meritorious Service (M.S.M.)

For resource and devotion to duty, and exemplary voluntary service. This medal was awarded to civilians and to members of the territorial, volunteer and reserve forces.

CIVIL DIVISION

11.11.1973

Mrs O. M. Allott
Mr E. V. Caborn
Mrs J. L. Carlsson
Mr W. Hughes-Halls, M.B.E.
Mrs P. Lewis
Mr J. H. Meintjies
Mr D. J. Olwage
Mr S. A. Sibanda
Mr T. G. C. Yeomans

9.8.1974

Mr N. Aston
Mr K. W. Brown
Mr F. X. A. Chipondoro
Mr P. Chiwara
Mr H. P. de Kock
Mr C. S. Green-Thompson
Mr A. Hughes
Mr S. Naude
Mr L. Ngomakuya
Mr B. J. Palmer
Mr J. J. Prinsloo
Mr T. C. Rinos
Mr M. J. Rynn

11.11.1974

Mr W. W. Barkess
Mrs A. Z. R. Berry
Mr D. V. M. Bradley
Mr I. Chipurura
Mrs D. E. Findley
Mr H. W. Fussell
Miss M. L. Herbert
Mr P. G. Kilalea
Mr D. L. McNaughton
Mr M. Nkleva
Mr P. Y. Nyirenda
Mr J. Saunders
Mr A. H. Scott-Riddell
Mr R. G. Stafford
Mr C. Venter
Mr J. M. Ward

26.9.1975

Mr K. M. Kambanje

11.11.1975

Miss J. J. Benatar
Mr A. Borland
Mr P. N. Cattermole
Miss L. E. Champken
Mr L. Chigwagwa
Mr P. Chimedza
Mr V. A. B. Deall
Mr P. F. S. Douglas, D.S.O. and Bar
Mrs M. J. Ewing
Mr A. H. Ferreira
Mrs E. M. Ford
Rev. B. C. E. French
Mr W. R. C. Gerber
Mr B. A. Grant
Mrs V. K. Harrison
Miss A. M. L. Hayes

Medal for Meritorious Service

Mr L. W. Hill
Mr T. Holroyde
Miss V. M. Johnson
Mr M. J. Kinsella
Mr E. F. Konschel
Mr D. M. Madgen
Mr A. A. Marsden
Miss J. Martin
Mr J. B. Matswetu
Mr G. D. Mhlanga
Mr F. X. Mugadza
Miss F. Nash
Mr S. P. Naude
Rev. G. E. H. Pluke
Mr D. J. Robinson
Mr J. Senior
Mr J. H. Spanner
Mr T. R. Stanning
Mr R. W. S Turner
Mr G. Bluth van Wyk
Mr J. A. Watson
Mrs H. Wood

11.11.1976

Mr G. F. d'Almaine
Mr Donald
Mr A. J. Fazilahmed
Mr P. Genesis
Mr P. L. Greenway
Mr D. F. Harper
Miss M. Horodyszoz
Mr P. G. How
Mr F. Kandido
Mr J. Kanhanga
Mr Keni
Maj. I. F. R. King
Mr R. M. Kunaka
Mrs H. J. D. Laver
Mrs M. D. Macaskill
Mr R. V. Maine

Mr G. C. Mills
Mr J. M. Muller
Dr W. Murray
Miss R. B. Nicolson
Mr W. B. Ogston
Mr G. Russell
Mr G. M. Sims
Mr R. Tatton
Mr W. P. van Zyl

12.8.1977

Mr B. Addison
Mr J. D. Amess
Mr G. D. K. Barlow
Mr D. Brock
Mr S. Chikanza
Mr N. P. Chikondowa
Mr P. Cohen (posthumous)
Mr J. M. Dane
Mr C. H. Davies
Mr W. M. Duggie
Mr M. C. Gargan
Mr W. P. Hagelthorn
Mr A. G. Hamilton
Mr G. Hillman
Mr J. P. Horsfield
Mr P. V. Hulley
Mr O. Jackson
Mr E. C. Jaji
Mr A. C. Jeffery
Mrs. E. M. Kadira
Mr P. Kane
Mr R. S. Manson-Bishop
Mr B. Mashangidze
Mr P. Mungofa
Mr M. D. Musemwa
Mr A. T. Parkinson
Mr H. J. Senekal
Mr M. Shadreck
Mr W. Sharp

Medal for Meritorious Service

Mr A. L. Shaw
Mr M. R. Sparrow
Mr A. G. Spence
Mr J. C. Stewart
Mr N. Tatton (posthumous)
Mr V. S. M. Warwick
Mr R. H. Wood

30.9.1977

Mr C. R. R. Archdeacon
Miss K. E. Hughes

11.11.1977

Mr A. M. Ackroyd
Mr A. S. Anthony
Mr I. J. Antonio
Mr S. P. Bennett
Mr G. A. Birnie
Mr V. T. Bonner
Mr L. C. Bronkhorst
Mrs. E. Brookes
Mr A. Cain
Mr R. Campbell
Mrs. V. Cary
Mr I. da C. Coelho
Mrs. I. C. Cumper
Mrs. P. Elliott
Mr S. J. Evans
Mr R. R. Forbes
Mr E. Friend
Mr N. Gorodeni
Mr P. Hall
Mr E. Harley
Mr T. t'Hart
Mrs. E. J. Hopkins
Mr A. Jaime
Mrs. C. Jansen
Mrs. F. Jones
Mr G. H. Kennedy
Mr A. B. Kenny

Mr R. B. G. Kilner
Mrs. M. E. M. Lombard
Mr M. McFadden
Miss A. P. McLean
Mr C. P. Marriott
Mr M. J. Merritt
Mr C. A. Nortje
Mr D. Nyoni
Mr R. R. Palmer
Mr H. H. Parker
Mr J. B. Portman
Mr P. T. G. Stuhardt
Mr A. Takadiya
Sister D. A. Triggs
Miss M. J. Turner
Mr K. W. Waddacor

9.6.1978

Mr I. Ncube

15.9.1978

S. Adam
W. H. Appel
K. Azeti
T. C. Ballance
R. Bombe
Buyotsi
Bysoni
H. V. Campbell
P. F. M. Chimedza
M. A. Clark
P. D. Colman
A. Coolican
J. Cowley
P. du Plessis
J. C. Encarnação
Feresi
Mrs. E. M. Fleming
J. Gandawa
R. Gandawa

Medal for Meritorious Service

J. N. Geldenhuys
L. W. Gibbens
F. W. Glynn
S. M. Govern
R. S. Green-Thompson
D. E. Groenewald
K. J. Hove
S. Jestinow
W. Joseph
A. Karesa
Mrs. M. Kennedy
J. M. Kerr
P. W. Koen
Kwayira
E. A. Laing
R. H. Levy
S. Mabuso
S. Mabuso
C. S. Mackie
I. A. Maclean
P. Makamure
D. H. Maringa
B. Mcoti
Moses
Mtau
Mulamwa
B. Musasa
C. Mvona
S. Naison
J. Nkondo
Patros
T. Pike
Quili
H. F. Rapson
R. G. Richardson
D. J. Richter
B. Rossen
Samson
R. Sasseen
E. Siluchili

E. S. Smith
F. Somanje
J. R. Souter
J. G. Stevens
I. W. Swart
Tapers
P. Tarusenga
Z. A. Tengayi
B. Umali
J. L. van de Linde
D. Vawdrey
L. Vinti
S. C. Viviers
L. H. J. Whitehorn
Wilfred
B. R. Williamson
G. Wiltshire

11.11.1978

D. L. Alvord
Mrs. P. A. Arnott
Mrs. A. M. Bassett
Mrs. E. J. Batcheller-Adams
Mrs. J. E. M. Bowen-Davies
Mrs. M. D. Brooks
A. J. Brown
F. Clay
A. G. T. Dane
Mrs. S. Donaldson
R. J. Faulkner
Mrs. J. M. Garnett
R. Gimbel
J. C. Goldsmith
R. Goss
Mrs. E. M. Griffiths
Mrs. M. W. Howman
A. J. Hull
Mrs. W. R. Hunt
Mrs. D. M. G. Hutton
J. N. E. Johnson

Medal for Meritorious Service

Joseph
E. A. Kay
D. E. le Cluse
L. Lindsay-Rea
B. N. Lodge
J. P. H. Lombard
V. A. Macadam
W. S. MacCallum
A. C. McQuarrie
M. R. Mahlangu
J. Makwanda
E. Ncube
M. C. Ngwenya
C. F. Nicoll
D. V. Rockingham-Gill
D. G. Rosenhahn
A. McG. Sainsbury
R. D. Shaw
H. G. Stonhill
G. C. Style
J. Trinder
W. J. van Heerden
Mrs. M. M. P. van Niekerk
Mrs. C. H. Wakefield Watson
V. J. Wilson
D. K. Worthington
E. Zvirimumoyo

20.4.1979

Mr F. J. Abrahams
Mr K. R. Addison
Mrs. D. Barrett
Mr G. A. Baverstock
Mr R. R. Bennett
Mr W. F. Benney
Mrs. S. M. Bouch
Mr J. F. Bowl
Mrs. E. Brierley
Mrs. H. J. F. Burnett
Miss D. W. Daniels

Mr M. N. Dhlamini
Mr S. Dickson
Mr S. Drewett
Mr F. Duckworth
Mr M. du Plessis
Mr J. G. du Preez
Mr F. Ferguson
Mr J. G. R. Ferguson
Sister H. R. Ferreira
Mr M. J. Galloway
Mr B. R. Gardener (posthumous)
Mr J. Getty
Mr E. J. Graham
Mr M. M. Greenland
Mr S. W. Hall
Mr D. A. Hartman
Mr B. J. Haslam
Mr C. M. Hosking
Mr M. R. B. Hosking
Mr T. L. Hughes
Mr T. K. Huragu
Mr H. H. Isselbacher
Reverend S. M. Kanyenze
Mr H. E. Kiggell
Mr C. T. P. King
Mr G. D. Kubie
Mr G. W. Lamprecht
Mr E. C. Manton
Mr C. H. Marais
Mr H. W. Markham
Mr D. L. Masters
Mr D. T. McCutcheon
Mr A. A. Medhurst
Mr F. G. Mold
Mrs. K. Neville
Mr C. Ngairongwe
Mr F. O. Nichol
Mr A. N. Nimmo
Mr A. J. Peirson
Mr R. P. Pollit

Medal for Meritorious Service

Mr J. A. Robbie
Mrs. E. J. Robinson
Miss M. A. Rozendaal
Mr D. P. Ryan
Mrs. J. J. Schlachter
Mr K. M. B. Sinclair
Mr D. M. Smith
Reverend G. C. Smith
Mr R. G. Smith
Mr R. K. Tourle
Mr N. M. Travers
Mr H. D. van Niekerk
Mr D. Wall
Mr I. M. Young
Mr M. J. Zaktrager
Doctor Jean Pole-Evans

7.12.1979

Mrs G. A. Glover
Mr F. I. Johnson
Mr J. M. Kay
Mr A. F. Baglow
Mr J. Baty, M.S.M. (Op)
Mr A, H. Bayley (posthumous)
DA S. Benura
Mr P. C. A. Berkhout
Mr A. D. Botha
Mr R. J. A. Brandt
Snr DO H. R. Browne
Mr S. R. G. Carey
Mr J. N. Chagonda
Mr R. K. Chamisa
Mr R. T. Chittenden
Mr C. J. Claassen
Mr M. A. Curtis
Mr D. W. Dam
Mr M. C. Davel
Mr P. J. Derwig
Mr F. J. Engelbrecht
Mr D. Evans

Mr S. J. Fouché
Mr J. W. Foulstone
Mrs. E. N. Fraser
Mr B. A. M. Fynn
Mr N. Garikayi
Mrs. D. Garner
Mr G. F. S. Gibbings
Mrs. S. A. Gibson
Miss M. E. Gordon
Dr P. L. C. Grubb
Mr M. Gurure
Mr A. T. Hayes
Mr H. Holdcroft
Mr D. Holding
Sister M. G. Boy
DA T. M. Jack
Mr C. H. Joosten
Mr G. J. Justice
Mr S. Kavalo
Principal DSA M. Kazai
Mr R. M. King
Mr R. C. Kundhlande
Mr M. S. Lamb
Mr J. J. Larrett
Mr H. O. C. Maasdorp
Mr D. N. Mackinnon
Mr L. Mafuta
Mr S. Makgatho
Mr Makondelwa
Mr S. Makwananzi
Mr C. Meaker
Mr J. Miller
Mr P. Moyo
Mr J. S. Mtukwa
Principal DSA B. Mubarwa
Mr E. Munetsi
Mr B. Murambiwa
Mrs. E. V. M. Naisbett
Mr A. D. Ncube
Mr C. Ngorima

Medal for Meritorious Service

Mr M. B. Nyamajiyah
Mrs. I. M. M. Nyandoro
Mr G. H. Ormerod
Mr J. M. Rimbu
Mr B. Rodwell
Mr R. F. Scott-Rodger
Snr DO M. J. Shalovsky
(posthumous)
DA C. Shongwe
Mr B. Simonsen
Mr R. Sinclair
Mr R. Smith
Mrs H. Sparey
Mr S. P. Stamp
Mr F. T. Stephen
Asst District Comm H. N. K. Sumner
Mr K. Takawira
DSA F. Tangamuni
Miss A. J. van der Merwe
Mr G. J. van Tonder
Mr P. G. I. Wallace
Mr D. H. Walters
Mr G. R. Watridge
Mr M. Wekie
Mr B. J. White
Miss C. L. Whitlock
Mr J. G. Whittle
Mr A. Yancok
Mr G. O. C. York
Mr J. H. Greenfield
Mr A. E. Oxley
Mr C. W. E. Worroll

SECURITY FORCES DIVISION

11.11.1974

B.S.A. Police

8680J FR M. A. J. Bailey
9083X R Insp. J. E. Jackson
9889Y FR D. W. Johns
14611F FR W. J. Ratcliffe

11.11.1975

B.S.A. Police

7006 PRP P. P. Palmer
11103 PRP H. Cowan
4025Z FR F. W. Williamson
4044V FR G. C. Hepple
54915 FR C. J. Conway
8624Y FR A. T. Willis
2900B WFR R. C. Ratcliffe

11.11.1976

B.S.A. Police

2376G FR J. B. Dale
5791T PRP C. R. Boltt
5786N FR J. J. S. Kirkwood, D.F.C.
9022F PRP V. A. D. Browne
10364 FR A. H. Downes 15378
FR A. W. C. Eldridge, D.S.C.
10741 FR P. T. L. Chappe

Air Force

Flt Lt E. D. D. Cochrane

22.4.1977

64635 WO2 C. Link

11.11.1977

1120R FR A. D. St. Clair

Medal for Meritorious Service

3335Z FR R. H. Flavell
3495Y FR J. H. Wright
3890C FR R. L. W. Chambers
4286H FR J. H. Ackhurst
5911 Z FR H. B. Shay
6110Q PRP H. V. Chisnall
6290L FR P. L. Flanagan
6502R FR D. H. McCallum
6395A FR P. G. Tomlins
6800Q FR D. S. Marillier
7119M FR D. Armstrong
8601Y FR A. D. E. von Riesen
8904C FR M. W. Gethen
12075C FR T. C. W. Sheasby
19804A PRP D. W. Howard

Army

25609T WO2 A. M. Davids
16138T WO2 R. A. Peterson

Air Force

Sqn Ldr (VR) S. D. Fenton-Wells
Flt Lt (VR) J. C. B. Shaw

11.11.1978

Sqn Ldr P. H. Corbishley
Sqn Ldr D. C. Howe
Capt E. J. Stirling
Flt Lt P. L. Genari
PRP R. L. Anderson
PRP W. H. Barton
PRP Bickle
PRP H. F. Dax
PRP M. H. Garde
PRP L. M. Jellicoe
PRP J. L. Manning
PRP R. E. Style
PRP B. A. Van Buuren
PRP N. T. Waller
Grp Ldr A. S. Anthony

Grp Ldr J. Baty
Grp Ldr T. G. Coetzee
Grp Ldr D. A. Duvenage
Grp Ldr N. R. Loney
Grp Ldr A. R. Manley
Grp Ldr N. J. Melrose
Grp Ldr A. M. Rosettenstein
Grp Ldr P. A. L. Walsh
Grp Ldr W. H. Williams
Grp Ldr G. T. Young
Sec Ldr M. P. De Courcy-Hamilton
Sec Ldr F. H. Heron
Sec Ldr P. M. Jaffray
Sec Ldr C. D. C. K. Leslie
St Ldr M. A. Broomberg
St Ldr R. G. Ervine
FR R. I. Edwards
FR C. Pedzisayi
FR W. H. Postlethwayt
FR D. L. Treble
W Sec Ldr J. M. A. Melrose
WFR M. E. Woodhead

26.1.1979

Flt Lt D. McC. Barbour
St Ldr P. H. de la Fargue
Grp Ldr R. L. W. Southgate
Flt Lt G. A. Walker-Smith

13.4.1979

18984J St Ldr L. L. Adendorff
7111D St Ldr A. R. Baldwin
15118G St Ldr R. J. Bradshaw
4058K St Ldr R. B. Brooks
15402Q Sec Ldr J. C. A. Browning
64 C Warden V. E. Condy
4067C FR R. R. Deary
6431P Grp Ldr P. J. R. Don
11283N Grp Ldr J. Donaldson

Medal for Meritorious Service

1625 C Warden J. R. N. Groves
17629L St Ldr P. R. S. Hodgkinson
PRP J. O. Honman
18349T Sec Ldr M. T. O'Meara
12331 St Ldr N. J. Prioleau
14723C FR I. P. Stranix
935 C Warden H. K. A. Wheatcroft

30.11.1979

9884 Sec Officer R. Hendrikz
19080N St Ldr D. M. Scott
10500 PO P. J. Joughin

7.12.1979

A130 Insp (A) N. W. Hill
15333Q PRP J. F. Plant
9151W PRP G. M. Cleveland
8324X PRP E. Parker
12406J Sec Leader O. P. Connor
6371Z Grp Ldr R. A. Grossmith
8812C Grp Ldr E. C. de Milita
25844Q Grp Ldr N. F. Hore
4270Q FR M. H. Sacchi
10424E Grp Ldr D. G. Clapham
9588W Grp Ldr D. W. Smith
12170C Grp Ldr W. C. Steyn
13796V Grp Ldr M. L. Smith
5498A Grp Ldr P. S. Hall
6222N FR A. J. Hobbs
9371K Grp Ldr I. C. Bull
10102E Sec Leader S. R. G. Carey
9318C Grp Ldr A. L. Burke
14377B Grp Ldr F. R. Danielz

3237S Grp Ldr H. W. Irwin
11222X Grp Ldr H. F. M. Garmany
10461V Grp Ldr R. T. Etheredge
11676Q Grp Ldr J. M. Riddle
16335E Grp Ldr C. J. Wilkinson
14538B Grp Ldr K. L. Bowie
17721L Grp Ldr M. O Hancock
12552S Grp Ldr J. P. McCay
20007W Sec Leader S. W. Heyns
13385Y Grp Ldr G. V. C. Spanton
4891Q Grp Ldr S. L. Cooper
90628H FR J. G. Hudson
203735A WFR D. E. R. Gawler
200581X Woman Sec Leader J. E. McCracken
202285Z Woman Sec Leader E. Smith
203937V Woman Sec Leader A. M. Moore
201565R Woman St Ldr H. M. Kirstein
201655P Woman Sec Leader F. Janse van Rensburg
4228 Chief Warden G. R. J. Hackwill
5683 Chief Warden F. J. S. White
1191 Chief Warden R. C. Coffin-Grey
26075 Chief Warden L. E. Davenport
28634 Warden R. N. Gallico
8654 Chief Warden R. G. Winn

The Police Medal for Meritorious Service (P.M.M.)

For meritorious service.

12.7.1971

Asst Comm D. G. Bennison
Asst Comm W. J. Callow
Asst Comm R. D. Eames
Asst Comm T. W. Egleton
Asst Comm E. I. McKay
Asst Comm E. J. May
Asst Comm W. A.. H. May
Asst Comm P. S. Murray
Asst Comm P. J. Robinson
Asst Comm C. T. Thorpe A
Asst Comm E. A. Webb
C Supt C. W. Armstrong
C Supt T. C. Banister
C Supt A. S. Best
C Supt J. D. Bradfield
C Supt R. Briault
C Supt W. R. Buchanan
C Supt E. B. Collier
C Supt D. C. Hedge
C Supt E. B. Hughes
C Supt R. W. Humphreys
C Supt K. N. Rawson
C Supt J. A. Reid
C Supt J. A. Wright
Supt P. Bosley
Supt J. G. Downham
Supt E. D. Jones
Supt D. A. D. T. E. Lane
Supt E. Saul
Supt P. Tomlinson
4754 D C Insp A. W. Freeman
11165 Sub Insp Chitsatso
10620 D Stat Sgt Bvumbi
10637 Stat Sgt Chiduza
10819 Stat Sgt Chidziwa
11212 Stat Sgt Chimedza
11446 D Stat Sgt Chirisa
10986 Stat Sgt Chiteka
11447 Stat Sgt Chitongo
10881 D Stat Sgt Gambiza
10930 Stat Sgt Gowora
12163 D Stat Sgt Gwese
10984 Stat Sgt Jakah
11316 Stat Sgt Kwashirayi
10999 Stat Sgt Machacha
10752 Stat Sgt Makiwa
10609 Stat Sgt Mukuzwa
11171 D Stat Sgt Mano
12058 Stat Sgt Mari
11141 Stat Sgt Masaire
10935 Stat Sgt Mate
10581 Stat Sgt Maunze
11255 D Stat Sgt Mhembere
11492 Stat Sgt Mishack
11494 Stat Sgt Moyo
11462 D Stat Sgt Mututu
11918 D Stat Sgt Muradzikwa
10985 Stat Sgt Musamirapamwe
10915 Stat Sgt Ndema
11081 Stat Sgt Ndunyana
11288 D Stat Sgt Nzangane
11034 Stat Sgt Shadireki
11790 Stat Sgt Tutani
10828 Stat Sgt William
11980 D Stat Sgt Zama
11406 Sgt Bwititi
11073 Sgt Murombo

11.11.1971

C Supt P. C. Short
C Supt R. R. Stenner
14446B R C Insp R. Mansill

Police Medal for Meritorious Service

11715 Stat Sgt M. M. Mafi
11470 Stat Sgt S. J. Mgeqwa

10.7.1972

C Supt A. B. Freemantle
C Supt D. H. Sanderson
R C Supt V. O. Sampson
4135 C Insp A. P. H. Cox
4045 C Insp (T) P. F. Foskett
11967 Sub Insp L. O. B. Makusha
11807 Stat Sgt L. M. N. Mpofu
12069 Stat Sgt A. B. Mpofu

11.11.1972

Asst Comm H. C. Phillips
C Supt C. Robinson
4328 C Insp A. P. Maskell
4988 D C Insp W. J. M. Crossan
2011K R C Insp E. Marshall
12594 Sub Insp A. S. B. Marovatsanga
11712 D Stat Sgt B. J. C. Mataswa

11.11.1973

C Supt R. A. Hedges
C Supt G. M. H. Houghton
4490 C Insp (T) D. Hollingworth
4468 C Insp (T) F. P. Maguire
5123 St C Insp. D. L. Perkins
6464A R Insp O. V. Kesby
12046 D Sgt Maj Aroni
11256 Sgt Maj S. M. Moyo

2.8.1974

Supt L Hogg

11.11.1974

Asst Comm B. W. P. Stannard
Asst Comm R. G. E. Gardner
C Supt R. E. Burrell

C Supt A. A. Blair
Supt M. J. P. McGuinness
4257 C Insp J. B. Ashworth
4264 C Insp (T) V. Hustler
5303 C Insp (T) A. B. Stone
12455 Sub Insp L. M. J. Chawora
13975 Sub Insp G. D. F. Mutamiri
14212 Sub Insp F. C. Makonese
14680 Sub Insp S. G. G. Mafuku
11507 Sgt Maj H. Nyoni
12356 Sgt Maj F. N. Mangozi
13470 D Sgt Maj A. G. Tutani

11.11.1975

Asst Comm P. G. Mingard
Asst Comm T. J. Collins
Asst Comm P. J. McCulloch
Asst Comm R. A. Dick
C Supt S. A. Browning
C Supt C. W. Hobley
C Supt R. S. Peters
4500 C Insp A. A. Winter
5250 St C Insp M. L. Braidwood
5183 D C Insp T. Merrigan
4804 C Insp C. L. J. Howard
5272 C Insp P. Deasy
5022 C Insp (T) D. M. Leech
15127 D Sub Insp B. K. Zakeyo
14369 Sub Insp A. T. G. Chisenwa
15833 Sub Insp W. R. Nguruve
13649 D Sub Insp J. K. Nyakura
12525 Sgt Maj Alick
2616 Sgt Maj J. B. Mahachi
12743 Sgt Maj E. M. Chigerwe
2994 D R Insp D. G. MacKenzie

11.11.1976

Asst Comm T. G. Ward
Asst Comm A. W. Rich

Police Medal for Meritorious Service

Asst Comm R. Pilbrough
Asst Comm G. W. F. Ellway
Asst Comm D. J. Morgan
C Supt M. G. Edden
C Supt G. M. Waugh
C Supt J. S. T. Fletcher
C Supt V. L. Sidnell
4169 C Insp R. F. Trangmar
5384 C Insp (T) R. Rausch
4825 C Insp (T) L W. Cook
4950 D C Insp J. G. Baker
5670 C Insp M. J. Pringle
5604 C Insp P. W. Wilcox
13696 Sub Insp P. T. Mpariwa
14343 Sub Insp M. A. Shumba
12853 Sgt Maj J. W. Musengi
12295 D Sgt Maj J. H. Tsigah
12936 D Sgt Maj C. T. R. M. Chimo
12800 Sgt Maj A. K. Masoso
2941 R C Insp J. F. van der Bank

11.11.1977

Asst Comm G. C. Stuart
Asst Comm F. A. Punter
Asst Comm D. H. Allen
Asst Comm D. W. Pratt
C Supt A. C. N. Stephens
C Supt T. M. Oatt
C Supt J. L. Evans
C Supt F. M. Reeves
C Supt W. J. Esler
C Insp G. E. Leppan
C Insp R. J. Warren
C Insp M. H. Ayrton-White
St C Insp R. E. Lawton
C Insp (T) R. W. Lake
D C Insp R. K. Papenfus
D C Insp A. J. Webb
C Insp (T) R. J. Capper

Insp (T) J. J. G. Steynberg
11855 Sgt Maj F. G. Chiweshe
11847 Sgt Maj O. H. C. Njagu
12902 Sgt Maj T. H. W. Chinjeke
13114 Sgt Maj A. R. C. Zulu
11902 D Sgt Maj P. B. Ncube
12984 D Sgt Maj Linda
14117 Sgt Maj L. C. Tembo
13102 Sgt Maj D. D. Mutasa
3356X R Insp W. N. Pratt
2781X R Insp D. C. Behenna
2256B RSO T. Allsop

11.11.1978

Asst Comm G. W. Day
Asst Comm D. F. Jones
Asst Comm K. B. Pugh
Asst Comm G. E. Hedges
C Supt J. Smith
C Supt B. J. Thomas
C Supt D. M. Anderson
St C Insp J. R. D. Bacon
C Insp D. G. Green
St C Insp J. R. Pearce
C Insp C. Naisby
R Insp J. D. Bell
R Insp E. N. T. Rochester
C Insp J. W. Ennis
C Insp E. Matchett
C Insp I. W. Magowan
D C Insp B. R. Stevenson-Baker
D C Insp A. G. Terry
Sgt Maj K. W. M. Chiweshe
Sgt Maj Muwirimi
D Sgt Maj T. Z. R. C. Muchengadava
Sgt Maj Chamunorgwa
D Sgt Maj Zephania
Sgt Maj Billie
RSO B. V. Chard

Police Medal for Meritorious Service

8.12.1978

201117 Aux Const E. Chawasarira
201374 Aux Const S. Mhungu

13.4.1979

C Insp P. E. Baldwin
Sgt Maj N. W. Moyo

29.5.1979

13333R Sec Ldr E. A. Ross

7.12.1979

Asst Comm N. V. Day
Asst Comm K R. S. MacDonald
Asst Comm D. C. Waller
Asst Comm P. J. Murphy
Assistant Comm D. C. Rowland
C Supt D. G. Blacker

D Chief Insp D. R. McDermid
Chief Insp J. A. Oldknow
Chief Insp B. R. Kilborn
Insp G. H. Mabika
Insp (T) G. R. Thompson
L/Insp U. Kolpien
12960 Sgt Maj Rodgers
12857 Sgt Maj Timitiya
13167 D Sgt Maj P. M. Mangena
13240 D Sgt Maj G. T. Mamombe
15404 Sgt Maj L. M. Ntazungunye
12719 Sgt Maj R. Joseph
14711 Sgt Maj Mackwell
6852X Reserve Supt J. E. Brodrick
8915P Res Insp D. B. Hockaday

Defence Force Medal for Meritorious Service

The Defence Force Medal for Meritorious Service (D.M.M.)

For meritorious service.

12.7.1971

Col J. Caine
Lt Col B. Nisbet
Maj D. K. Dyer
Maj S. J. Mead
Maj P. S. Rich
Capt B. M. Bartlett
Capt T. H. Gentleman
Capt R. F. Reid-Daly, M.B.E.
WO1 Tumbare.
Sqn Ldr P. A. Barnett
Sqn Ldr K. M. Gipson
Mast Tech W. C. Gaitens

11.11.1971

Maj R. T. S. Brown
Maj A. H. G. Munro
WO1 R. O. Tarr
Brigadier W. A. Godwin, O.B.E.
WO1 W. H. Owens

10.7.1972

Col E. M. Willar
WO1 E. Campion
WO2 V. Obert
Sqn Ldr J. C. Boyd

11.11.1972

Lt Col J. C. Roome

11.11.1973

Lt Col E. B. Dove
Lt Col J. A. G. Fraser
Lt Col D. J. Rowland, E.D.

Capt T. E. Minikin
WO1 A. J. Cuttler
Sqn Ldr A. E. Bell
Flt Lt J. E. Varkevisser

11.11.1974

Lt Col R. W. Southey
Maj W. G. Leen
Capt C. J. Stuart-Steer
Capt A. Porterfield
500 WO1 R. R. Schofield
1199 WO1 J. A. Finlayson
V1368 WO1 R. W. Youngman
R4333 WO1 J. V. Manunure
R25301 WO2 M. Mapfumo
Grp Capt A. D. Brenchley
Grp Capt D. W. MacLaughlin
Wing Cmdr J. M. Johnstone

11.4.1975

Flt Lt I. M. Harvey
Flt Lt K. C. Law

11.11.1975

Maj H. C. Jaaback
Maj M. S. L. Harman
Maj K. R. MacDonald
2106 WO1 J. M. Parnham
653729 WO2 P. Mpini
653993 WO2 J. Mahaboyo
25284 WO2 G. E. T. Chinyenze
Wing Cmdr W. P. Jelley
Wing Cmdr P. D. Cooke
Sqn Ldr E. R. Wilkinson
Sqn Ldr B. C. Smith

Defence Force Medal for Meritorious Service

Sqn Ldr G. A. Baverstock

15.10.1976

Sqn Ldr G. W. Wrigley
Flt Lt D. H. Thorn
Air Lt M. J. Litson
5928 Flt Sgt P. A. McCabe

29.10.1976

64635 WO2 C. Link

11.11.1976

Maj B. V. Hulley
Maj N. Halsted
T Maj W. I. Richards-Edwards
Capt A. E. A. Leppert
Capt A. C. Dace
723059 WOl D. E. Carr
721220 WOl S. R. Davidson
631010 WO1 T. C. Mutangidura
72483 WO2 J. A. White
658843 WO2 R. Kuririrayi
640804 WO2 D. Nyangumbo
725110 Sgt R K. Byng
721766 WO1 O. H. Hemsley
Maj J. G. W. Ferguson
Fit Lt D. A. Ramsbotham
Flt Lt W. T. Hales
5041 WO1 R. B Pardoe
5159 WO1 P. J. Adcock
40845 WO1 J. D. Ncube
31017 Flt Sgt P. Musundira

1977

724299 C Sgt W. J. Loots

11.11.1977

Army

Maj F. I. Johnson
Maj H. Burns
Maj A. J. Geddes
Maj C. J. du Preez
Capt D. J. Steyn
Capt H. L. Barnard, M.B.E.
Capt C. D. Ferguson
659579 WO1 K. Muchinguri
642262 WOl T. M. Chiduku
654836 WOl J. C. Bvudzi
722999 WO2 F. Q. Calcutt
640221 WO2 J. Chitereka
720883 WO2 R. N. Meldrum

Air Force

Grp Capt G. L. Pink
Grp Capt F. D. Janeke
Sqn Ldr R. J. Dyer
Sqn Ldr D. J. G. de Kock
Sqn Ldr J. R. Digby
Sqn Ldr C. F. White
Flt Lt T. L. Baynham
Flt Lt N. R. d'Hotman
Flt Lt K. A. Newman
Flt Lt M. D. Svoboda
Flt Lt G. T. Todd
5550 WO1 G. A. D. Dartnall
5215 Mast Tech T. J. Skeen
5943 Flt Sgt R. H. Blumeris

31.3.1978

640403 WO1 (RSM) S. Mavengere

28.7.1978

50537 Sgt S. J. Nechironga

15.9.1978

Flt Lt R. D. Paxton
723964 C Sgt J. F. A. Norman

11.11.1978

Col D. T. Hopkins

Defence Force Medal for Meritorious Service

Lt Col N. Wood
Maj P. J. Morris
Maj E. D. Roper
Maj A. F. Simon
Maj F. M. van Niekerk
Maj A. R. Whitton
Maj J. S. Woodcock
T Maj P. L. M. Beck
T Maj J. D. Irvine
Capt P. J. Cooper
Capt E. I. A. Cracknell
Capt M. J. Curtin
Capt R. J. Johnstone
Capt A. F. Logan
Capt F. Morgan
Capt R. Reith
Capt R. H. Trigg
Lt M. R. Longuet-Higgins
Lt R. M. Paget
WO1 J. J. M. Hutton
WO1 T. M. H. Kirrane
WO1 H. J. Springer
WO1 A. V. Clark
WO2 P. G. Allan
T WO2 P. J. Cole
WO2 T. Mufanebadza
Sqn Ldr R. J. Brand
Sqn Ldr D. R. Thorne
Flt Lt P. Cowan
Flt Lt J. R. C. Matthews
Flt Lt T. J. P. Murphy
Flt Lt D. M. Rowe
Air Lt M. J. Strauss
WO1 T. N. Anderson
WO1 A. S. Dube
WO2 C. R. L. Mackie
WO2 B. V. Ord
Snr Comdt V. T. Bratton
Snr Comdt C. P. Craig
Comdt R. Coleman

Comdt N. D. Langdale
Comdt K. Williams

13.4.1979

Act Grp Capt H. C. S. Slatter
Sqn Ldr G. Alexander
Flt Lt E. J. Brent
Flt Lt S. P. Morgan
Maj W. M. Thompson
Maj C. H. L. Willmans
T Maj J. Seton-Rogers
Lt A. J. Sanderson
WO1 N. N. Amato
WO1 D. C. Bismark-Pettit
WOl L. Monson
WO2 G. N. Enslin
WO2 M. Hamandisne
WO2 G. D. P. Morgan
WO2 A. W. Pirie
Snr Comdt H. J. McKenzie-Fraser
Capt J. W. Ley
WO1 J. A. Pretorius

14.9.1979

Sqn Ldr K. L. Burmeister

7.12.1979

640571 WO1 S. Bowas
724898 WO2 N. B. Bowley
WO1 W. A. Cobbett
PR21626 WO1 W. T. Cornish
780656 Capt R. C. de Jager
781358 Lt G. T. Dete
V2091 Capt I. F. du Bois
V3048 Capt D. A. Ellmann-Brown
WO2 N. Farrell, M.F.C. (Op)
MT C. P. Fawns
MT J. D. Fowler
780713 T Maj B. P. Gettliffe

Defence Force Medal for Meritorious Service

321670X Snr Cmdt J. H. B. Hughes
781093 Lt S. V. King
Flt Lt N. D. E. Maasdorp
5107152 Asst Cmdt S. Matambo
Wing Cdr P. J. McClurg
WO1 J. R. Mackenzie
WO1 W. J. McMurdo
558185X Asst Sen Cmdt I. J. J. Moore
667776 Cmdt C. R. Nicholls
Air Lt G. A. Oborne
641793 WO2 C. Ruscheche
721940 C Sgt M. T. Ryan
Air Lt C. M. Shewell
Flt Lt K. V. Spence
V3854 Act Capt W. A. Stols

The Rhodesia Prison Medal for Meritorious Service (P.M.S.)

For meritorious service.

11.11.1971
Area Chap. H. Swift, M.B.E.

11.11.1972
Sgt Maj R. Korera
C.Wdr Machingu

11.11.1974
D Dir E. Bottomley
C Supt R. T. Haselhurst
C Supt W. J. Stassen
Supt P. P. A. O'Hanlon
54 CPO R. Bather
79 CPO Mrs H. M. Powys
132 Sgt Maj Morrosi
135 Sgt Maj Mushikili
168 Sgt Maj Munduru

11.11.1975
C Supt J. Hunt
Dr M. J. Lewis
Sgt Maj Mwenyasukula
282 Sgt Maj E. Mandishona
246 Sgt Maj N. Nerera
332 Sgt Maj M. Methew
191 Sgt Rafero

11.11.1976
C Supt J. S. Souter
288 Sgt Maj Mugoyi

11.11.1977
PO A. Siangale
Sgt Chirundikwa

11.11.1978
T. E. P. Kitt
C. F. van Zyl
R. A. Stuart
W. A. Arlett-Johnson
W. G. Hutcheson
H. Kok
A. D. Munday
N. G. Wells
Miss J. Wright
J. Brads
C. K. Gwaze
J. H. Muketiwa
I. Tiki
J. N. Bell
A. Ngoni
P. Koti
C. M. Chigondo

The President's Medal for Chiefs

For Chiefs who had rendered conspicuous service.

12.7.1971

Sen Chief Mazungunye
Chief Mtoko
Act Chief Dotito
Act Chief M. Ndhlovu
Act Chief Nyamkoho
Chief Chitanga of Nuanetsi

10.7.1972

Chief Fish Gwebu
D Chief Msana, Sairosi

11.11.1972

Chief Mabika, Muwuyundiani

11.11.1973

Chief Tategulu, M. Moyo

11.11.1974

Chief Chipuriro, Tapfumaneyi Naisi
Chief Mtozima Gwebu

11.11.1975

Chief Chikwaka (Marufu)
Chief Chiwundura (Takariwa Jack) I.C.D.

11.11.1976

Chief Nyajina
Chief Wozhele

20.4.1979

Chief Mabikwa Mlonyeni Khumalo, I.C.D.
Chief Negande Fulau Matiolangomi

The President's Medal for Headmen

For Headmen who had rendered conspicuous service.

12.7.1971

Headman Mtashu

10.7.1972

Headman Chikowore, Stephen

11.11.1973

Headman Makwarimba, M. D. Choto
Headman Madhlangove, Z. Kranos

11.11.1976

Headman Zihute
Headman Mukarkate
Headman David
Headman Mushaninga
Headman Neweyembgwa

Military Forces' Commendation

The Military Forces' Commendation

For an act of bravery, distinguished service or continuous devotion to duty.

OPERATIONAL

23.10.1970

Army

2Lt B. M. Snelgar
WO1 A. C. Korb
L Cpl A. Sherwin
Tpr M. C. Boyd-Monk
Tpr H. L. Smith
Pte T. Maxen
Pte Simon

Air Force

Sqn Ldr M. R. Grier
Sqn Ldr P. J. H. Petter-Bowyer
Flt Lt P. J. Nicholls
Flt Lt A. E. van Rooyen-Smit
Flt Lt C. J. T. Dixon
Air Lt K. C. Law
Sgt R. Graydon S
Sgt K. Smithdorff
Sgt T. J. van den Berg
Sgt R. C. Whyte
Cpl Tech. A. B. Aird
S Ac B. C. Warren

30.10.1970

Pte S. M. Mashiri
Pte J. Siachokola

19.2.1971

L Cpl Pedzisayi

12.7.1971

Army

Lt Col J. S. V. Hickman, M.C.
Maj R. W. Southey

12.1.1973

Army

Rfn E. M. Duthie

30.11.1973

Army

Act Sgt D. W. Smith

5.4.1974

Air Force

Air Lt M. J. Litson
Air Lt D. M. Rowe Air
Air Lt A. W. Wild
Air Sub Lt C. P. Dickinson
6017 Sgt C. de Beer

13.9.1974

Army

Lt K. C. Johnson
33679 Sgt M. C. Bromwich
4334 Cpl K. M. Bartlett
5082 Cpl T. G. Hodgson
4682 L Cpl D. J. van der Zandt
R42671 Cpl M. Gora

Military Forces' Commendation

Air Force
Flt Lt B. S. Moss
Air Sub Lt R. D. Paxton
5886 Sgt B. K. Collocott

11.4.1975
Flt Lt J. D. Annan
Air Sub Lt T. L. Baynham
6237 Flt Sgt N. Farrell
5928 Sgt P. A. McCabe
5457 Flt Sgt S. A. Stead

26.9.1975

Army
Maj R. T. O. Tilly
Lt T. G. Bax
Lt G. C. Kriel
Lt M. F. Pearse
Lt M. G. H. Wilson
640102 WO2 M. Hamandishe
643757 WO2 R. Mangwende
PR77501 St Sgt G. Zissimatos
724988 Cpl M. G. Gallias
725694 Cpl I. E. Rose
725602 Cpl J. P. Schots
PR98784 Cpl G. J. S. Wilkinson
725305 L Cpl R. V. Boden
644903 L Cpl D. Maruva

30.7.1976

Air Force
Air Lt N. D. E. Maasdorp

15.10.1976

Army
Maj R. M. Matkovich
T Capt C. W. Donald
643817 Sgt Z. M. Nokwara

61748 Cpl T. L. Sachse
727059 Tpr K. J. Daly
PR36809 Rfn D. N. S. Thomlinson

Air Force
Flt Lt R. B. McGregor
Air Lt J. M. Baldwin
6730 Flt Sgt H. A. J. Jarvie
6004 Sgt E. R. Morris
6033 Sgt P. A. Tubbs
5876 Sgt H. J. Britton

22.10.1976

Air Force
Air Lt M. J. Delport

29.10.1976

Army
Lt C. D. Collett, S.C.R.
722435 WO2 B. M. M. Laing
34318 Sgt T. W. L. Lewis
725733 Sgt A. J. Balaam
104664 Sgt H. Boshoff
P40175 T Sgt D. W. Scott
645751 Pte P. Tandari
PR91132 Rfn N. A. da Silva-Calheiros
644963 Tpr M. Blacky
645835 Tpr E. Kapunyu

24.6.1977
Sqn Ldr D. A. G. Jones
Sqn Ldr M. S. Saunders
Sqn Ldr T. M. Thomas
Flt Lt T. L. Baynham
Flt Lt M. R. M. Broadbent
Flt Lt P. W. Haigh
Flt Lt M. D. Svoboda
Flt Lt C. J. Wentworth

Military Forces' Commendation

Air Lt M. J. Delport (two awards)
Air Lt C. P. Dickinson
Air Lt C. G. Ward

22.7.1977

T Maj N. G. C. Fawcett, B.C.R.
PR75816 Sgt A. R. Wale
PR80366 T L Cpl J. Smith-Rainsford
PR95722 Rfn A. J. Shaw
646323 Pte G. L. Nkomo

29.7.1977

644165 WO2 B. Makurira
725363 Sgt L. M. Yeoman
644918 Cpl J. Matenda
102066 Cpl M. J. Cloete
726594 L Cpl R. T. Beech
645589 Pte W. Muguta
726869 Tpr P. M. Garnett

23.9.1977

Lt T. M. Moore
Lt J. A. Q. Vos
Lt M. F. Webb
Lt B. S. York
724391 Sgt B. A. T. Maskell
PR 45993 T Sgt P. F. Fynn
724728 T Sgt N. P. Nimmo
89565 Act Cpl G. Manning (posthumous)
727715 L Cpl J. W. Swan

30.9.1977

Flt Lt M. L. Aitchison
Sqn Ldr R. J. Brand
Sqn Ldr W. G. Cronshaw
Flt Lt A. R. Bruce
Flt Lt S. H. Caldwell
Flt Lt I. M. Harvey, D.M.M.

Flt Lt D. W. Pasea
Air Lt D. A. D. Bourhill
Air Lt M. G. Knight
Air Lt N. H. M. Meikle
Air Lt K. L. Peinke
5937 Flt Sgt A. I. Fleming
6626 Flt Sgt A. R. Jordan
5740 Flt Sgt D. J. Wallace
6253 Flt Sgt C. M. Wiltshire
5757 Sgt A. B. Aird
6281 Sgt J. J. B. Steyn

7.10.1977

726406 Sgt N. J. Breytenbach
XR6184 Sgt K. J. Roberts
726754 Cp1 I. Suttill
97644 Act Cpl F. J. Botha
PR98152 Act Cpl A. J. Nisbet

4.11.1977

Flt Lt J. M. H. Lynch
Flt Lt R. J. Watt, S.C.R.
6029 Sgt A. M. Merber

27.1.1978

2nd Lt A. T. Telfer
90914 Act Sgt D. P. Antoniadou
92407 Pte F. S. Evans
645285 Pte E. Muchanyu

31.3.1978

Maj A. Dennison, M.L.M.
Capt P. V. Farndell
Lt J. R. Cronin
Lt G. J. Schrag, B.C.R.
728022 Cpl S. Mazzella
725537 Act Cpl P. J. Hodgson
R82815 Act L Cpl G. S. Murray
105835 Rfn C. M. de Freitas

Military Forces' Commendation

644852 T C Sgt R. Khama, M.C.M.

9.6.1978

Keep Cpl N. Chidizingwa
Act Keep Cpl E. R. Matashu

28.7.1978

Flt Lt M. F. McLean, BCR
Flt Lt J. J. P. Murphy
Flt Lt R. W. J. Sykes
Flt Lt G. H. F. Du Toit
Air Lt C. J. Tucker
5872 WO2 D. G. Sinclair
6085 Flt Sgt C. D. Jenkins
6020 Flt Sgt H. K. Keightley
5859 Sgt H. R. McCormick
6097 Sgt C. F. Robinson
Air Lt M. S. Hatfield
Air Lt N. Lamb

18.8.1978

Air Lt C. J. Tucker

13.10.1978

T Capt R. A. Pitchford
WO2 A. M. Riley
Cpl C. Chingombe
Cpl P. C. Compton
L Cpl D. Takawira
L Cpl P. Mugwagwa
Act L Cpl B. J. Seeber
Tpr K. L. Lewis
Rfn T. H. Lane
Rfn R. D. Casey
Rfn G. A. Foster
Pte E. Solomon
Pte D. Njovo

11.11.1978

WO2 D. M. Miller
Rfn I. C. Brown
J Comdt L. W. Sowden

8.12.1978

Rfn U. Boschin (posthumous)
Maj J. L. Bissett
Sqn Ldr B. G. Graaff
Flt Lt R. G. Beaver
Flt Lt R. E. Dives
Flt Lt M. D. Svoboda
Flt Lt C. Wilms
Flt Lt J. W. Mienie
Air Lt I. F. Peacocke
Air Lt M. E. Dawson
Sgt P. A. Braun
Cpl R. Thomson

26.1.1979

Flt Lt C. J. Abram
Flt Lt A. C. Bradnick
Flt Lt C. M. da Silveira
Flt Lt C. J. Spalding
Flt Lt L. E. R. Hood
Flt Lt A. E. Thomas
Air Lt I. B. Rodwell
Air Lt R. H. Christie

9.2.1979

T Sgt A. P. Miller
Pte H. A. Berman (posthumous)
Pte C. Ncube

13.4.1979

Lt W. D. M. Clark
Lt N. J. R. Storey
CSM P. Morgan
St Sgt A. L. Jonstone
Act C Serg T. Kruger

Military Forces' Commendation

Sgt M. R. Bramwell
Sgt J. Liverick
T Sgt A. F. Brown
Cpl F. V. Clark
Cpl J. J. Maon
Air Lt R. J. Bolton
Air Lt T. A. Jew (2)
Air Lt T. J. McCormick
Air Lt G. A. Oborne
Air Lt I. F. Peacocke
KC S. C. O'Brien
Gd Sgt B. N. Ralston
Act J Cpl T. Mujere

25.5.1979

Sgt F. Chigudu
105996 Cpl A. Abdul
728421 Bdr A.J. Alers
728094 Act Sgt R. W. Beamish
V2429 T Maj K. R. Campbell
729682 Tpr K. B. Grace
781241 2nd Lt D. C. Greenhalgh
644923 Sgt K. Gwatimba
645283 Cpl E. Kanye
38284 Sgt H. E. Nortier
121376 Act Cpl G. Picoto
728873 Tpr R. G. Smith
82929 Sgt J. G. F. Steyn
19942 Act WO2 O. C. Swart
781064 Lt G. S. Thornton
Cpl K. Mawedzere
Comdt B. G. Abrahams (RO)

1.6.1979

Capt A. J. Jordan

8.6.1979

Air Lt J. D. Kidson
Air Lt W. D. Michie

22.6.1979

Air Sub Lt J. H. Ludgater

14.9.1979

643586 WOII W. Rwazivesu
727928 T Cpl C. W. Rogers
729511 T Cpl M. M. Rossouw
727968 Trooper I. G. McIver

5.10.1979

91625 Sgt G. C. Swann
644936 Act Sgt S. Rufura

30.11.1979

781205 Lt R. W. T. Revell
644226 WO2 M. Charamba
104991V Act Sgt I. G. W. Jones
V3772 Lt L. M. Reynolds
29507 Sgt J. J. Swart
Flt Lt R. Fitzpatrick
Flt Lt C. P. James
Flt Lt M. E. Mulligan
Flt Lt A. J. Senekal
Air Lt R. V. Haakonsen
Air Lt W. D. Michie
Sgt E. F.. Crivellari
Sgt J. P. Dent
Sgt M. A. Jackson
Sgt J. H. Jacobs
Sgt C. J. J. Joubert
Sgt R. A. Oelofse
Sgt P. D. J. Scott
Sgt M. D. Smith
Cpl B. G. Jamesons
Cpl H. R. McDulling
SAC P. Maloney
415723X Cmdt C. J. Lester

7.12.1979

Sgt C. G. Breedt

Military Forces' Commendation

Sgt W. H. Tolmay
Act Snr Cmdt Horst Schobesberger

30.6.1980

V3645 T/Capt D. R. Davison
73338 Cpl C. J. Rundle
105866 A/Cpl T. S. Michael

NON-OPERATIONAL

23.10.1970

Army

T Capt P. Quirk
Tpr P. D. Pitman

Air Force

Sqn Ldr E. Carpenter
Sqn Ldr G. P. Fenn
Sqn Ldr F. G. Littlewood
Sqn Ldr M. J. Swart
Sqn Ldr T. S. Wilson
Flt Lt J. F. du Rand
Flt Lt J. R. C. Matthews
WO1 R. Coleman
WO1 J. D. Gordon-Brander
WO1 D. L. Juckes
WO1 R. G. Lohan
Mast Tech P. J. Adcock
WO2 M. J. Strauss
Mast Sgt C. J. McIntyre
Sgt R. V. St. Quinton

30.10.1970

Army

Maj W. R. L. Stuttaford
Maj J. S. Robertson
Capt (T Maj) E. C. Addams

12.7.1971

Army

Lt Col J. C. Roome
Maj J. E. Coaton
Maj G. J. Merrington
Maj D. J. Rowland
T Maj J. A. Barlow
Capt G. T. Cook
Capt H. L. G. Harvey
WO2 H. P. Fourie
Act S Sgt R. D. Mienie
Sgt B. W. Gray
Tpr K. L. Voss
T St Sgt A. Binda

11.11.1971

Capt G. N. Webber
WO1 J. R. Hayden
WO1 A. D. Schonken
WO2 J. K. Bell
T L Cpl R. Southwood

Air Force

Air Lt J. R. Breakwell
Mast Tech W. Johnstone

11.11.1972

Army

Maj P. H. Browne
Maj T. H. Joicey
T Maj R. D. Butcher

Military Forces' Commendation

T Maj J. D. Cochrane
2Lt A. A. Gillespie
WO2 J. B. Booyse

10.12.1972

Army

Maj M. F. W. Taylor
Capt R. P. du Preez
Capt T. C. L. Marsh
Capt C. A. R. Savory
Lt C. W. Webb
WO1 R. M. Paget
WO1 J. R. Pieters
T WO1 K. Toet
WO2 M. Mawarire

Air Force

Sqn Ldr C. G. Tubbs
Act Sqn Ldr P. H. Corbishley
Flt Lt G. E. Ewing
Cpl E. Tobayiwa

11.11.1973

Army

Capt P. J. Cooper
Maj C. Grant
Capt F. J. S. van Rooyen
Pte W. Vitalis

Air Force

Act Flt Lt S. D. Fenton-Wells

11.11.1974

Army

Capt A. G. L. Ross
PR16178 Col Sgt D. R. Singleton

Air Force

Flt Lt R. E. Bull
Flt Lt G. A. Walker-Smith
5668 Flt Sgt J. V. Whiddett

11.11.1975

Army

Maj C. H. French
Maj J. M. Cromar
T Maj J. J. Pile
Capt J. D. Desfountain
Lt R. Jones
2721 WO1 P. J. Killick
PR980 WO2 M. W. Clipston
4156 Cpl A. H. A. van Tonder
643683 Cpl A. Karombe

Air Force

Flt Lt W. W. Buckle
Flt Lt A. G. E. Dewsbury
5338 WO1 K. R. Salter
50155 WO2 P. Ngulu
5418 Mast Tech J. B. H. Stead
5525 Flt Sgt C. J. Green
6309 Sgt R. Moore
Sqn Ldr D. C. Howe
Sqn Ldr M. E. Robinson
Flt Lt F. Barlow
Flt Lt J. C. B. Shaw
Flt Lt K. J. Sampson
8460 WO2 R. L. Streeter

29.10.1976

Army

643188 Cpl R. Zinyemba
646374 Pte P. Jacobe

Military Forces' Commendation

11.11.1976

Army

Maj D. C. Goodison
Maj G. A. S. Vickery
PR29601 T Sgt L. J. Ryan
107253 Cpl K. G. Samji
640732 Cpl K. Zvinoitavamwe
108092 L Cpl A. R. I. Bhamjee
Capt L. T. Yeatman
724420 Sgt J. E. May
T Maj C. Blackwell

Air Force

Sqn Ldr B. W. Vaughan
Sqn Ldr J. O. Cramp
Sqn Ldr J. M. Wall
5558 WO1 J. Hack
5596 WO1 M. E. Berry
6729 Mast Tech J. H. Bugler
5367 Mast Tech R. W. Williams
5907 Mast Tech J. W. Imrie
50274 Cpl I. Mushawato

11.11.1977

Maj E. B. Cutter
4292T (V) WO1 N. E. Thomas
723833 WO2 P. H. Horsburgh
Capt N. J. R. Galvin
Capt P. Alcock
Sqn Ldr H. K. Blackie
Sqn Ldr A. M. Hofmeyr
Flt Lt (VR) E. S. Bone
Flt Lt B. G. Graaff
WO1 A. J. Campbell
WO1 N. J. J. Jordaan
WO1 W. J. McMurdo
WO1 L. Nel
WO2 J. G. Boynton
WO2 C. J. Green

WO2 (VR) J. S. King
WO2 D. J. O'Toole
Flt Sgt C. J. Borphy
Asst Comdt L. O. W. Nelmes

15.9.1978

726654 Cpl M. A. Hudson

11.11.1978

Maj J. K. Roe
Capt N. A. Cosgrave
Capt S. H. Williams
Lt J. W. Hardy
Lt W. Higgs
Lt N. Seear (Mrs.)
WO1 W. Fielding
WO2 J. M. Moon
C Sgt M. F. Kruger
C Sgt M. R. T. Sharpe
St Sgt T. Gohgo
Pte C. Chamonorwa
WO2 D. A. Turnbull
WO2 D. M. Fraser
Sqn Ldr R. P. Blackmore
Sqn Ldr A. F. Chisnall
Sqn Ldr P. D. Cooke
Sqn Ldr R. I. Culpan
Sqn Ldr A. Shires
Sqn Ldr W. H. Turner
Sqn Ldr A. H. M. Williams-Wynn
Flt Lt C. H. Boxall
Flt Lt B. Gifford
Flt Lt P. B. Henning
Flt Lt F. G. Hudson
Flt Lt J. N Jarvis
Flt Lt E. Jones
Flt Lt K. L. Peinke
Flt Lt T. N. Robinson
Flt Lt R. J. Watson
Flt Lt H. J. Wilde

Military Forces' Commendation

Air Lt N. D. E. Maasdorp
WOl I. A. E. Mann
WOl D. G. Theobald
WO2 N. C. Ely
WO2 R. W. Emmerson
WO2 A. B. Hughes
Mast Sgt P. R. Nisbet
Mast Sgt G. D. Pearce

8.12.1978

WO R. C. Meecham

13.4.1979

WO2 P. C. A. Payne
St Sgt S. G. Fordam
WOl M. E. McCormack
WO2 C. J. Bedford
Sgt M. S. Cunningham
Cpl R. Shepherd
Asst Comdt E. C. Wilde
WOl A. Jubane

7.12.1979

Sgt K. L. Barnard
Snr Aircraftswoman E. Bennati
Sqn Ldr T. A. Bourne

060004P Cmdt C. H. Bower
Flt Lt R. T. W. Clarke
WO2 T. P. Connolly
8474 WO2 A. E. Cooper
PR66293 Act Sgt M. B. Farquhar
8225 WO2 R. du Plessis Ferreira
722796 WO2 F. J. Gray
8550 Flt Sgt M. Hill
Sgt P. D. Hogan
Sgt P. G. Honeywill
Sgt K. H. Jones
Sgt B. C. Keene-Young
Flt Lt W. M. Marples
630659Y Snr Sgt G. Muzara
Sqn Ldr G. P. Pretorius
WO2 A. M. Rankin
Air Lt R. Reece-Johnson
Sgt M. R. P. Roland
726567 S Sgt R. D. Roodt
867433L Keep Sgt M. Tavengwa
11078 WO1 M. D. Tilbury
Sgt G. H. Twiggens
723168 WO2 J. J. Walker
V3697 T Capt N. B. R White
Sgt C. R. Wilson

The Director's Commendation (Prisons)

For an act of bravery, distinguished service or continuous devotion to duty.

18.6.1969
6602 Wdr Moses

21.1.1970
7325 Wdr Noah

4.2.1970
288 Sgt Mugoyi
6124 Cpl Daniel

7.6.1972
667 Sgt Maj Wdr Tiki

15.1.1975
6073 Cpl Abednigo

30.7.1975
920327 CPO D. G. McRobb

The Police Long Service Medal

For long and exemplary service; awarded after 18 years.

* 25 year clasp awarded
** 30 year clasp awarded

15.1.1971

*Comm S. F. S. Bristow
**Dep Comm R. J. V. Bailey
**Dep Comm P. D. W. R. Sherren
*Snr Asst Comm T. D. Allen
*Snr Asst Comm E. D. Vansittert
*Sm Asst Comm A. M. Braes
Snr Asst Comm L. J. Jouning
Snr Asst Comm E. J. Sheriff
Snr Asst Comm G. Atkinson
Snr Asst Comm L. Lamond
Snr Asst Comm D. W. Wright
Snr Asst Comm P. K. Allum
Snr Asst Comm J. W. G. Cannon, D.F.C.
Asst Comm D. Robinson
Asst Comm J. Denley
Asst Comm P. T. Owen
Asst Comm E. J. May
Asst Comm C. T. Thorpe
*Asst Comm C. N. Podmore
Asst Comm T. W. Egleton
Asst Comm E. I. McKay
Asst Comm D. G. Bennison
Asst Comm P. S. Murray
Asst Comm W. J. Callow
Asst Comm R. D. Eames
Asst Comm P. J. Robinson
Asst Comm W. A. H. May
Asst Comm K. N. Rawson
Asst Comm E. A. Webb
C Supt T. C. Banister
C Supt W. R. Buchanan
C Supt J. D. Bradfield
C Supt D. C. Hedge
C Supt A. S. Best
C Supt J. A. Wright
C Supt R. R. Stenner
C Supt P. C. Short
C Supt D. H. Sanderson
C Supt A. B. Freemantle
C Supt C. Robinson
*C Supt G. M. H. Houghton
*C Supt R. A. Hedges
C Supt B. Chalk
*C Supt H. C. Phillips
C Supt B. W. P. Stannard
*C Supt R. G. E. Gardner
C Supt D. E. Mallon
C Supt R. E. Burrell
C Supt J. L. Hardie
C Supt Blair
C Supt L. R. Gearing
C Supt T. L. Payne
C Supt C. W. Hobley
C Supt A. M. Hubbard
Supt T. J. Collins, D.F.M.
Supt P. J. McCulloch
Supt R. F. Ivey
Supt D. W. Pratt
*Supt G. W. F. Ellway
Supt A. W. Rich
Supt M. H. Beaver
Supt G. B. Dunn
*Supt R. S. Peters
Supt R. S. Martin
*Supt R. Pilbrough

Police Long Service Medal

Supt F. A. Punter
Supt W. R. Bowler
Supt P. G. Mingard
Supt M. T. O'Meara
Supt G. B. Dodd
*Supt M. G. Edden
Supt G. M. Waugh
*Supt G. C. Stuart
Supt A. Butler
Supt C. T. Lovett
Supt P. R. Stiff
*Supt G. W. Day
Supt P. R. Bell
Supt K. B. Pugh
Supt K. B. J. Clark
*Supt J. S. T. Fletcher
Supt A. B. Bulman
Supt D. B. Edwards
Supt D. C. Smith
Supt D. A. D. T. E. Lane
Supt T. M. Oatt
Supt R. Townsend
Supt V. G. Phelan
Supt A. R. B. Cox
Supt B. C. Lay
*Supt H. R. Wheeler
Supt E. Green
4227 D C Insp S. M. Whitehead
4254 St C Insp N. Smith
*4257 Insp J. B. Ashworth
4264 C Insp (T) V. Hustler
4271 Insp R. J. Warren
4300 Insp D. I. E. A. W. MacMillan
4317 Insp P. W. R. Woods
4327 C Insp A. D. Johnston
4328 C Insp A. P. Maskell
4354 SO D. L. Sherringham
4365 Insp A. T. J. Wilcox
4367 C Insp J. R. McBride

4371 C Insp J. March
4384 C Insp B. G. Thomas
4389 C Insp P. Kensett
4439 Insp C. H. Parry
4446 Insp M. R. G. Brough
4461 C Insp G. N. Barron
4468 C Insp (T) F. P. Maguire
*4490 C Insp (T) D. Hollingworth
4500 C Insp A. A. Winter
4503 Insp D. A. Humberstone
4513 Insp K. F. G. Curtis
4518 Insp D. F. N. Le Guern
4525 C Insp (T) W. T. Barber
4528 Insp B. R. Charlesworth
4549 St Insp K. G. S. Smith
4554 C Insp M. H. D. Fitzgerald
4562 SO G. H. G. B. Goldie
4587 C Insp G. H. Powell
4596 St C Insp N. H. Graham
4599 St Insp K. A. Humphreys
4623 Insp M. E. Roffey
4634 Insp M. C. O. E. Wales
4643 C Insp G. E. Leppan
4649 C Insp J. Seward
4650 C Insp D. Baird
4656 Insp D. C. Brown
4661 Insp A. Spencer
4680 C Insp A. J. McCrory
4684 SO J. A. Tomlinson
4691 SO P. N. S. Lord
*4694 SO A. J. L. Trubi
4712 D C Insp B. F. Darling
4717 D Insp P. W. Knight
4726 Insp D. J. Dyer
4730 D Insp D. L. R. Hallward
4731 C Insp R. F. W. Hollis
4732 St C Insp P. J. Hosford
4741 Insp W. E. Bailey
*4742 C Insp (T) A. W. Lake
4752 C Insp (T) W. Coetzer

Police Long Service Medal

4754 D C Insp A. W. Freeman
*4756 St Insp J. R. Pearce
4762 Insp J. McEvoy
4764 St C Insp J. S. C. Rees
4768 Insp R. D. Colquhoun
4775 C Insp (T) F. K. Hill
4777 St Insp R. J. H. Macintosh
4779 C Insp J. C. Price
4780 C Insp S. R. Williams
*4789 Insp (T) E. Matchett
4798 Insp R. R. L. Stokoe
4800 Insp R. J. Tucker
4804 Insp C. L. J. Howard
4808 C Insp D. H. Russell
4825 C Insp. (T) I. W. Cook
4836 D SO J. Brooks
4846 C Insp (T) G. H. McLintock
4851 St Insp A. M. Harrison
4854 Insp D. M. W. Robinson
4864 Insp B. T. Gallagher
4865 SO W. P. Hogan
4866 St C Insp R. E. Lawton
4873 Insp C. B. St. C. Hughes
4881 D Insp L. W. Dancer
4882 Insp P. E. G. Dancer
4892 Insp H. H. V. Johnson
4920 Insp D. J. Moore
4941 Insp T. W. Looker
5209 C Insp J. A. Thompson
5302 Insp L. Vernon
*6531 St Insp H. L. Edwards
*11518 L Sgt Kayitwi
11549 Sgt Mpanduki
11650 Const Timoti
11720 Sgt Nyika
11723 Const Muchine
*11788 Sgt Jafita
11837 Const Mandishona
11916 Stat Sgt Chemere
11918 Stat Sgt Muradzikwa

11922 Const Jeremiah
11933 Const Sosora
11943 Sgt Susute
11944 Stat Sgt Tinawapi
11945 Sgt Tapera
11949 Stat Sgt Mudadi
11963 Sgt Mugoni
11964 Const Muzanenamo
11967 Sub Insp Makusha
11972 Sgt Dube
11978 Sgt Taruwinga
11988 Sgt Marandu
12006 Const Swinurai
12009 Stat Sgt Fati
12014 D Sgt Muchengadava
12015 D Stat Sgt Rwizi
2016 Sgt Mbengo
12019 Stat Sgt Mazibisa
12043 Sgt Rashayi
12044 Const Taruwona
12046 D Stat Sgt Aroni
*12058 Sub Insp Mari
12062 Sgt Civonamba
12069 Stat Sgt Mpofu
12073 Const Jaji
12087 D Sgt Pundo
12091 Const Chirume
12092 Sgt Mazanembi
12112 Const Matopodzi
12117 Sgt Muroro
12126 D Stat Sgt Mashambanhaka
12138 Stat Sgt Mateyo
12142 Sgt Urayayi
12147 Sgt Mwayi
12150 Sgt Mtizwa
12154 Sgt Taruwona
12157 Star Sgt Nemasasi
12160 Sgt Usai
12163 D Stat Sgt Gwese

Police Long Service Medal

12165 Sgt Chibi
12170 D Sgt Mbulo
12175 Sgt Makombe
12180 Sgt Mugadza
12185 Sgt Ndwangu
12187 Sgt Solomon
12201 Sgt Robert
12203 Const Simeon
12204 Sgt Chipfumbu
12207 D Sgt Nyandoro
12217 Const Chamunorgwa
12219 Const David
12221 Const Ishewedu
12222 D Sgt Ciweshe
12226 D Stat Sgt Mhindu
12237 Const Chitando
*12242 Sgt Mulingo
12251 Const Bindu
12252 Stat Sgt Mizha
12267 Stat Sgt Gonga
12278 D Stat Sgt Murangwa
12283 Stat Sgt Ntini
12288 Sgt Watungwa
12292 Sgt Dzapasi
12295 D Stat Sgt Tsigah
12297 D Sgt Jeremiah
12298 Const Johannes
12320 Sgt Murauro
12325 Const Nyikadzanza
12326 Sgt Mupati
12327 D Sgt Dembedza
*12332 Stat Sgt Mudzuri
12335 Sgt Chaitezwi
12337 Const Tavimbgwa
12340 Sgt Chapxanya
12344 Sgt Aaron
12352 Const Chinembiri
*123S6 Stat Sgt Mangozi
12359 Sgt Johane
12360 Sgt Joshua

12367 Const Mfanyana
12375 Sgt Tafirenvika
12376 Sgt Tanawira
12378 Sgt Togara
12389 Sgt Matongo
12390 Sgt Dziradzargwo
12392 Stat Sgt Fakazi
12394 Sgt Chiware
12398 Sgt Maka
12402 Sgt Rufurwukuda
12404 Sgt Nvikadzino
12406 Sgt Madvira
12412 Sgt Sinudza
12422 Const Muzenga
12424 Sgt Billie
12426 Const Dzwaka
12427 Stat Sgt Mbendekwa
12428 Const Choruwa
12432 Stat Sgt Mutamba
12440 Stat Sgt Kimbini
12442 Stat Sgt Zishiri
*12443 Stat Sgt Kanicre
12448 Const Muranganwa
12450 Const Taruwinga
12451 Sgt Karamba
12454 Const Jairos
*12455 Stat Sgt Chawora
*12458 Sgt Madzibanzira
12461 Stat Sgt Pisirai
12470 D Sgt Gumbo
12474 Sgt Matimba
12484 Sgt Madzwiko
12494 Sgt Mtema
12496 D Sgt Marima
*12500 Stat Sgt Zulu
*12503 Sgt Mtshumael
12514 Sgt Chiutsi
12524 Sgt Chigumira
12525 Stat Sgt Alick
12533 Const Ndoro

Police Long Service Medal

12541 Sgt Chiwapu
12550 Sgt Ngoni
12560 Sgt Munyimani
12568 Sgt Rusere
*12571 Const Mutero
12573 Sgt Murimira
12574 Sgt Chabuka
12580 Sgt Makaure
12587 Sgt Matembira
12590 Sgt Mushowe
12591 Sgt Paswani
12594 Sub Insp Marovatsanga
12599 Stat Sgt Chifamba
12604 Const Chisango
12605 Sgt Maswere
12606 Sgt Enoch
12607 Sgt Pemiwa
12612 Sgt Mapopa
12613 Stat Sgt Joseph
12615 Sgt Kenani
12616 Stat Sgt Mahachi
12617 Sgt Zwidzayi
12618 Sgt Zekiya
12620 Stat Sgt Hativagoru
12623 D Sgt Chimanikire
12628 Sgt Pondayi
12630 D Sgt Tawa
12636 Const Ngazi
12638 Sgt Dickson
12641 Sgt Hinga
12642 Sgt Timothy
12643 Const Chakanetsa
12644 Sgt Ncube
12651 Const Brownstar
12653 L Sgt Stephen
12654 Const Mbangiwa
12663 Const Noah
12664 Stat Sgt Dube
12666 Sgt Misheke
12668 Const Sipo
12669 Const Chiwanza
12671 Const Manyumbu
12672 Const Mazuva
12673 Const Mudungwe
12675 Stat Sgt Magabo
12682 Sgt Nkala
12683 Sgt Madora
12686 Const Tivagone
12687 Sgt Zangira
12689 Const Makore
12697 Const Wilson
12698 Sgt Marondedzo
12701 Sgt Makwanva
12705 D Sgt Vani
12719 Sgt Joseph
12723 Const Meyi
12726 Const Chapfunga
12727 Const Leonard
12728 Sgt Manasa
12729 Const Maziti
12732 Sgt Makotose
12735 Sgt Chiweshe
12742 Sgt Pompi
12743 Stat Sgt Chigerwe
12771 Sgt Hosea
12756 Const Takaindisa
12772 Sgt Pedzisai
*12777 Sgt Marhangara
12780 Sgt Tarwireyi
*12782 Stat Sgt Isaac
12784 D Sgt Kanda
12788 Const Chibava
12792 Const Josaphat
*12794 Sgt Gonoh
12795 Sgt Marimo
*12798 Sgt Kamurai
*12800 Sgt Masoso
*12802 Sgt Masendeke
12805 Sgt Midzi
12810 Const Chabvuta

Police Long Service Medal

12812 Sgt Nyachowe
12819 D Sgt Chesango
*12820 Sgt Chida
*12821 Sgt Chomunorgwa
*12822 Sgt Mantula
*12825 Sgt Kaguru
12826 Sgt Katazo
12828 Sgt Ziyera
12829 Const Mangarayi
12832 Sgt Mujera
*12836 Const Rusape
*12837 Stat Sgt Muwiwimi
*12841 Sgt Paraziva
12844 Sgt Mukadzewasha
*12845 Sgt Chayerera
*12850 Const Takawira
12851 Sgt Tamanikwa
12852 Sgt Mazambani
*12853 Stat Sgt Musengi
*12855 Const Mtowo
* 12857 Sgt Timitiya
*12858 Sgt Tizayi
* 12861 Sgt Vengayi
* 12862 Sgt Guwuriro
*12864 Const Chibowora
12865 Const Chipanga
12866 Stat Sgt Muguni
12867 D Sgt Mkahlera
12869 Const Muwurawa
12870 Sgt Zishiri
12871 Sgt Changamire
12873 Const Sifile
*12883 Sgt Nyacowe
12884 Sgt Gariromo
12887 Const Chaminuka
*12891 Sgt Masaramusi
12894 Stat Sgt Makoni
12897 Sgt Magoronga
12900 Const Dewah
*12902 Stat Sgt Chinjeke

*12903 Sgt Mpofu
12904 Const Fibiyano
12905 Sgt Rashai
12909 Sgt Daka
12910 Sgt Hove
12914 Sgt Muchabayiwa
12915 Const Muchaziwepi
12916 Const Kurebgwaseka
*12917 Sgt Nyati
12923 Sgt Chamusingarevi
*12928 D Sgt Mavende
12935 Sgt Magunda
*12936 D Stat Sgt Chimombe
12941 D Sgt Nyati
12942 Const Fundikai
12947 Const Macheka
12953 Sgt Moses
12954 D Const Mutandwa
12958 D Sgt Bare
*12960 Stat Sgt Rodgers
*12962 Sgt Simon
12963 Sgt Magigwana
* 12966 Const Tawonisa
12969 Const Hungwe
* 12973 Const Uta
* 12976 Const Dzingirayi
*12977 Sgt Francis
12982 Const Kufa
* 12984 D Sgt Linda
12991 Const Mudani
12995 Const Moyo
*12999 Const Tachiwona
13001 Const Tamai
13003 Sgt Mukosi
13005 L Sgt Sakuro
*13023 Sgt Stephen
*13032 Sgt Layoni
13036 Stat Sgt Pugeni
*13041 Sgt Takabvanargwo
13051 Const Mwendesi

Police Long Service Medal

13052 Const Vandayi
13059 Const Jonah
13060 Sgt Chatizembgwa
*13065 Sgt Popukai
13066 Stat Sgt Shoniwa
13067 D Stat Sgt Luka
*13075 Sgt Ruka
13078 Sgt Saida
13083 D Const Manzini
13089 Stat Sgt Ramaboea
*13090 Const Julius
13093 Sgt Fuyane
*13102 Stat Sgt Mutasa
13104 Sgt Chinengundu
13108 D Const Dzikamayi
13109 Const Gebeni
*13114 Stat Sgt Zulu
13117 Sgt Garikayi
13121 D Sgt Timuri
13131 D Sgt Sibanda
*13136 Sgt Zimani
* 13140 D Sgt Ngwenya
13146 Const Machaka
13163 Sgt Mahaso
13164 D Sgt Chingobo
13165 Const Hlomayi
13166 Stat Sgt Mutamba
13167 D Sgt Mangena
13171 Const Timothy
13177 Sgt Muchemedzi
13194 Sgt Nikirasi
13200 Const Chayendera
13203 Stat Sgt Mundere
13205 Sgt Kamusikiri
13206 Sgt Matabire
13215 Sgt Gumbo
13217 Sgt Ferrao
13219 Const Tarwiwa
13221 Sgt Moyo
13224 Sgt Mashingaidze

13227 Sgt Silvester
13228 Stat Sgt Zimbgwa
13229 D Sgt Jaravaza
13230 Sgt Chaumba
13232 Sgt Nyandoro
13240 D Sgt Mamombe
13241 Sgt Chadehumbe
13255 Const Tanyanyiwa
13257 D Sgt Chiwocha
13264 Sgt Nyikadzino
13267 Stat Sgt Mahaso
13268 D Sgt Makota
13277 Sgt Shadreck
13279 Stat Sgt Mugaye
13281 Const Murawu
13286 Sgt Takawira
13289 Sgt Ranganai
13294 Const Kechemu
13295 Sgt Chaparadza
13302 Const Marufu
13307 Stat Sgt Chindedza
13308 Sgt Danda
13309 Sgt Josias
13318 Const Langton
13319 Sgt Nyamayaro
3322 Const Sibula
13324 Const Nxedhlana
13325 D Sgt Zephania
13326 Sgt Zakeu
13333 Const Matanjana
13343 Sgt Ngwerume
13347 Sgt Gwekwerere
13354 Stat Sgt Charumbira
**Comm J. Spink, I.C.D.
**Comm F. E. Barfoot, I.D., C.B.E.
**D Comm K. Flower, M.B.E.
**D Comm G. M. Harries, I.C.D
**D Comm H. B. Blowers
*D Comm W. Crabtree
*Snr Asst Comm S. Edwards

Police Long Service Medal

*Snr Asst Comm A. R. Godwin
*Snr Asst Comm H. K. A. Gaitskell
*Snr Asst Comm E. A. Oppenheim
*Snr Asst Comm E. G. H. White
*Snr Asst Comm R. S. C. Bellamy
*Snr Asst Comm J. L. Wordsworth
*Snr Asst Comm L. H. Turner
*Snr Asst Comm G. G. Lee
*Asst Comm J. C. Payne
Asst Comm D. G. Alderson
Asst Comm J. L. Barton
*Asst Comm J. E. L. Weller
Asst Comm M. G. Ogle
Asst Comm J. F. A. Fisher
Asst Comm W. F. Foxcroft
*Asst Comm P. D. F. Kent, M.B.E.
Asst Comm C. J. Sowter
C Supt H. Jones
C Supt A. E. F. Bailey
C Supt W. E. Colbourne
C Supt J. O. Watkins
C Supt E. B. Collier
C Supt C. H. Plastow
C Supt H. C. Mason
C Supt K. Walker
C Supt B. F. H. Wright
C Supt R. B. Hughes
C Supt J. A. Reid
C Supt J. Berry
C Supt W. J. Rattray
C Supt C. W. Armstrong
C Supt R. W. Humphreys
C Supt R. Underwood
Supt M. A. Sparks
Supt G. S. Gilmour
Supt S. O. Forrest
Supt E. D. Jones

Supt P. Bosley
Supt R. Briault
Supt J. G. Downham
Supt W. M. Cooper-Jones
Supt T. E. W. Weimer
Supt J. F. L. Worsley
Supt D. Craven
Supt J. W. Fairfax-Franklin
Supt A. C. Pickard
Supt R. L. Simpson
Supt M. B. Wiltshire
Supt W. Bremner
Supt A. Gale
Supt G. J. W. Harvey
4219 D C Insp S. L. Bruce
4230 St Insp P. N. Shield
4240 Insp R. H. T. Warwick
4253 Insp J. A. Reeves
4262 SO P. A. Gallagher
4288 C Insp V. A. Davey
4292 Insp A. D. Martin
4302 St SO J. H. Wilson
4353 Insp S. G. Saunders
4357 D C Insp E. G. Gibbons
4382 Insp J. C. Paine
4392 Insp M. O'B. Hancock
4393 St Insp A. W. Lucas
4394 Insp A. D. Martin
4427 C Insp D. W. Armstrong
4435 Insp J. N. Godfrey
4438 SO K. Jarrett
4443 C Insp C. R. J. L. De Courpalay
4454 Insp B. J. G. Digges
4460 C Insp D. M. Bester
4481 SO H. W. Neale
4493 C Insp T. S. Mercer
4494 St C Insp J. M. Restorick
4551 SO K. R. Garrod
4559 Insp (T) S. S. Trower

Police Long Service Medal

4628 SO D. Gilmour
4766 Insp T. G. C. Shaw
4859 C Insp (T) K. W. J. Barnfield
11093 Const Wamiridza
11409 Sgt Chanetsa
11432 Sgt Jala
11917 Sgt Dickson
11948 Sgt Ngoni
11955 Sgt Malaba
11980 D Stat Sgt Zama
11981 Const Mgwala
11984 Const Jeremiah
11985 Stat Sgt Job
11987 Const Hungwe
11991 Stat Sgt Nyikadzino
11995 Stat Sgt Samongoe
12000 Const Majoni
12002 Stat Sgt Chipoka
12004 Const Richard
12041 Const Njitimani
12054 Const Mbalekelwa
12064 Const Tachiwona
12071 D Sgt Gwenzi
12084 Sgt Muindisi
12086 Const George
12100 Sgt Simon
12113 Const Mutsindikwa
12131 D Sgt Muteto
12143 Const Nyatwa
12155 Sgt Hombe
12158 Const Marufu
12162 D Sgt Pambuka
12168 Const Kemesi
12171 Sgt Zwenyika
12178 Const Tendepi
12184 D Sgt Sinyoro
12223 Sgt Magutshwa
12236 D Const Verenga
12238 Const Finiyasi
12244 Sgt Ngwarayi

12259 Const Hamandawana
12262 Sgt Gwati
12277 Sgt Wilson
12285 Sgt Chabarwa
12290 Const Dangayiso
12306 Const Chigwida
2333 Const Standirek
12345 Const Mtshumayeli
12396 Sgt Kutsirai
12413 Sgt Sigeca
12423 Const Kwaramba
12435 Sgt Nyoka
12439 Const Timothy
12452 Sgt Chinogaramombe
12453 Const Mabandi
12462 Sgt Asikinosi
12465 Const Gobeza
12481 Sgt Nkomo
12483 Sgt Makhurame
12485 Sgt Joshua
12490 Sgt Nkomo
12498 Sgt Chikarakara
12535 Sgt Tiriwanhu
12542 Sgt Mamvacha
12565 Sgt Muchabayiwa
12577 Const Mathew
12592 Const Singangwari
12593 Sgt Shoniwa
12598 Sgt Mupereri
12627 Const Takawira
12656 Const Elikana
12657 Stat Sgt Fani
12700 Const Matongo
12738 Sgt Parwada
12752 Const Muwirimi
12989 Const Zwimba
13214 Sgt Kupara
13287 Const Zvinowanda

Police Long Service Medal

19.2.1971

*Snr Asst Comm J. Redfern
Asst Comm R. D. A. H. Holt
Supt J. Wickenden

9.4.1971

Supt P. Langhan
4937 St C Insp A. C. F. Jessop
4946 Insp D. C. Waller
4947 D Insp R. W. Welch
4949 St Insp G. D. Winchcombe
4950 D Insp J. G. Baker
4954 SO J. M. Kenny
4960 D Insp G. W. Gibson
4962 C Insp B. W. Pratt
4966 SO M. N. J. Upward
4967 St Insp D. G. Young
4968 Insp P. H. G. Bembridge
4974 Insp J. Taylor
4975 Insp A. B. Bolton
4983 Insp D. J. M. Sankey
4988 D Insp W. J. M. Crossan
4997 SO R. J. Samways
5000 St Insp L. G. Wakefield
13135 Const Tayengwa
13361 Const Magura
13368 Sgt Zivai
13370 Const Pikitai
13374 Sgt Zivai
13375 Const Manyonga
13376 Sgt Aaron
13377 D Sgt Munodeyi
13389 D Const Weston
13390 Const Tambaoga
13394 Const Nyaruwo
13396 Const Chigwonde
13398 Const Matiro
13399 Const Mutizwa
13401 D Sgt Kodzwa
13405 Stat Sgt Muzuwa
13416 Const Chakadayi
13419 D Sgt Hamadziripi
13420 Sgt Chidomaya
13429 Const Mkulunywa
13430 D Const Baleni
13431 D Sgt Chinyani
13432 Sgt Tapurayi
13444 Const Lazaru
13452 Sgt Saul

11.6.1971

Supt J. P. Neale
Supt D. F. Jones
5001 Insp J. Whitelaw
5002 Insp (T) A. J. Davidovics
5005 Insp (T) D. R. Peckover
5008 Insp C. S. Bulley
10057 D Stat Sgt Muchena
*10714 Sgt Mupinda
11283 Sgt Mudawarima
12796 Const Depi
12876 Sgt Besah
12893 Sgt Mukondo
13137 Const Chamara
13457 Const Gwati
13464 Sgt Masunda
13475 Sgt Sibangani
13477 Const Vakayi
13478 Sgt Siyachitema
13479 Sgt Madomombe
13481 Const Chinamhora
13485 Sgt Musiyiwa
13486 Const Alexander
13511 Const Tarugarira
13515 D Sgt Cephas
13518 Sgt Mwanandimai
13534 Sgt Chimidza
13535 Const Doha
13536 Sgt Elias
13547 Sgt Ernest

Police Long Service Medal

13549 Sgt Nyandoro
13550 Sgt Ranganayi
13551 Sgt Takavada
13553 Sgt Govere
13557 Const Kurwara

13.8.1971

4887 C Insp R. de C. Marett
4912 SO R. W. Crahart
5022 Insp (T) D. M. Leech
5023 Insp (T) G. G. O'Neil
5025 D Insp P. 1. B. Burt
5027 Insp W. J. Collier
5028 Insp J. W. Ennis
5067 St Insp D. Hardy
5070 D C Insp T. D. Holden
5075 Insp R. J. Ray
5077 Insp M. C. Thurlby
10316 Sgt Saunyama
10521 Sgt Maziwanhanga
10562 Sgt Ruckezo
*10637 Stat Sgt Chiduza
10658 Sub Insp Taruvinga
*10742 Stat Sgt Majongosi
*10752 Stat Sgt Makiwa
*10754 Stat Sgt Mandigorah
*10757 Stat Sgt Kaboko
*10792 Sub Insp Nyika
10828 Stat Sgt William
10877 Stat Sgt Mageza
10930 Stat Sgt Gowora
*11462 D Sub Insp Mtutu
*11477 Stat Sgt Mpofu
11495 Stat Sgt Gusha
11574 Sgt Peter
12922 Sgt Buhera
13006 Const Pwere
13187 Sgt Fanny
13470 D Sgt Tutani
13520 D Sgt Mwase

13526 D Const Conjwayo

3.9.1971

C Supt R. A. Dick
*Supt D. H. Allen
*Snr Asst Comm L. J. Jouning
*Snr Asst Comm E. J. Sheriff
*Snr Asst Comm G. Atkinson
*Snr Asst Comm L. Lamond
*Snr Asst Comm D. W. Wright
*Snr Asst Comm P. K. Allum
* Asst Comm C. T. Thorpe
*Asst Comm W. J. Callow
*Asst Comm P. J. Robinson
*Asst Comm W. A. H. May
*C Supt T. C. Banister
*C Supt J. A. Wright
*C Supt A. B. Freemantle

8.10.1971

*Supt A. C. N. Stephens
*Supt D. J. Morgan
5081 Insp (T) F. J. P. Louw
5084 St Insp J. V. Clements
5091 St Insp J. C. Jecock
10177 D Stat Sgt Mbanga
10882 Sgt Anderson
10982 Stat Sgt Mhlanga
*10984 Stat Sgt Jakah
10985 Stat Sgt Musamirapamwe
11453 D Stat Sgt Luke
13606 D Sgt Banda
13649 D Sgt Nyakura

11.2.1972

C Supt T. G. Ward
Supt A. E. Bradshaw
Supt M. W. Day
Supt I. J. Miller
Supt V. L. Sidnell

Police Long Service Medal

4045 C Insp (T) P. F. Foskett
4799 SO C. R. Sutton
5038 St Insp G. N. Thompson
5051 Insp (T) L G. Hemmings
5085 C Insp J. H. Gilbert
5086 Insp R. M. Gillett
5087 Insp R. A. Hall-Johnson
5107 St Insp R. P. Ashworth
5111 St C Insp J. R. D. Bacon
5117 D C Insp R. D. Hall
5118 Insp L Hayes
5123 St C Insp D. L. Perkins
5141 St Insp I. C. Stitt
5143 D SO J. H. Vye
5144 C Insp R. E. Weare
5145 Insp J. S. J. Weatherley
5147 D Insp W. H. G. Wilton
5149 Insp (T) R. Kennedy
5154 SO J. Clampit
5162 Insp M. Robinson
5164 D C Insp R. M. Savage
5167 St Insp G. R. D. Spurgin
9877 Const Maunganidze
10369 D Sub Insp Sithole
10593 D Stat Sgt Nyagwaya
10620 D Stat Sgt Bvumbi
10819 Stat Sgt Chidziwa
10881 D Stat Sgt Gambiza
10891 Const Sam
11019 D Stat Sgt Mutengo
11072 Sgt Mashita
11096 Stat Sgt Jija
11111 Sgt Masuku
11122 D Sgt Mpofu
11130 Sgt Nyarubiro
11141 Stat Sgt Masaire
11163 Sgt Msekiwa
11165 Sub Insp Chitsatso
11171 D Stat Sgt Mano
11221 Sgt Foto
11230 Sgt Enoch
11244 Sgt Temba
11256 Stat Sgt Moyo
11273 Stat Sgt Gwekwerere
11280 D Sub Insp Vazhure
11287 Stat Sgt Mbuyelelwa
11291 Sgt Takawira
11316 Stat Sgt Kwashirayi
11347 D Stat Sgt Penduka
11406 Sgt Bwititi
11430 D Stat Sgt Mubayiwa
11446 D Stat Sgt Chirisa
11470 Stat Sgt Mgoywa
11479 D Stat Sgt Josiah
11492 Stat Sgt Mishack
11496 D Stat Sgt Hove
11497 Sgt Douglas
11507 Stat Sgt Nyoni
11526 Sgt Tsikai
11528 Sgt Mutandwa
11624 Const Paradzai
11668 D Stat Sgt Matambanashe
11687 Sub Insp Chingoka
11712 D Stat Sgt Mataswa
11715 Stat Sgt Mafi
11732 Sgt Ernest
11752 Stat Sgt Munetsi
11775 Stat Sgt Timothy
11780 Sgt Hega
11781 Sgt Banda
11789 Sgt Chabarwa
11997 D Sgt Kenny
12047 Sgt Mudhliwa
12089 Sgt Chimanga
12639 Const John
12971 Sgt Nsokosi
13054 Const Paradza
13073 Const Mugumuro
13156 Const Musarurwa
13180 Stat Sgt Tole

Police Long Service Medal

13213 Const Tayengwa
13317 Sgt Mapfumo
13340 Const Martha
13383 Const Ngungu
13387 Sgt Tirivanhu
13402 Const Lorry
13413 Const Mtasa
13437 D Sgt Mbanga
13563 Const Johanies
13565 Sgt Margwa
13569 Sgt Rufaro
13574 Sgt Takavingeyi
13582 Sgt Muparadzi
13584 Sgt (T) Temba
13589 D Sgt Vingirai
13591 Const Elisha
13593 Const Farirepi
13595 Stat Sgt Sibanda
13600 Stat Sgt Mujuru
13605 Const Takaruza
13607 Sgt (T) Musengi
13608 Sgt Dube
13610 Const Bickes
13616 Const Itayi
13621 Const Karikoga
*11212 Stat Sgt Chimedza
*13139 Const Efurati

Former member
*10694 St Sgt Pawadyira

12.5.1972

*Asst Comm E. J. May
*Asst Comm T. W. Egleton
*Asst Comm E. I. McKay
*C. Supt D. C. Hedge
* C Supt D. H. Sanderson
*10877 Stat Sgt Mageza
*10881 D St Sgt Gambiza
*10882 Sgt Anderson

C Supt S. A. Browning
Supt J. L. Evans
Supt J. Prior
4135 C Insp A. P. H. Cox
4169 C Insp R. F. Trangmar
5172 St SO A. Craigie
5173 St Insp B. S. Garland
5175 D Insp G. Binns
5183 D C Insp T. Merrigan
5184 Insp B. L. Nightingale
5187 D Insp F. M. Reeves
5192 D Insp S. J. Hancock
5197 D Insp M. J. P. McGuinness
5204 SO R. A. B. Bull
10759 Sgt Mashonganyika
10782 Stat Sgt Gomwe
11790 Sub Insp Tutani
11799 Stat Sgt Muvududu
11807 Stat Sgt Mpofu
11828 Sgt Edmond
11829 Sgt Matema
11847 Stat Sgt Njagu
13622 Sgt Magaya
13623 Sgt Maradze
13627 Sgt (T) Mashandudze
13628 Stat Sgt Richard
13631 Const Phahlane
13634 D Sgt Gate
13635 Const Tsingirayi
13637 Const Benjamin
13640 Sgt Dennis
13646 Sgt Dzama
13648 Const Kambiro
13652 Const Maliswa
13653 Sgt Kadzunge
13655 Sgt Malandu
13657 Sgt Chiri
13658 Const Peter
13659 Const Paul
13674 Sgt Tayengwa

Police Long Service Medal

13676 Const Nhokwara
13679 Sgt Zwinavashe
13681 Sgt Farisai
13690 Sgt Hungwa
13691 Sgt Langton
13694 Const Ngazimbi
13696 Stat Sgt Mpariwa
13697 Const Madamombe
13701 Sgt Makombe
13705 Sgt Gwena
13706 Sgt Chikwekwete
13709 D Sgt Chisese
13710 Const Hove
13711 Sgt Pedzi
13723 Stat Sgt Dube
13727 Sgt Kumalo
13731 Sgt Simuzibe
13736 Const Shibulo
13745 Stat Sgt James
13751 Sgt Vambe
13752 Sgt Muranda
13759 Sgt Chino
13765 Const Mombeshora
13768 Const Mbiriri
13771 D Sgt Phillimon
13776 Const Biton
13777 Sgt Musame
13781 Sgt Harrison
13783 Const Kaparura
13785 Const Murambiwa
13788 D Sgt Chigudu
13789 Const Machingura
13790 Sgt Mbindawina
13792 Const Majaya
13800 D Sgt Malama
13805 D Sgt Ngadya
13810 Sgt Mbuvah
13813 Sgt Marongedza
13814 Const Willie
13829 Stat Sgt Nyati

13836 Sgt Salathiel
13844 D Const Nkomo
13847 Const Rambgawasika
13851 Sgt Mupamba
13852 Stat Sgt Ruzidzo
13854 D Sgt Tshangana
13856 Const Wilfred
13860 D Sgt Mangoye
13876 Const Vanji
13878 Const Kandawasvika
13879 Const Haggai
13882 Const Makunga
13884 Sgt Siyakatshana
13886 Sgt Bangojena
13894 Sgt Munangwa
13895 Sgt Munetsi
13900 Sgt Verengayi
13902 Sgt Mudawini
13906 Sgt Ngarakana
13910 Sgt Josamu

29.9.1972

*10930 St Sgt Gowora
*10982 St Sgt Mhlanga
*9877 Const Maunganidze
Supt W. J. Birch
Supt K. R. S. MacDonald
Supt W. Hamilton
Supt A. Ross
Supt A. J. Lane
5217 Insp N. L. Harris
5219 St Insp R. Booth
5225 D Insp J. Carse
5226 St C Insp P. J. Murphy
5231 C Insp D. C. Rowland
5234 St Insp A. C. S. Courts
5238 Insp (T) A. J. Pauw
5240 C Insp R. J. Patching
5250 St C Insp M. L. Braidwood
5267 D Insp N. S. Burns

Police Long Service Medal

5268 St Insp M. J. Wiltshire
5270 D Insp D. Goodhead
5271 SO K. Bray
5272 Insp P. Deasy
5273 C Insp D. J. Garman
11850 Sgt Makanga
11855 Stat Sgt Chiweshe
11876 Stat Sgt Paul
11878 Sgt Chinze
11888 Sgt Shedrick
11890 Sgt Virima
11899 Stat Sgt Mubayi
11902 D Stat Sgt Ncube
11909 Const Kambule
13917 Const Cornelious
13920 Const John
13922 Const Josiah
13925 Sgt Gutu
13926 Sgt Dube
13929 Sgt Tsikayi
13930 Sgt Mashingaidze
13932 Sgt Barnabas
13936 L Sgt Gwashure
13938 Const Simon
13943 Const Kwangwa
13944 D Const Mabasa
13952 Const Morris
13955 Sgt Tachiweyi
13956 Sgt Musabaike
13961 Const Marko
13964 Const Richard
13968 Sgt Newett
13969 Sgt Simon
13975 Stat Sgt Mutamiri
13979 Const Moyo
13982 Sgt Muvuyah
13983 Const Masawi
13985 D Sgt Mcilo
14000 Const Mushavatu
14001 Const Mano

14002 D Const Chitsaka
14003 Sgt Jabangwe
14004 Sgt Tongerai
14005 Sgt Duncan

Former members

11717 Stat Sgt Rwodzi
11851 Stat Sgt Nehumba
12725 Sgt Robert

25.5.1973

* Asst Comm D. Robinson
*Asst Comm R. D. Eames
* C Supt C. W. Hobley
*10985 Stat Sgt Musamirapamwe
*11916 Stn Sgt Kuvawoga
*11918 D Stat Sgt Muradzikwa
Supt P. Tomlinson
Supt C. Carver
5279 D C Insp G. A. Moores
5281 C Insp P. J. Bellingham
5283 Insp C. Naisby
5290 C Insp. B. A. D. Gray
5312 Insp M. E. Lindley
5882 Insp J. P. Scott
11063 Const Tafuenyika
11282 Stat Sgt Matambo
12049 D Sgt Chiguma
12107 Sgt M'Loyie
12878 Const Maliselo
13704 Sgt Isaac
13927 Const Mberi
13935 Const Kundishora
14012 Sgt Mano
14013 Sgt Ngandu
14014 Sgt Mukoreka
14016 Sgt Watura
14019 D Sgt Dauzeni
14022 Sgt Servesto
14027 D Stat Sgt Monga

Police Long Service Medal

14028 Const Walter
14030 D Stat Sgt Ngandu
14033 Sgt Mahere
14038 Const Benes
14043 Const Marufu
14045 D Sgt Togara
14047 D Sgt Nyatsanza
14050 Sgt Bururu
11933 Const Sosora

Former members

* C Supt A. M. Hubbard
10984 St Sgt Jakoh
11019 D S Sgt Mutengo
11072 Sgt Mashita

14.9.1973

* Asst Comm J. Denley
* Asst Comm D. G. Bennison
*Asst Comm K. N. Rawson
*C Supt W. R. Buchanan
*Supt T. J. Collins, D.F.M.
*Supt D. W. Pratt
*Supt K. B. Pugh
*4256 C Insp J. B. Ashworth
*4264 C Insp (T) V. Hustler
*4271 C Insp R. J. Warren
*11111 Sgt Masuku
*111222 D Sgt Mpofu
*11944 Sgt Maj Tinawapi
*11945 Sgt Tapera
*11967 Sub Insp Makusha
*11972 Sgt Dube
*11978 Sgt Taruwinga
*12006 Const Mbirimi
Supt G. E. Hedges
Supt H. J. Gibson
5303 C Insp (T) A. B. Stone
5334 C Insp A. J. Worden
5341 Insp P. C. Watts

5342 Insp P. M. Jackson
5348 Insp H. B. James
5351 Insp D. A. Hollis
14054 Const Masama
14057 Sgt Kwayedza
14062 D Sgt Phineas
14066 Sgt Dzimbanete
14069 Sgt Mukobani
14070 D Sgt Mugauri
14071 Sgt Thomas
14074 Sgt Maj Tshabalala
14075 D Const Mahonde
14077 Sgt Gilbert
14081 Const Fani
14082 Sgt Tichafa
14086 Sgt Nhamburo
14091 Const Edwin
14092 Sgt Isaya
14097 Sgt Henderson
14102 Sgt Mpandanyama
14105 Sgt Bvute
14117 Sgt Tembo
14119 Const Kumire
14120 Sgt Tsapi

Former members

*11963 Sgt Mugoni
*12015 D Sgt Maj Rwizi

4.1.1974

Supt M. D. York
Supt B. J. Thomas
5359 Insp J. E. Willcox
5360 Insp J. J. Hicks
5364 C Insp D. A. George
5365 C Insp R. F. Robins
5397 Sect O T. E. N. Carr
5398 C Insp T. H. Potter
14127 Const Hubert
14132 Const Mutizwa

Police Long Service Medal

14142 Const Nathan
14144 D Sgt Maj Tamanikwa
14145 Sgt Faro
14151 D Sgt Muguto
14153 Sgt Gudo
14154 Sgt Muranganwa
14155 Const Sawuro
14159 Sgt Musero
14161 Sgt Douglas
14172 Sgt Maj Mvududu
14175 Const Situbeni
14176 Sgt Maj Victor
14177 Const Hakuna
14186 Sgt Mikalas
14194 Sgt Kufakunesu
14197 Sgt Maj Petros
14204 Sgt Mbizo
14207 D Sgt Muruta
14211 D Sgt Maj Chimangah
14212 Sub Insp Makonese
14214 Const Koti
14219 Sgt Malani
14222 D Sgt Dhliwayo
14223 Sgt Stephen
14224 Sgt Madanhire
14229 Const Chiduwa
14231 Const Nickson
14237 Const Joramu
14238 D Sgt Samunderu
14240 Sgt Pasipanodya
14249 Sgt Waziwenyi
14250 Const Manoah
14262 Sgt Makoni
14271 Const Rogers
4171 C Insp R. S. Vincent
*C Supt B. W. P. Stannard
*C Supt C. Robinson
*C Supt T. G. Ward
*Supt A. R. B. Cox
*Supt A. P. Maskell

*4367 Ch Insp J. R. McBride
*11141 Sgt Maj Masaire
*11163 Sgt Msekiwa
*11165 Sub Insp Chitsatso
*12044 Sgt Maj Aroni
*12062 Sgt Civonamba
*12069 Sgt Maj Mpofu
*12091 Const Chirume
*12092 Sgt Mazanembi
*12126 D Sgt Maj Mashambanhaka
*12138 Sgt Maj Mateyo
*12142 Sgt Urayayi
*12147 Sgt Mwayi
*12156 Sgt Mtizwa
*12157 Sgt Maj Nemasasi
*12165 Sgt Chibi

Former member

*11130 Sgt Nyambiro

1.2.1974

*12163 D Sub Insp Gwese
*12175 Sgt Makombe
*123187 Sgt Solomon
5387 C Insp L. H. Phillips
14266 D Sgt Nyikadzino
14275 Sgt Memo
14277 Sgt Kingstone
14278 Sgt Jeche
14281 Const Mudzingwa
14283 Const Mabandla
14294 Const Gilbert
14295 Const Atidani
14299 D Sgt Mukiwa
14304 Sgt Erick

Former members

*12154 Sgt Taruwona
13786 D Sgt Moyo

Police Long Service Medal

Awarded clasp in lieu of 2nd bar to Colonial Police Long Service Medal

*11221 Sgt Foto

22.3.1974

*Supt P. J. McCulloch
*12207 D Sgt Nyandoro
*12217 Const Chamunorgwa
*12219 Const David
*12252 Sgt Maj Mizha
*12267 Sgt Maj Gonga
*12292 Sgt Dzapasi
*12295 D Sgt Maj Tsigah
*12326 Sgt Mupati
*12327 D Sgt Mupati
*12335 Sgt Chaitezwi
*12337 Const Tayimbgwa
Supt I. Hogg
5384 C Insp (T) R. Rausch
5424 Insp N. J. McKenzie
13249 Sgt Madombgwe
13463 D Sgt Maigurira
14306 Sgt Madinu
14314 Sgt Simudzai
14315 Const Tayengwa
14316 Sgt Maj Fayavo
14323 Sgt Maj Silver
14334 Const Tavaziva
14340 D Sgt Chekure
14342 D Const Chigowe
14343 Sgt Maj Shumba
14347 Const Mudzingwa
14349 Const Munyeketwa
14350 Const Bonwell
14354 D Sgt Marufu
14360 Sgt Maj Mkaronda
14361 Const Gorokotah
14362 Sgt Mandazah
14363 D Sgt Chiwora
14366 Const Murgwira
14368 Sgt Murashiki
14369 Sub Insp Chisenwa
14371 Const Chigonda
14374 Sgt Maj Chidzambga
14378 Sgt Williams
14381 Sgt Magaisa
14387 Const Solomon
14389 Const Manyame

Former members

*12221 Const Ishewedu
*12226 D Sgt Maj Mhindu

Awarded clasp in lieu of 2nd bar to Colonial Police Long Service Medal

*11244 Sgt Temba

10.5.1974

*Asst Comm A. S. Best
*Ch Supt L. R. Gearing
*11273 Sgt Maj Gwekwerere
*11720 Sgt Nyika
*11837 const Mandishona
Supt A. P. Moores
5442 D C Insp T. Power
5449 D C Insp F. L. Judd
5452 Insp M. C. Stevens
WP29 Wm Insp R. V. Rowlands
13908 Const Tanganyika
14332 D Sgt Masunda
14341 Const Matavire
14348 D Sgt Pswerukai
14367 D Sgt Maj Muchetu
14397 Const Gidion
14406 Const Katize
14407 Sgt Msoto
14408 Sgt Moyo
14409 Const Rozi
14412 Sgt Tarazani
14413 D Sgt Mishek

Police Long Service Medal

14417 Const Vitori
14418 Const Kurima
14422 Sgt Hatikuri
14424 Const Nyikadzino
14425 D Sgt Negobe
14428 D Const Maririmba
14430 Sgt David
14433 Sgt Mushati
14434 Sgt Matenhese
14436 Sgt Matshipisa
14438 Const Eliveni
14442 D Sgt Magama
14451 Sgt Lifi
14457 Const Mandhla

Former member

*10341 Stat Sgt Chirimba

28.6.1974

*Sen Asst Comm P. S. Murray, P.M.M.
*Asst Comm R. R. Stenner, P.M.M.
*Asst Comm E. A. Webb, P.M.M.
*12280 D Sub Insp Vazhure
*11282 Sgt Maj Matambo
*11287 Sgt Maj Mbuyeyelwa
*11291 Sgt Takawira
*12356 Sgt Maj Mangozi
*12359 Sgt Johane
*12376 Sgt Tanawira
13618 Sgt Jonathan
14452 Sgt Chandafira
14460 Const Maphenduka
14461 Const Fada
14463 Const Eck
14465 Sgt Vonnie
14471 Const Mushongah
14474 Sgt Chikobvu
14478 Const Chiwona

Former members

*12378 Sgt Togara

16.8.1974

*12390 Sgt Nyandoro
*12392 Sgt Maj Fahazi
*4439 Ch Insp C. H. Parry
Supt J. Smith
Supt R. M. Gilbert
Supt D. G. Blacker
5479 C Insp M. L. Leach
5480 Insp N. K. Macaulay
5484 St Insp D. C. Cloete
5490 Insp P. R. Stock
5497 C Insp G. M. Mower
5501 D C Insp C. de R. Sewell
5508 C Insp G. C. Norris
5509 Insp M. A. Jones
6116 Insp G. R. Bye
6774 Insp I. W. Magowan
14452 Sgt Chandafira
14486 Const Samson
14488 Sgt Chingombe
14497 Const Hlabo
14504 Const Gordon
14507 D Sgt Kaseke
14508 Sgt Maj Solomon
14515 D Sgt Magaraca
14518 D Sgt Mutizwa
14519 Sgt Maj Murapah
14530 Const Runesu
14532 Sgt Mosi
14535 Sgt Ranga
14537 Sgt (T) Jackson

22.11.1974

*Asst Comm G. M. H. Houghton
*4468 Chief Insp (T) F. P. Maguire
*12389 Sgt Matango

Police Long Service Medal

*12424 Sgt Billie
*12426 Const Dzwake
*12427 Sgt Maj Mbendekwa
*12432 Sgt Maj Mutamba
*12440 Sgt Maj Swova
*12451 Sgt Karamba
*12454 Const Jairos
*12458 Sgt Madzibanzira
*12461 Sgt Maj Pisirai
*12450 Const Mukunguratse
Supt D. A. Hogg
5415 Insp (T) A. W. Thomson
5507 Insp B. H. Taylor
5520 C Insp J. C. Lathe
5530 Insp (T) W. D. Haggart
5534 D C Insp I. A. Waters
5536 St C Insp R. S. Dyke
5543 Insp I. D. Lewis
5548 Insp M. Michelson
5554 SO C. W. Mitchley
5555 Insp K. J. Cutler
14511 D Sgt Siyakurima
14522 D Sgt Chakanyuka
14541 Sgt Maj Kaondera
14545 Const Tendayi
14547 Const Frank
14548 Sgt Albert
14551 Const. Kadhlela
14552 Const. Muranganwa
14557 Sgt Muchinapaya
14558 Sgt Mutero
14560 D.Sgt Maj. Dabengwa
14563 Sgt Marrigah
14564 Sgt Mukunzwe
14572 D Const Ndoro
14574 Const Muzoriwa
14582 Sgt Mujuru

4.4.1975

*Sen Asst Comm J. D. Bradfield

*Asst Comm P. G. Mingard
*Supt D. A. Humberstone
*122797 D Sgt Maj Jeremiah
Supt H. G. Marshall
Supt D. B. de Burgh Thomas
Supt D. M. Anderson
Supt N. J. M. Roche
Supt W. Watson
5559 Insp (T) G. R. Thompson
5566 C Insp D. J. MacDonald
5570 D C Insp E. E. Pay
5578 St Imp B. Perry
5580 D SO H. C. Wolhuter
5582 Insp (T) D. L. Botha
5590 Insp R. J. Jennings
5592 C Insp A. D. James
5604 C Insp P. W. Wilcox
5615 Insp T. Meekin
5617 Insp A. Wilmot
5624 Insp P. Ferguson
5625 D Insp W. N. Way
5631 Insp (T) E. B. Bowers
5613 Insp A. J. Whitehead
5647 D Insp W. J. Copley
14060 Sgt Tapfumaneyi
14588 Sgt Mutendevudzi
14600 Sgt Tangirayi
14601 Const Amos
14606 D Sgt Chisadzah
14610 Sgt Maj Shadreck
14611 D Sgt Mutambisi
14613 Const Richard
14620 Sgt Maj Mataba
14626 Const Chakarisa
14627 Const Musekiwah
14629 Sgt Maj Kupukai
14631 Const Mudimu
14633 Sgt Kuwe
14634 Sgt Maj Tazwivinga
14636 D Sgt Makoni

Police Long Service Medal

14641 Sgt Mtembo
14642 Const Rumano
14643 Sgt Maj Chimedza
14644 Sgt Masawi
14646 Sgt Maj Makusha
14649 Const Kuboya
14657 D Sgt Maj Njanji
14662 Sgt Jerah
14663 Sgt Chatiza
14664 D Sgt Gwinyayi
14666 Const James
14667 D Sgt Maj Chigwana
14669 Sgt Munyariwah
14670 Sgt Luka
14680 Sub Insp Mafuka P.M.M.
14684 Sgt Maj Chiwara
14688 Sgt Mutuswu
14690 Sgt Maj Chingonzoh
14692 Sgt Daveti
14693 D Sgt Marufu
14699 Sgt Taddios
14702 Const Nkosana
14709 Const Burnett
14717 Const Runyararo
14720 Sgt Zacharia

18.4.1975

5639 Sect Off M. J. Hoggarth
14423 Const Mutongi
14695 Sgt Maj Machona
14703 Const Jonga
14706 D Sgt Maj Mafion
14718 Const Masendeke
14723 Sgt Maj Kanengoni
14725 D Sgt Sibanda
14728 D Sgt Nimoti
14730 D Sgt Shora
14732 D Sgt Gangayi
14734 Const Shamu
14735 Const Filisi

9.5.1975

*Ch Supt G. B. Dunn
*Supt G. H. Powell
*12298 Const Chipoyera
12574 Sgt Chabuka
12594 Sub Insp Marovatsanga
14635 Sgt Tawengwa
14696 Sgt Nawu
14715 Sgt Mawungwa
14724 Sgt Mutandagyi
14737 Const Muromba
14738 Sgt Nhara
14739 Sub Insp Tonde
14744 Sgt Maj Bhepe
14750 Sgt Mujere
14758 Sub Insp Mujuru
14760 Sgt Mutangadura
14771 Sgt Nyoni
14773 Det Sgt Koronelli
14781 Sgt Marira

20.6.1975

*4562 Insp C. H. G. B. Goldie
*12568 Sgt Nyamutumbu
*12605 Sgt Maswere
*12617 Sgt Zwidzayi
5652 C Insp G. W. R. Linfield
5659 St C Insp H. J. Hopkins
5670 C Insp M. J. Pringle
5673 Insp R. M. Williams
5676 D Insp S. T. Anderson
5681 D C Insp R. H. H. E. Harvey
14453 Const Muyamuri
14783 Sgt Ntando
14797 Sgt Chegore
14799 Const Musekiwa
14800 Sgt Joseph
14802 Const Munzwerengwi
14803 Const Bango
14806 Sgt Maj Maka

Police Long Service Medal

17.10.1975

*4490 Ch Insp (T) D. Hollingworth, P.M.M.
*4500 Ch Insp A. A. Winter
*12604 Const Muchenje
*12607 Sgt Pemiwa
*12615 Sgt Nhlakanyana
*12616 Sgt Maj Mahachi
*12618 Sgt Zekiya
*12623 D Sgt Chimanikire
*12639 Const John
*12613 Sgt Maj Joseph
5683 Insp A. W. Waller
5691 Insp K. J. Gowen
5695 D C Insp D. J. Sloman
5700 C Insp P. J. Payne
5704 D SO M. H. Brett
5710 Imp D. S. MacDougall
5717 D C Insp G. S. Stevens
5719 Imp (T) A. H. Leech
14782 Sgt Batangi
14798 D Sgt Maj Musekiwa
14808 D Sgt Kenedi
14809 Sgt Montshiwa
14819 Sgt Ndaba

31.10.1975

*Asst Comm A. A. Blair
*Ch Supt A. W. Rich
*4643 Ch Insp G. E. Leppan
*12525 Sgt Maj Alick
*12729 L Sgt Msaziti
C Supt C. C. McPhail
Supt G. A. Barr
Supt W. J. Esler
Supt E. J. Hankinson
Supt B. R. Henson
Supt P. M. Huson
Supt D. Lawson
Supt B. G. Mackay
Supt J. A. Potter
Supt D. D. Stannard
Supt D. J. M. Tippetts
Supt T. Wilson
Supt D. J. Wright
5730 C Insp J. F. J. Crowe
5732 Insp B. J. Cumming
5738 Insp (T) D. E. L. Smith

5.12.1975

*12574 Sgt Chabuka
*12594 Sub Insp Maroratsanga
*12641 Sgt Hinga
*12642 Sgt Timothy
*12644 Sgt Ncube
*12651 Const Brownstar
*12664 Sgt Maj Dube
*12666 Sgt Misheke
*12687 Sgt Mushanga
*12689 Const Makone
*12698 Sgt Maronedze
*12701 Sgt Makwanga
*12719 Sgt Maj Joseph
*12723 Const Meyi
*12727 Const Lernard
*12735 Sgt Chiwesho
*12743 Sgt Maj Chigerwe
5746 Insp R. P. Allan
5749 Insp P. F. Shewell
5754 C Insp M. H. Ayrton-White
5755 Insp S. H. Edwards
5760 Insp M. S. Torrance
5774 Insp D. J. Owen
14711 Sgt Machwell
14819 Const Charakupa
14820 Sgt Maj Chakanyuka
14824 Const Matova
14825 Const Tinargo
14826 Sgt Dhlamini
14827 Sgt Maj Admos

Police Long Service Medal

14828 Sgt Maj Banda
14829 Sgt Ngutshwa
14833 Sgt Rah
14835 Const Tiyeli
14836 D Sgt Vushe
14837 D Sgt Maj Mandipira
14846 Sgt Nharo
14848 Const Sikelela
14849 D Sgt Dzwowa

30.4.1976

Supt A. R. Tipple
5783 Insp E. A. Padget
14280 Const Chigariro
14860 Const Mangadza
14865 Const Shayamunda
14867 Sgt Maj Jutah
14870 Const Mupembi
14882 Const Shadaya
14885 Sgt Clement
14886 D Sgt Mupondi
14895 Sgt Boyomu
14901 Sgt Tawona
14902 Sgt Tsanzirayi
14907 Sgt Mike
14908 Sgt Maj Gwanzura
14912 Sgt Mashereni
14913 Sgt Murambiwa
14915 Sgt Maj Muganiwa

9.7.1976

Supt T. J. Naude
Supt J. A. C. Parker
5795 D C Insp G. S. R. Reade
5801 Insp L. D. Martin
5802 Insp (T) K. Wood
5807 D C Insp A. J. Webb
14896 Sgt Maj Chinembiri
14917 Sgt Laneck
14925 Sgt Dewa

14927 Sgt Kufakunesu
14928 Sgt Midziwa
14930 Sgt Masawi
14931 Sgt Maj Makusha
14935 Const Phineas
14936 Sgt Sipepu
14938 Const Vengayi
14939 Const Zivengwa
14959 Const Fana
14963 Const Loti
14972 Sgt Mhike
14975 Const Chikati
14976 Sgt Maduveko
14978 Sgt Maj Bhunu
14990 Const Muraka
14993 Const Taruvinga
14998 Sgt Manyengawana
14999 Sgt Mpofu
15000 Const Chozarira

24.9.1976

5623 Insp M. A. May
5653 Imp M. F. Taylor
5657 Insp (T) J. C. Britland
5809 D Insp P. H. Stanton
5826 Insp H. N. V. Cuerden
14924 D Sgt Maj Kuvarega
14929 Sgt Maj Masawi
14932 Const Munamo
14941 D Sgt Maj Chinwadzimba
14979 Sgt Maj Chivete
14985 Sgt Dzinoreva
14991 D Sgt Hletshana
15003 D Sgt Maj Davy
15007 Sgt Matare
15008 Sgt Tasara

5.11.1976

Supt J. M. Brown
5806 SO S. J. Barry

Police Long Service Medal

13994 Sgt Masakadza
14270 Const Mayilo
14713 Sgt Chibaya
14721 Sgt Mbira
14950 Const Sibonda
14997 Sgt Runesu
15002 Sub Insp Malabuka

3.12.1976

Supt A. O. MacIsaac
Supt T. F. Albyn
5835 Insp R. A. H. Anderson
5841 Insp G. Wyatt
5850 C Insp R. A. Vincent
14842 Const Mcupi
14847 Const Dewa
15010 Sgt Sodinda
15020 Sgt Garikayi
15021 Const Kutsirai
15022 Const Gondo
15030 Const Kusarakweyi
15033 Sgt Ngwane
15037 D Sgt Kanjakwa
15040 Sgt Maj Rayimon
15043 Sgt Maeresera
15045 Sgt Maj Hakudzingwi
15048 Const Fredson
15052 Sgt Maj Issac
15055 Const Felix
Supt J. A. Taylor
Supt W. D. Grierson
5864 Insp M. Farrell
5867 Insp D. Marshall
5877 Insp J. A. H. MacKinnon
5879 Insp D. G. Stow
5880 Insp S. B. McMillan
15031 Sgt Maj Murewanhema
15046 Sgt Shavi
15069 Const Majoni
15077 Sgt Madzamba

15078 D Sgt Maj Zwidzai
15079 Sgt Malinga
15080 Const Warinda
15083 Const Tichawurawa
15088 Sgt Thomas

7.1.1977

C Supt E. Saul
Supt C. Newton
Supt N. Cook
5872 D Insp W. B. J. Hart
5875 D SO P. J. Begg
5897 D C Insp R. K. Papenfus
15026 Sgt David
15028 Sgt Sikonzile
15087 Sgt (T) Phillimon
15092 Sgt Mabasa
15094 Sgt Kandawasvika
15102 Const Huni
15108 Sgt Adam
15109 Const Elias

18.3.1977

**Snr Asst Comm D. H. Sanderson, P.M.M.
*Asst Comm R. E. Burrell, P.M.M.
*Ch Supt G. E. Dodd
*Ch Supt D. H. Russell
*Ch Supt B. C. Lay
*4804 Ch Insp C. L. J. Howard, P.M.M.
*12732 Sgt Maj Makosi
*13109 Const Gebeni
*13163 Sgt Mahaso
*13165 Const Hlomayi
*13166 Sgt Maj Mutamba
*13167 D Sgt Maj Mangena
*13194 Sgt Nikirasi
*13203 Sgt Maj Mundere

Police Long Service Medal

*13206 Sgt Matabire
Supt R. N. Finnigan
5843 Insp J. B. Walker
5923 SO A. C. Seward
5926 Insp J. E. Shiel
15056 Const Maregere

29.4.1977

**Snr Asst Comm D. C. Hedge, P.M.M.
*C Supt T. M. Oatt
*4169 C Insp R. F. Trangmar, P.M.M.
*4825 C Insp (T) I. W. Cook, P.M.M.
*11790 PO Tutani, P.M.M.
*11807 Sgt Maj Mpofu, P.M.M.
*12771 Sgt Moses
*12784 D Sgt Kanda
*12900 Const Dewah
*12905 Sgt Rashai
*13213 Const Tayengwa
*13217 Sgt Ferrao
*13221 Sgt Maj (T) Moyo
Supt R. B. Isemonger
Supt J. B. Marriott
Supt R. E. Evans
Supt F. C. Mason
5936 C Insp (T) R. J. Capper
5937 Insp B. E. Dawson
5939 Insp V. A. Sutherland
5953 St Insp M. H. Nathan
5961 D C Insp D. R. McDermid
5962 SO P. Kruger
5965 Insp P. G. Fitzgerald
14685 Const Mahoho
14822 Sgt Mateko
15095 Sgt Mutubuki
15106 Sgt Paradzayi
15123 DPO Tembani
15127 DPO Zakeyo, P.M.M.
15129 Sgt Mare
15131 Sgt Dickson
15136 Sgt Faro
15142 Sgt Muzondo
15146 Const Muchazowoneyi
15148 Const Painona
15151 D Sgt Mazango
15160 D Sgt Tshaya
15167 D Sgt Malandu
15172 D Sgt Zingwanda
15174 Sub Insp Shonhiwa
15175 Const Rungano
15176 Sgt Timothy
15182 Sgt (T) Jaratina
15194 Sgt Marondedze
15196 Sgt Maj Maveneka
15197 D Sgt Maj Charewea
15198 Sgt Mashanda
15201 Const Felix
15205 Const Jayson
15211 Const Munangwa
15213 Const Musekiwa
15215 Sgt Mutinhima
15223 Sgt Chitsa
15233 Sgt Ndimande
15240 PO Chakabuda
15243 Const Machona

3.6.1977

*4866 C Insp R. E. Lawton
*13241 Sgt Maj Chadehumbe
*13255 Const Tanyanyiwa
*13279 Sgt Maj Mugaye
Supt J. McMannon
Supt P. M. Halkier
14905 Const Masunda
15137 Const Joseph
15252 D Const Mazuwo
15261 D Sgt Maj Tserayi

Police Long Service Medal

15265 Sgt Maj Matibiri
15266 Const Manomano
15267 Sgt Chidaguro
15271 Const Katsenga
15272 D Sgt Maj Ndhlovu
15273 D Sgt Zefeniya
15278 Const Herbert
15282 D Sgt Ngwenya
15284 Const Mupariwa
15286 Sgt Shamwarira
15290 Sgt Hamunyari
15299 Sgt Chabika
15301 Const Million
15302 Const Musopero
15305 DPO Mugadza
15310 Sgt (T) Davies
15311 LSO Mabika
15316 Sgt Chiwekwe
15318 PO Noah
15319 Const Rewayi

8.7.1977

*C Supt G. M. Waugh, P.M.M.
*11847 D Sgt Maj Njagu
*13083 D Sgt Maj Manzini
*13177 Sgt Muchemedzi
*13227 Sgt Silvester
*13240 D Sgt Maj Mamombe
*13257 D Sgt Chiwocha
*13286 Sgt Maj Takawira
Supt T. K. Allen
Supt C. J. Walton
Supt I. Laing
5970 D C Insp D. J. Taylor
6079 D C Insp D. N. McLachlan
5975 Insp M. S. Abbotts
5991 Insp D. W. Joss
6007 Insp R. J. Schonken
6123 D Insp B. K. Pym
6011 SO L. C. F. Meintjies

6175 Insp W. L. van Staden
14964 Const Marufu
15141 Const Roy
15164 Sgt Clittos
15185 PO Hogo
15188 Sgt Maj San
15189 D Sgt Maj Chikovi
15193 D Sgt Maj Arnold
15200 D Sgt Nharaunda
15276 D Sgt Magama
15303 Sgt Maj Samkange
15313 Sgt Dhlamini
15315 DPO Chirambadare
15320 Sgt Runyararo
15337 D Sgt Maj Wilbert
15341 Const Ndaniso
15342 Sgt Jonathan
15343 Const Chinyuku
15348 D Sgt Tapfumaneyi
15349 Sgt Matienga
15353 Const Sarayi
15360 Const Pikirai
15366 D Sgt Mutasa
15367 Const Musina
15368 Sgt Maj Nyembi
15371 Const Bude

30.9.1977

**11837 Sgt Mandishona
**11888 Sgt Shedrick
**11902 D Sgt Maj Ncube
*Asst Comm F. A. Punter
*Asst Comm C. T. Lovett
*11850 Sgt Makanga
*13308 Sgt Danda
*13318 Const Langton
*13324 Const Nxedhlana
*13325 D Sgt Maj Zephania
*13326 Sgt Zakeu
Supt A. A. Machan

Police Long Service Medal

Supt G. W. Dyer
Supt P. J. Finch
5779 C Insp A. Ross
5822 C Insp J. K. G. Martin
5976 D C Insp N. W. Seaward
5999 St C Insp P. J. Lane
6004 D Insp P. R. A. May
6017 Insp J. R. Hill
6127 Insp E. A. Cunningham
11695 Sgt Mtiti
14333 Const Tagumirwa
15166 D Const Mavesere
15227 D Sgt Madzime
15263 Const Muradzikwa
15350 Const Nyikadzino
15375 Sgt Maj Jiri
15377 D Sgt Munyaradzi
15383 D Const Sabelo
15386 Const Tarasana
15388 Const Nhikah
15394 D Sgt Cassiano
15395 D Const Chakauya
15402 D Sgt Maj Mtombeni
15404 Sgt Maj Lazurus
15408 Sgt Maj Mberi
15412 Sgt Tengesai
15423 Sgt Lewis
15424 Const Mawurukira

23.12.1977

*Snr Asst Comm T. G. Ward
*C Supt D. C. Waller
*4950 D C Insp J. G. Baker
*12404 Sgt Nyikadzino
*13343 Sgt (T) Ngwerume
*13377 D Sgt Munodeyi
*13389 D Sgt Weston
*13402 Const Jorry
Supt D. W. Arnold
Supt A. Patterson

Supt M. J. Tasker
6019 Insp W. B. McKay
6029 Insp J. R. Tennant
6051 Insp R. B. Giles
6059 D Insp L. A. Ibbitt
6060 Insp C. J. W. Pollard
6063 St Insp A. P. Stock
6067 D C Insp A. G. Terry
6073 C Insp (T) T. McDonald
14900 D Sgt Maj Ndebele
15039 Sgt Hanyani
15258 Sgt Chiuta
15382 D Sgt Munangwa
15416 Sgt Nkomo
15417 D Sgt Nyika
15422 Sgt Dzwaka
15427 Sgt Chitsike
15428 Const Joseph
15432 Sgt Savada
15435 D Sgt Murungu
15438 Sgt Mafa
15444 Const Dube
15454 Sgt Petro
15455 Sgt Chimhandamba
15460 Const Dongo
15463 Sgt Mukarati
15467 Sgt Maj Makonese
15470 Sgt Gora
15472 Sgt Benjamin
15476 D Sgt James
15477 Sgt Masili

10.3.1978

*Asst Comm D. F. Jones
*C Supt J. Whitelaw
*13485 Sgt S. M. Musiyiwa
*13486 Const Alexander
*13526 D Sgt P. M. Conjwayo
Supt P. J. F. Grist
Supt E. J. F. Painting

Police Long Service Medal

Supt N. H. Gardiner
Supt P. J. Watermeyer
6047 Insp D. F. Naude
6077 Insp (T) A. R. Theunissen
6087 C Insp G. H. Hickinbotham
6115 C Insp (T) D. G. Green
7161 D C Insp V. Opperman
15462 PO N. M. M. Magwaba
15547 PO J. T. L. Mchuchu
14876 Const J. J. Mutikani
15064 D Sgt Maj E. M. Mutarah
15110 Const S. B. B. Nyoni
15202 D Sgt F. K. Chiwashira
15212 Const Musavaya
15307 D Sgt Maj Takadiyi
15407 Const Canaan
15480 D Const Ushewokunze
15488 Sgt M. N. M. Chingwe
15497 D Const Friendson
15500 Const Mwoyowehama
15502 D Sgt Maj Siriro
15509 Sgt Maj A. T. M. Mutemachani
15513 Sgt Josia
15517 Sgt Maj C. E. Nyamutsika
15520 Sgt R. M. G. Tokwe
15521 Sgt Inkson
15527 Const L. Zwati
15538 Const A. M. Gamanya

Former members

**11788 Sgt Jafita
*11855 Sgt Maj F. G. Chiweshe, P.M.M
*11876 Sgt Maj Paul
*13368 Sgt M. S. T. Maturure
*13431 D Sgt Maj Chinyani
*13478 Sgt Maj J. D. Siyachitema
14181 Const Chiyangwa
14861 Sgt T. Maswingise

15111 Const Adam
15453 Sgt Njodzi
15505 Sgt Gwambe
15522 Sgt Maj Mandizwidza

3.11.1978

**Dep Comm J. Denley
**Sen Asst Comm R. D. Eames
**Sen Asst Comm D. G. Bennison
**Asst Comm C. W. Hobley
**Asst Comm K. B. Pugh
**Supt V. Hustler
**4271 C Insp R. J. Warren
12014 D. Sgt Maj T. Z. R. C. Muchengadava
*5022 C Insp (T) D. M. Leech
*5028 C Insp J. W. Ennis
*13374 Sgt Maj Zivai
*13479 Sgt Madamombe
*13518 Sgt Maj F. E. Mwanandimai
*13547 Sgt Ernest
C Supt J. E. Carroll
Supt D. L. Parry
Supt M. G. Harvey
Supt R. J. MacArtney
Supt A. F. Andersen
6136 C Insp A. J. A. Crossley
1645 St C Insp A. M. Fraser
6164 C Insp (T) A. L. March
6184 C Insp J. A. Oldknow
6381 Insp A. M. Cooper
14845 Sgt Maj V. C. Nhunge
14868 Const E. C. Mushayagwazo
14949 Sgt E. P. Chirowodza
15257 Sgt Maj B. J. Moyo
15281 Const Mvangeli
15329 Sgt Kenneth
15330 Sgt A. M. Dube

Police Long Service Medal

15346 D Sgt Maj Gochera
15359 PO P. C. Dingiswayo
15369 Sgt Maj T. E. Mubau
15532 D Sgt Maj R. C. Muremba
15540 Const Jonah
15549 LSO Watson
15551 Const Mlindelwa
15558 PO F. T. Buka
15559 Sgt Maj D. Nduna
15565 Const B. S. T. Mataruse
15567 PO F. M. N. Takawira
15568 DPO J. 1. G. Ndove
15571 Sgt Munetsi
15573 Sgt Makoni
15595 Sgt C. M. Gutsa
15598 Sgt Danda
15607 Const Batshona
15608 Sgt Maj M. C. Denhere
15611 Sgt Maj Godfrey
15612 Sgt A. J. Munemo
15614 Sgt Juwell
15623 D Sgt Maj T. O. Zimbudzana
15625 Sgt T. J. Mahando
15661 Sgt Maj P. Mavure
15711 Const Memba
C Insp O. D. Marshall
14891 Sgt W. M. M. Zvimbvatu
14933 Sgt Mushoriwa
15550 D Sgt C. Tsamba

Former members

**Asst Comm D. W. Pratt
**11944 Sgt Maj Tinawapi
*12971 Sgt A. M. Msokosi
*13608 Sgt A. M. Dube
*13652 Const Maliswa
*13679 Sgt Zwinavashe
*13694 Const P. M. Ngazimbi
*13696 PO P. T. Mpariwa

23.2.1979

**Asst Comm C. Robinson
**C Supt A. P. Maskell
**12046 D Sgt Maj Aroni
**12147 Sgt J. C. Mwayi
*Asst Comm M. W. Day
*C Supt I. C. Stitt
*C Supt R. E. Weare
*C Supt M. Robinson
5084 St Insp J. V. Clements
*5086 Insp R. M. Gillett
*5087 Insp R. A. H. Johnson
*5111 St C Tnsp J. R. D. Bacon
*13607 Sgt (T) Musengi:
*13627 Sgt Maj (T) M. N. P. Mashandudze
*13628 PO Richard
*13635 Const Tsingirayi
*13649 DPO J. K. Nyakura
*13653 Sgt M. E. M. Kadzunge
*13659 Const P. Murombedzi
*13709 Sgt M. C. Chisese
*13745 Sgt Maj J. Gonyora
*13751 Sgt Maj M. D. Vambe
*13788 D Sgt Maj L. C. Zwanyanya
C Supt R. Hamley
Supt P. G. Kelly
Supt M. L. Blamey
6102 C Insp P. A. A. Johnson
6143 C Insp B. R. Kilborn
6158 D C Insp D. L. Peters
6204 Insp N. A. Myers
6206 C Insp (T) S. J. Wood
6213 Insp (T) L. G. Betts
15473 Const E. B. Ziki
15635 Const Kawurayi
15636 Const Ndondo
15644 Const B. B. M. Kumpika
15649 Const Inos

Police Long Service Medal

15670 Sgt Maj Gibson
15676 Sgt Maj B. P. Mkombo
15670 D Sgt Machipisa
15690 Sgt E. D. Mataruse
15691 Sgt George
15703 D Sgt S. Muduri
15707 Sgt Maj F. T. Tawira
15724 Const Joseph
15725 Sgt Marufu
15726 Const P. C. M. Munza
15728 D Sgt W. F. D. Muzah
15736 Sgt (T) Nyambo
15738 Sgt Petro
15739 Sgt Scott
15741 D Sgt Medziso
15748 Sgt D. M. Zimbwa
15750 Sgt Maj S. W. M. Maphosa
15752 Sgt E. Chiwashira
15765 Sgt P. M. Ndhlovu

Former members

15648 Sgt Dzingai
**12091 Sgt S. M. Chirume

18.5.1979

**12163 DPO S. T. Gwese
*5081 C Insp (T) F. J. P. Louw
*5172 St Insp A. Craigie
*13852 PO Ruzidzo
*13768 Const E. C. C. M. Mbiriri
*13776 Const Biton
*13810 Sgt Maj K. C. Mbuvah
6218 Insp (T) P. South
6221 Insp G. A. Record
6222 Insp R. Traill
6230 Insp (T) M. G. C. Charsley
6236 C Insp (T) J. J. G. Steynberg, P.M.M.
15779 SO E. M. Chidavaenzi
15816 DPO R. S. Mkunu

15833 Insp Nguruve, P.M.M.
15835 PO Chidawanyika
15858 DPO S. C. Mufuka
15660 D Sgt Maj T. D. Chinembiri
15744 Sgt G. N. Masuku
15749 Const Shadreck
15785 Const Elias
15788 Sgt H. S. W. Zaranyika
15790 Sgt L. C. S. Gande
15796 Const Nowell
15797 Sgt Samasuwo
15801 Sgt Adama
15810 Sgt (T) W. Chiduza
15813 Sgt N. M. T. Makuchete
15814 Sgt N. Mafu
15817 D Sgt Maj H. S. Mpofu
15819 Const Msafare
15827 Const K. K. M. Chogah
15836 Sgt F. K. Mtemeri
15840 Sgt N. J. Gumbo
15848 Sgt Maj B. B. P. Chishaya
15849 Const L B. Baffana
15856 Sgt Maj Mahachi
15857 Sgt W. C. S. Mashaba
15860 Sgt Maj Tichaoneka
15864 Const Kufabani
15870 Const Tafirenyika

20.7.1979

**Snt Asst Comm P. J. McCulloch, P.M.M.
**Snr Asst Comm P. S. Murray, M.L.M., P.C.D., P.M.M.
**Asst Comm E. A. Webb, P.M.M.
**Asst Comm A. S. Best, P.M.M.
*Asst Comm S. A. Browning, P.M.M.
*Asst Comm J. L. Evans, P.M.M.
*Asst Comm P. J. Murphy

Police Long Service Medal

*C Supt B. L. Nightingale
*C Supt F. M. Reeves, P.M.M.
*C Supt S. J. Hannock
*C Supt M. J. P. McGuinness, O.L.M., P.M.M
*Supt J. Carse
*13879 Const Haggai
*13882 Const Makunga
*13895 Sgt Munetsi
*13925 Sgt N. C. M. Guru
*13926 Sgt Maj N. A. Dube
*13938 Const Simon
*Asst Comm K. R. S. MacDonald
*Asst Comm D. C. Rowland
*C Supt W. Hamilton
*C Supt A. J. Lane
*13902 Sgt Maj W. M. Mudawini
*13929 SO Tsikayi
Supt P. A. Birkett
6383 Insp C. M. Floyd
15995 Sgt Z. E. Zengeya
16085 D Sgt Govanayi
16086 Sgt A. J. M'Chemwa
16092 Const R. C. Manyika
16093 D Sgt C. C. Gava
16094 Sgt Maj Murambiwa
16096 Const Amon
16102 Const C. F. Mutsengi
16105 Sgt Joseph
16110 Const M. T. M. Nyaguti
16115 Sgt J. T. Ruunduke
16118 D Sgt C. T. Matongo
16120 D Sgt B. B. Masiye
16121 Sgt R. C. Rundofa
16124 Sgt Daniel
16131 Sgt K. T. Mangwadu
16133 D Sgt L. N. Mackwenzie
16141 Sgt Muramwiwa
16142 Sgt Maj N. Matabvu
16147 Const S. B. Mazenda
16149 Const Sibanda
16150 Sgt H. L. T. Nzanza
16151 D Sgt Takawira
16157 Sgt Wata
16160 Sgt Aluwisi
16161 D Sgt Arnold
16162 Sgt N. C. Dzinotyiwei
16163 Const C. I. T. Madake
16166 Const Denga
16169 Const Etias
16173 Const Zengeni
16176 Const J. J. M. Vazhure
16180 D Sgt Maj J. M. Maswera
16192 Const Solomon
16193 Const T. B. Muchezi
16194 PO A. T. M. Chinherera
16198 D Sgt Maj M. C. Chiweshe
Supt F. R. B. Knollys
Supt H. A. Clark
Supt C. D. A. Hughes
Supt C. H. Arnold
Supt C. J. Looker
5834 C Insp M. A. Cockcroft
6248 Insp (T) F. J. van Eeden
6251 Insp S. Dawson
6255 Insp R. J. London
6271 C Insp H. F. O. Wilhelm
6272 Insp F. F. Joubert
6276 C Insp R. V. Walker-Randall
6277 Insp N. D. Werth
6285 C Insp P. A. Rens
6301 Insp D. G. Wilson
6316 D Insp R. I. Wishart
6324 SSO M. J. Davis
6325 Insp P. West
6333 C Insp D. G. Toddun
6340 C Insp P. E. Moore
6344 St Insp M. D. Werner
6354 Insp D. W. Bothwell
14977 D Sgt Maj Rutswara

Police Long Service Medal

15154 DPO T. W. Nyamande
15294 D Sgt Maj Kingston
15325 Sgt David
15466 Sgt R. R. N. Butete
15563 Const Bendick
15672 Const T. M. Charinga
15688 Sgt A. M. Chilumbu
15706 D Sgt Y. Mupindura
15874 Const F. M. Muzvarwi
15875 D Sgt Maj Mutare
15876 Sgt D. Hatityi
15885 D Sgt Maj K. D. Nyenya
15890 Sgt John
15895 D Sgt Zimani
15899 Const Mafinqana
15905 Sgt Yakobe
15908 Const Stayila
15909 Const Agayi
15912 D Sgt J. S. Mwadiwa
15915 Const Justin
15921 Const Muhondo
15929 D Sgt B. J. Maziti
15931 Sgt F. M. Chiramba
15934 D Sgt Jeki
15941 Sgt Msongelwa
15943 Const J. R. C. Muduzu
15946 Sgt Maj Samson
15949 Sgt T. E. Domboh
15952 Sgt Maj Muchina
15958 Const Ndaneta
15959 Sgt P. T. W. Mbariro
15963 Sgt Maj S. Kavunika
15964 Sgt J. Shonayi
15968 Const C. W. M. Muchemwa
15971 Const Augustinos
15975 Const I. E. Mahere
15976 Sgt I. G. Siwela
15977 Const M. Rusive
15978 Sgt Maj Muchinapaya

15979 Sgt Maj M. M. Chamboko
15983 Sgt Maj Z. L. Chakanetsa
15984 Sgt Maj Masuka
15987 Sgt Garikayi
15988 DSO J. J. Mangauzani
15989 Sgt Maj C. Temba
15994 D Sgt T. E. Mukazhi
15998 Sgt D. B. B. Musodza
16006 D Sgt E. Z. Maresera
16009 Const Ben
16014 Sgt Joseph
16017 PO Tafirenyika
16021 Sgt Maj F. A. C. Shimongola, M.L.M.
16026 Const I. Mlotshwa
16029 Sgt Loti
16031 Sgt L. H. Shumba
16032 Const M. D. Mpofu
16037 DPO Takayindisa
16049 Const P. M. Mutema
16050 Const Takawira
16054 Const Aaron
16055 D Sgt Francis
16064 Const Prince
16077 Const S. S. Ngeze
16081 Const China
16084 D Sgt Maj Z. F. Ganjani

Former member

15794 D Sgt Munhamo

7.9.1979

*5250 S Chief Insp M. L. Braidwood, P.M.M.
*13952 Const Morris
*13975 PO G. D. F. Mutamiri
6377 D Chief Insp A. D. S. Maycock
6380 Insp T. Grice
6387 Insp L. B. Morgan

Police Long Service Medal

6400 Insp M. J. Hope
7756 D Insp G. N. A. De Wit
15195 Const Bowen
15308 Const Chiwara
15489 Const P. Muhamba
15515 D PO M. K. P. Ndlovu
16170 D Sgt Maj G. S. Chiradza
16174 Sgt Jonah
16187 Const G. P. Chiremba
16204 Sgt B. B. Mazhindu
16205 Const C. K. Sidojiwe
16207 Sgt Maj Dendere
16210 D Sgt Maj Hapagargwi
16212 Sgt O. B. H. Mashanga
16714 Sgt Maj Matemadombo
16219 Sgt N. M. Matewa
16224 D Sgt Muziya
16225 Const Nimrod
16226 Const Njodzi
16228 Sgt Phineas
16Z44 D Sgt J. A. Guyo
16245 Const L. Nyathi
16254 PO Chunguni
16253 D Sgt Chinzou
16262 Const Henry
16269 Const Matongo
16283 Sgt C. Tshuma
16295 Const Stanley

21.9.1979

*13610 Const Bickes
6334 D C Insp P. S. Jefferies
6393 D Insp C. Wilkinson
6394 Insp I. D. Donaldson
6405 C Inst (T) F. J. Mathieson
6421 C Insp P. D. Burns
6423 C Insp P. E. Baldwin, P.M.M.
16116 Const Sipatiso
16246 Sgt Manheru

16261 D Sgt Eliphas
16270 Const Mlefu
16276 Sgt Seda
16285 Sgt D. K. Magunje
16288 Const J. Tshuma
16290 Const Masenda
16293 D Sgt O. M. Mpariwa
16296 Const Titus
16297 Const Wushe
16298 Sgt Benias
16300 Sgt John
16305 Sgt Maj Maraimu
16306 D Sgt Matanga
16307 Const Mushure
16310 Sgt S. B. M. Makambe
16316 Const Gibson
16325 Sgt Maj I. A. Sadza
16327 D Sgt C. M. Mushore
16330 Const Jairos
16333 Sgt M. John
16335 Sgt M. W. Khosa
16337 Const Muteto
16339 Const P. F. Mazena
16358 D Sgt Nzombe
16361 Const Jonas
16112 Sgt Maj Rafael

23.11.1979

**12424 Sgt Maj Billie
*C Supt Y. J. Bellingham
*5283 Chief Insp C. Naisby
*14000 Const L. M. Mushavatu
Asst Comm J. Smith
Supt J. A. Lees
Supt J. C. M. Pelissier
Supt A. N. Taylor
Supt M. C. Williams
6432 Insp C. J. Roberts
6455 D Chief Insp J. MacCallum
6468 Insp D. Callow

Police Long Service Medal

6643 Sec Officer H. M. Henchie
6645 Insp J. L. Milner
6664 D Insp N. G. Foster
6669 Insp J. W. F. Pearmain
16357 PO K. Nhemachena
15709 Sgt Vukeka
15721 Sgt Chadehumbe
16272 Const P. J. Makumbe
16304 D Sgt Tagara
16355 Sgt Muketiwa
16374 Const Jonah
16378 D Sgt M. S. Kakono
16379 Const Sarai
16384 Sgt Manyanga
16386 Sgt Maj Tererayi
16387 D Sgt W. T. D. Makuzwa
16393 Const Tavengwa
16397 Const Mato
16398 Sgt Maj Ncube
16405 Sgt Muwungani
16406 Sgt Siyambi

7.12.1979

**12503 Sgt Mtshumael
*14012 Sgt M. J. H. Mapira
Supt J. E. Twine
Supt D. V. Hart-Davies
Supt B. R. Stevenson Baker, P.M.M.
6447 Insp G. P. Clarke
6472 D Chief Insp D. Ferreira
6509 Chief Insp D. C. Scarff
7845 Sec Officer J. P. Potgieter
16443 PO Nkulumo
15468 D-Sgt C. C. Chindawi
15740 Sgt Costa
16322 Const Mutizgwa
16356 Const Murima
16382 Const Mutunhuwashata
16399 Sgt Mundarwargwo

16403 Const Sanganayi
16409 Sgt Asman
16420 Sgt T. P. Samutete
16422 Const B. Mapfumo
16431 Sgt Davies
10434 Sgt Maj Gibson
16444 Const Tarirayi
16449 Const Tichawurawa

22.2.1980

**C Supt D. A. Humberstone
**Supt D. Hollingworth, M.L.M., P.M.M.
**4468 Chief Insp F. P. Maguire, P.M.M.
**12455 Insp L. M. J. Chawora, P.M.M.
6518 Sec Officer E. O. Cooke Yarborough
16436 Const Takawira
16450 Sgt G. W. Mupatsi
16455 Const G. B. Siansali
16456 Const Cornelius
16466 Sgt Clement
16477 Sgt Malima
16482 Sgt T. M. Mapfumoh
16488 Const Mapfumo
16495 Const Pitori

16.5.1980

*14030 Sgt Maj Ngandu
*14035 Const Benes
Supt K. Mackay
Supt C. Cassidy
Supt F. J. J. Kuttner
Supt J. H. Frost
Supt W. H. P. Johnson
Supt G. A. Macaskill
6487 Chief Insp (T) T. R. Till
6489 Insp (T) R. T. H. Allum

Police Long Service Medal

6515 Dep Tnspector J B. Nicholson
6549 Station Officer (T) A. W. Davey
6691 Chief Insp R. J. Trueman
6872 Station Insp D. A. Lynn
16430 PO Chamunogwa
15122 Const Mndembe
16476 Const Bobo
16483 D Sgt Chipango
16497 D Sgt Maj F. G. K. Nembire
16518 Sgt Majro M. Musakwa
16542 L Sgt Isaki
16543 Sgt Maj Masimba

20.6.1980

*14062 D Sec Officer P. Gohwa
*14071 Sgt Thomas
*14077 Sgt Maj Gilbert
*14091 Sgt Edwin
Supt D. H. Keens
Supt C. Bigg-Wither
Supt R. A. P. Ferguson
Supt D. R. James
Supt J. C. Pirrett
6543 Insp D. H. S. Coleman
6583 Insp (T) J. O'B. Griffin
6585 Chief Insp (T) J. W. Maude
6609 D Chief Insp H. Parry-Jones
6641 Insp A. R. Court
16515 D Sec Officer B. B. Garamukanwa
16571 Sec Officer Tavezeza
16642 PO O. G. M. Machate
14952 Sgt J. T. M. Mandizwidza
15177 Const Sani
15199 Const Elishah
15533 Sgt B. Chikafu
16075 Const P. M. Mabasa
16532 Const Tendepi

16534 D Sgt P. E. I. Mapenzauswa
16546 D Sgt Amon
16550 Const Chiwara
16558 Sgt Mbokonhema
16572 Sgt T. F. C. Mabau
16573 Sgt Maj Makonese
16575 Sgt i. D. Mutsengi
16578 D Sgt C. M. H. J. Singo
16589 Sgt Mapwashike
16594 Sgt Maj Mawoneyi
16605 Sgt Lazarus
16607 Sgt Mukwakwa
16608 Sgt P. F. Muteiwa
16614 Sgt H. Tshili
16620 Sgt Miller
16625 Const Binoni
16628 Sgt Clements
16629 Sgt Maj P. C. C. Mudekunye
16636 Sgt Muzondiwa
16637 Const W. P. Murashiki
16640 COnst S. Z. Machingurah
16644 Sgt Maj Vusumzi
16645 Const Gift
16647 Sgt Mahro S. M. Mhlanga
16651 Const Johane
16654 Const Martin
16656 D Sgt Patreck
16657 L Sgt Takawira
16679 Sgt Mzvondiwa
16691 Sgt G. K. Bumhira
16701 Const Tongayi
16706 Sgt Arnold

19.9.1980

**Ch Supt G. H. Powell
*Asst Comm G. E. Hedges, P.M.M.
Ch Supt D. P. Carter

Police Long Service Medal

Supt N. S. F. Hartley
Supt K. J. Samler
Supt R. F. Bedingham
Supt J. O'Toole
6618 Insp (T) C. C. L. van Aardt
6633 Insp A. M. G. Staines
6637 Insp (T) M. A. Parsons
16128 Sec Officer A. V. Kandemiri
16666 D Sec Officer Danger
16615 Sgt Maj A. Zihonye
16638 Sgt Phillip
16658 D Sgt N. G. Mawire
16665 D Const Custon
16669 Const E. S. Matinha
16674 Sgt H. M. L. Pedzisavi
16675 Sgt L. M. M. M. Chiromo
16692 D Sgt Grey
16704 Sgt Maj Musarurwa
16708 D Sgt Dzere
16710 Const Cheruwa
16711 Sgt Maj Chinyanoura
16716 Const E. Ngoniye
16718 Sgt F. Mazvikeni
16719 Const H. B. Chipengo
16720 Sgt J. N. Machirobo
16721 Sgt Jotam
16722 Sgt K. D. Hondo
16725 Sgt R. M. Maringanise
16726 D Const Oliver
16727 Sgt Pamhi
16728 Sgt Peterson
16748 Sgt Freddy
16750 Sgt Maj Fureza
16752 D Sgt H. K. Njanji
16761 Sgt Sabastian
16769 Sgt Chinembiri
16771 Sgt Ernest
16772 Const Z. T. Kudita
16774 Sgt James

16779 Sgt N. P. Chigubu
16780 Sgt Maj Matanga

Former member

6613 Insp (T) T. J. Gargan

6.2.1981

**4643 Chief Insp G. E. Leppan
**12729 L Sgt B. Maziti (former member)
*Asst Comm F. C. Makonese
*14211 D Sec Officer H. K. Chimangah
*14222 D Sec Officer L. Dhliwayo
C Supt R. V. Ritson
Supt D. A. Young
Supt G. A. Groves
Supt G. B. Price
Supt L. Crone
Supt R. C. Strang
Supt B. A. Oberholster
6759 Chief Insp J. P. Miller
6728 Insp M. Iredale
6751 Insp J. G. Woodburne
17048 Sec Officer I. T. Chikovore
16826 PO V. R. D. Sibanda
16960 PO Daniel
16962 PO S. Madzore
16969 PO L. Maware
16983 D PO Rodgers
16989 PO S. J. J. Ngaliwah
17015 PO Howern
17031 PO Takundwa
17035 PO Marozva
17037 PO Mjuza
17043 PO C. M. Marima
16843 PO Silver
16823 Sgt Mandongwe
15662 Const Raphael
16394 Const Alexander

Police Long Service Medal

16832 Const Chirambaguwa
16975 Const N. M. Zvoushe
16994 Const Scotch
17039 Const Simon

20.2.1981

**12616 Sgt Majro J. B. Mahachi
**12639 Const John
*Asst Comm H. J. Gibson
*Ch Supt D. A. George
*5240 Ch Insp R. J. Patching
*12644 Sgt D. S. Ncube
*14047 D Sgt Maj F. N. Nyatsanza
*14117 Sgt Maj Tembo
*14144 D Patrol Officer Tamanikwa
*14151 D Sgt K. T. Maguto
*14153 Sgt C. M. M. Gudo
*14154 Sgt Maj Muranganwa
Supt P. D. Combes
Supt A. Dickinson
Supt P. E. Lyes
Supt K. J. Croasdell
Supt R. R. A. Thompson
Supt K. Maugham
6360 Chief Insp J. H. Moxham
6702 Chief Insp D. V. Almy
6595 Insp W. J. de Lange
6685 D Insp E. Roberts
6715 Insp S. M. McCrorie
9000 Insp R. W. P. Hopkins
16809 PO Gijima
16838 PO Chingosho
16792 Sgt Maj C. A. Musoro
16799 D Sgt Maj F. N. Vanirai
16817 Sgt Maj R. S. Chinouya
16870 Sgt Maj C. Y. Kandenga
16849 Sgt Maj L. Nyashanu
16887 Sgt Maj C. T. Makoto
16919 Sgt Maj Charles
16952 Sgt Maj S. Masimbira
15338 Sgt H. P. N. Kanengoni
15400 D Sgt L. M. Mazille
16095 Sgt Watungwa
16274 Sgt Pilot
16380 Sgt Shurukayi
16698 D Sgt Gushu
16782 Sgt Samuel
16795 Sgt Dzingai
16804 Sgt J. K. Mtema
16805 Sgt Makwelo
16822 D Sgt Sitanimezi
16830 Sgt Bina
16834 Sgt Machayasimbi
16846 Sgt Manunganidzi
16857 D Sgt M. M. M. Dube
16866 Sgt Rusinavako
16876 Sgt Robinson
16894 Sgt G. Mukusha
16900 Sgt M. K. Mbehane
16904 Sgt Sawulo
16915 Sgt Machiwona
16924 Sgt Isaac
16925 Sgt J. Nyamajiya
16930 Sgt J. Mkabiwah
15692 Const Tshele
15710 Const Benjamin
16254 Const Mawire
16329 Const Gwena
16667 Const Denias
16686 D Const Zaranyika
16833 Const S. Masango
16820 Const Rushoko
16835 Const Michael
16860 Const Mandibvira
16862 Const M. P. Zariro
16891 Const Estias
16901 Const Nero
16906 Const Tapera
16913 D Const M. N. A. Pagara

Police Long Service Medal

16916 Const Mack
16916 Const George
16931 Const Onisimo
16942 Const Hereld
16950 Const David
*C Supt A. J. Worden
6467 Chief Insp G. W. van Horsten
6681 D Chief Insp G. S. Quick
6684 Insp F. J. Wells

15.5.1981

**C Supt H. R. Wheeler
**004694B Insp (T) A. J. L. Trubi
**012735R PO K. W. M. Chiweshe
**012837C PO Tinarwo
**012845L PO (T) Chayerera
**012800M Sgt Maj Masoso
**012855X Sgt Mtowo
*014281X Const Wushe
*Snr Asst Comm I. Hogg
*014343P Insp M. A. Shumba
*014369S Insp A. T. G. Chisenwa
*014341M PO P. A. T. Matavire
*014348V D PO Pswerukayi
*014367Q D PO Muchetu
*014412P PO Tarazani
*014368R Sgt J. B. Z. Murashiki
*014366P Const Murgwira
*014413M L Sec Officer L. M. Mushati
*014378C PO J. M. William
*014381F PO Magaisa
*014417V PO Vitori
Supt B. A. Steyn
Supt J. Forrest
Supt L. H. Ford
Supt P. J. Greeff
006785Z Chief Insp R. V. Brownlow
006808K Chief Insp M. R. J. Kettle
006505V Insp J. A. McLoughlin
006780T Insp C. A. Jansen
006787B Insp J. C. Finn
006789D Insp M. Harwood
006795K Insp J. D. McCallum
006804V Insp B. V. Edwards
017100L Sec Officer A. M. Chihota
015839Q PO Zvimba
017059R PO J. C. Berejena
017072F PO B. B. Royikop
017073G PO B. M. Tshabe
017108V D PO O. C. D. Kurewa
015723P Const Howard
016888F Const E. Chiunye
016959H Const R. C. Bamba
017029J Const Stephen
017075J Const Eddeger
017113A Const C. L. Kumalo
006823Q Chief Insp L. Thornberry
006848S Insp J. P. Condon
006866M Insp R. P. B. Clarke
06876Y S Insp C. B. West
950076Q Woman Chief Insp S. L. Summers
950080V Woman Insp F. Fourie
015191L D PO Garawaziva
015241Q PO T. J. Nhakwi
015267E D PO B. V. Gangata
016606Z D PO Mufuratirwa
017070D PO M. M. Muchawayah
017085V PO T. A. V. Gava
017107T PO Mandizadza
017114B D PO I. M. Chizema
017119G D PO R. Mutima
017122K PO Mhungira
017142G PO A. S. Mavava
017156Z D PO A. T. J. Mubika

Police Long Service Medal

017162D PO Samson
017168K D PO Josphat
017169L PO R. N. Nyakata
017174R PO Madzvova
017190J D PO Sigauke
017237K PO Mkumba
017263N PO Edward
017289R PO Dzingayi
017290S PO Mhlanga
017316W D PO Mushonga
014893M Sgt E. S. R. Nerwande
017117E Sgt Wafawanaka
017192L Sgt Mapungwana
017240N Sgt Samoyo
01732fJ Sgt Gomba
O1S753X Const Marera
015897D Const D. K. Muvavarirwa
016019H Const Gilbert
016062H Const Moffat
016076Y Const R. C. Mabandah
016527N Const Rangwani
016564D Const Madzamba
016574P Const Dick
017144J Const T. Chatiza
017145K Const Tongogara
017171N Const A. J. G. Moroka
017175S Const Josiah
017185D Const Semende
017215L Const June
017239 Const Chigona
017266R Const Mugari
017273Z Const Matara
011292V Const Finias
Supt C. J. Morris
017213J PO H. E. Madanire
017238L PO J. C. M. Shumba
0172S1A PO L. J. B. Chirowodza
017284L PO C. M. Mubauh
017299C PO Leopold

0173135 PO J. Magwaku
017330L PO T. J. P. Karaga
017302F Sgt Muchoni
016671V Const Isaac
017193M Const E. M. M. Sithole
017339W Const Jeremiah
017376L Const William

11.9.1981

**Snr Asst Comm R. S. Peters
*C Supt M. C. Stevens
*014465X PO (T) V. Nyabeze
Supt A. B. Bullmore
Supt C. F. Lee
006757T D Insp K. J. Lewis
006815G Insp M. J. Cross
016135R PO P. M. H. Mudyiwa
016524K PO T. Changwesha
016996Y PO L N. Dzingire
017131V PO J. D. Matenga
017207C PO A. A. Mabachi
017208D D PO Blessing
017209E PO F. C. Chihota
017253C D PO D. Mzezethure
017410Y D PO E. B. Mashonga
017445L PO (T) Jaji
0174461M PO Adam
017452T PO B. H. Mhonwa
017453V PO Demo
017459B PO Majasi
017466J PO Musonza
017468L PO D. C. Nyabani
017481A D PO Tapson
015344C Const Takundwa
017138C D Sgt Clifford
017160B Sgt Harunashe
017396H D Sgt Munyikwa
017417F D Sgt Madzikanda
017471P Const S. Mdhluli
017476V Const E. Tafirapasi

Police Long Service Medal

2.7.1982

*006116 C Insp G. R. Bye
*013463 DPO H. M. Maigurira
*014161 PO D. L. Mudimu
006994 Insp C. B. John
017121 Insp Chinganga
016068 PO S. S. Ndlovu
017158 PO Chemere
017294 PO Gunda
017321 PO S. J. D. Chenjera
017381 PO Edward
017405 PO Chizivano
017427 DPO Perkins
017428 PO P. M. Mabikwa
017451 PO Boniface
017464 PO C. M. M. Zinyemba
017223 Sgt I. A. C. Mudzomini
016603 D Const Chamunorwa
017282 Const Mkululi

The Exemplary Service Medal

For long and exemplary service in the Armed Forces; awarded after 18 years.

* Denotes clasp for 27 years' service

15.1.1971

Army

Maj Gen K. R. Coster, I.C.D., O.B.E.
Brigadier G. P. Walls, M.B.E.
*Brigadier T. L. Passaportis
*Col G. A. D. Rawlins
*Col J. R. Shaw
Col O. D. Matthews
Lt Col J. S. V. Hickman, M.C.
Lt Col F. K. Horne
Lt Col J. Caine
Lt Col E. M. Willar
Maj O. Milne Atkinson
Maj F. G. D. Heppenstall
Maj G. A. Lloyd
Maj G. A. Atkinson
Maj D. W. Diedricks
Maj J. L. Thompson
Maj M. W. Leighton
T Maj J. A. Barlow
T Maj W. C. Cooke
T Maj F. W. Kluckow
T Maj G. A. S. Lipp
T Maj S. J. Mead
Capt (T Maj) D. E. Marchant
Capt G. P. Engela
Capt C. Thomas
Capt G. P. Fitzgerald
Capt A. Porterfield
Capt J. E. B. Wort
Capt I. P. Davis
Capt F. J. Laing
Capt G. N. Webber
Lt N. A. Suttie
Lt F. P. le Roux
WO1 A. J. Cuttler
WO1 D. G. W. Collyer
*WO2 E. W. Millar
WO2 J. J. R. Randall
WO2 N. D. Dangers
WO2 G. J. Chipperfield
WO2 W. Webster
WO2 M. Bhebe
WO2 M. Pfupa
WO2 G. Mbaya
WO2 Elias
WO2 Temani
WO2 E. A. Grimmett
T WO2 C. J. Mahoney
S Sgt K. G. Bee
S Sgt S. H. Paul
T C Sgt A. D. C. Webb
Sgt Siasumpa
Sgt Mandizwidza
Cpl K. Maru

Air Force

*Air Vice Marshal A. O. G. Wilson, I.C.D., O.B.E.
Air Commodore M. J. McLaren
*Air Commodore J. P. Moss

Exemplary Service Medal

*Gp Capt D. A. Bradshaw
Grp Capt F. W. Mussell
Grp Capt A. W. Mutch
Wing Cmdr A. D. Brenchley
Wing Cmdr L. T. P. Coleman, A.F.C.
Wing Cmdr C. W. Dams
Wing Cmdr W. A. Dowden, D.F.C.
Wing Cmdr K. A. S. Edwards
Wing Cmdr D. W. MacLaughlin
Wing Cmdr J. Mussell
Wing Cmdr P. M. P. Pascoe
*Wing Cmdr O. D. Penton, A.F.C.
Wing Cmdr W. H. Smith
*Sqn Ldr A. E. Bell
Sqn Ldr D. W. Butler, A.F.C.
Sqn Ldr E. Clarke
Sqn Ldr G. N. Dawson
Sqn Ldr M. D. Gedye
Sqn Ldr W. Hinrichs
Sqn Ldr B. N. Horney
Sqn Ldr N. K. Kemsley
Sqn Ldr P. Louw
Sqn Ldr G. L. Pink
Sqn Ldr J. J. Pinner
Sqn Ldr G. P. Proudfoot
Sqn Ldr J. Swart
Sqn Ldr M. J. Swart
Sqn Ldr P. D. Cooke
Sqn Ldr I. H. Dudden
Flt Lt C. P. Addison
Flt Lt R. J. Dyer
Flt Lt W. J. Geeringh
Flt Lt D. B. G. Miles, M.B.E.
Flt Lt R. E. Oborne
Flt Lt T. H. Quirk
Flt Lt T. J. Rice
Flt Lt G. P. C. Salmon
Flt Lt R. B. Vass

Flt Lt C. F. White
WO1 P. Case
WO1 T. M. Eaton
WO1 W. P. Maitland
WO2 K. C. Scott
Mast Sgt M. G. Toms
Mast Tech F. Eatough
Mast Tech L. D. Morris
*Mast Tech D. H. Smith

5.2.1971

Lt Col H. Barnard
Lt Col A. L. C. MacLean
Lt Col N. I. Orsmond
Lt Col E. G. R. Turner
Lt Col G. F. Lambert-Porter
Sqn Ldr R. C. Morris
Mast Tech F. A. Els

22.1.1971

*Brigadier W. A. Godwin, O.B.E.
Brigadier R. A. Edwards, D.S.O., M.C.
Col R. H. B. Johnston, T.D.
*Lt Col W. T. D. de Haast, M.B.E.
Lt Col J. W. Drummond
*Lt Col E. A. Culbert
Lt Col A. M. Oscroft
Lt Col P. S. Forbes
Lt Col P. F. Miller
Lt Col C. P. Craig
Maj F. W. Harrison
Maj A. B. Campling
Maj J. O'Connor
Maj P. J. Daines
Maj T. H. Davies
Maj D. K. Dyer
Capt (T Maj) M. F. W. Taylor
*Capt R. C. Ross
Capt G. Walsh

Exemplary Service Medal

Lt P. J. H. Jackson
WO1 S. W. Stringer

11.6.1971

*Brigadier K. A. Radford
Brigadier A. West
Maj R. R. Howden
Maj J. E. Smithyman
Maj C. J. Snyman
WO2 D. Ringshaw
S Sgt Titi
Cpl M. Makwayi
Air Commodore J. H. Deall,
O.L.M., D.S.O., O.B.E., D.F.C.
Sqn Ldr E. J. Brent
Flt Lt B. du Plessis
Flt Lt W. W. Holden
Air Lt W. T. Hales
WO1 A. C. le Roith
WO1 D. Panton

13.8.1971

Maj P. S. Rich, D.M.M.
Lt Col B. Nisbet, D.M.M.
Capt W. A. Smith
Capt S. S. George
Capt R. F. Reid-Daly, D.M.M., M.B.E.
WO1 A. Butler
WO2 J. M. Watkins
WO2 G. M. McKinney
WO2 W. Povey
WO2 Obert
L Cpl Tongopera

15.10.1971

Lt Col A. W. Slater
Maj A. G. H. Munro
Capt D. R. Sweeting
Capt G. C. Turner-Dauncey

WO1 I. W. Laundon
WO1 F. Morgan
Sgt Joramu
Sgt Mbubuwa
Cpl Simbi

26.11.1971

*Maj Gen G. P. Walls, O.L.M., M.B.E.
Maj J. R. Wells-West
WO2 T. G. R. Turner
Mast Tech D. G. Theobald

25.2.1972

Army

Capt B. V. Smythe
WO1 O. H. Hemsley
WO1 O. Rishworth
WO2 Taruberakera
S Sgt C. Johnsai

Air Force

Flt Lt P. J. Nicholls
Flt Lt J. R. Digby

12.5.1972

Army

Lt Col R. W. Southey
Maj K. T. Francis
Maj J. E. Francis
Maj L. Jacobs
Maj H. St. J. Rowley, M.L.M.
Capt J. A. Pugh-Roberts
WO2 P. G. G. Clark
WO2 Paradzayi
S Sgt Kurayidi
Sgt Chimombe

Exemplary Service Medal

23.6.1972

Army

Lt Col J. F. Ainslie
Lt D. G. McLaren
WO2 Taruwona
WO2 Wurayayi
Cpl Mzila
Cpl Tachi

Air Force

Sqn Ldr W. P. Jelley
Flt Lt M. I. Russell
Flt Lt A. C. Bradnick
WO1 D. Esterhuizen
WO1 R. B. Pardoe

22.9.72

Air Force

Wing Cmdr N. Walsh
Sqn Ldr M. J. Smithdorff
Flt Lt D. G. Holliday
WO1 B. L. Fletcher

13.10.1972

Army

Maj W. G. Leen
WO1 M. V. O'Neill
WO2 Mberi
S Sgt T. Fitzgerald
Cpl Tembeka

10.11.1972

Air Force
Syn Ldr M. R. H. D. Grier
Air Lt D. J. Utton
WO1 T. N. Anderson
Mast Tech J. Mitchell (Retd)

22.12.1972

Army

Maj R. E. M. Tarr
Capt K. R. McDonald
WO1 D. L. Gray
C Sgt Takawira (posthumous)
S Sgt B. Welensky
Sgt Takavindisa
Cpl Kanukayi
Cpl Tazwinga
Pte Marufu
*Capt R. C. Ross

12.1.1973

Army

Lt Col A. N. O. MacIntyre
Maj P. J. Hosking
Maj C. T. Langton
Maj J. H. Cole
Capt J. H. Bekker
Lt D. J. Steyn
WO1 J. R. Hayden
WO1 A. L. Lang
WO2 R. F. Watson
Sgt Makiwa

2.2.1973

Air Force

Sqn Ldr G. Alexander

13.4.1973

Air Force

Sqn Ldr L. A. S. Taylor
Sqn Ldr P. I. McClurg
Sqn Ldr E. R. Wilkinson
Flt Lt J. E. Varkevisser
Flt Lt A. J. Cockle

Exemplary Service Medal

Air Lt. W. M. Marples
Air Lt A. W. E. Walters
WO2 M. Hammence
Mast Sgt M. G. Hardy
Mast Sgt J. C. Lipp
Sgt Malambo
L AC Mambure

25.5.1973

Air Force

Sqn Ldr J. E. Stevenson
Sqn Ldr A. D. Steel
Flt Lt B. T. Dent
Air Lt J. A. Scatcherd
WO1 K. R. Salter
WO1 P. J. Jones
WO2 D. R. M. Fulton

15.6.1973

Army

*Brig E. A. Culbert
Lt Col A. H. I. Scott
Maj J. Roome
Maj A. S. G. Hardy
Capt C. J. Stuart-Steer
Capt R. C. de Jager
Lt R. M. W. Hill
Lt R. M. Champken
*500 WO1 R. R. Schofield
675 WO1 J. R. Pieters
796 WO2 K. R. Wilbore
1126 WO2 R. A. Ritchie
R4645 WO2 Timothy
R4843 C Sgt Rishart
R4612 Sgt Phillimon
R25037 Sgt Edward
R4830 Cpl Aaron
R4803 L Cpl Chenjerayi
R25017 Pte Mondiwa

6.7.1973

Army

Maj A. J. Geddes
778 WO2 J. J. N. W. Winch
R4873 WO2 Stephen
R9579 WO2 Kefasi
R4883 Cpl Temba

Air Force

Air Commodore H. J. Pringle
Flt Lt J. E. Lewis-Walker
886 Mast Tech C. D. Herbert
889 WO2 E. G. Flawn

26.10.1973

Army

Maj M. S. L. Harman
Capt T. L. Cumming
Lt R. O. Tarr
WO1 J. B. Booyse
WO1 J. A. Finlayson
WO1 E. N. Manhanga
1881 WO2 D. F. Hartry
3833 WO2 P. H. Horsburgh
906 WO2 G. C. Rainbird
R25130 S Sgt Munjanja
R25120 Sgt Madono
R4882 L Cpl Bekitemba

Air Force

Sqn Ldr J. F. du Rand
25165 WO1 W. G. Marufu

21.12.1973

Army

Lt Col T. M. Davidson
Maj P. S. Grobbelaar
Capt T. E. Minikin

Exemplary Service Medal

Capt P. R. Simmons
R25149 WO2 Mutasa
R4817 Cpl Amon

Air Force
4955 Flt Sgt Pingurayi

26.7.1974
*Col P. F. Miller

8.3.1974

Army
Lt Col D. G. Parker
Capt T. W. Nichol
1470 WO1 J. Lawson
R25191 L.Cpl Ruduvo

Air Force
25241 Sgt Rodger

26.4.1974

Army
Maj C. J. Horn
Capt A. Duncan
Capt J. W. Cameron-Davies
981 WO1 H. J. McKenzie-Fraser
3137 S Sgt M. Murdoch
*725 WO1 E. W. Miller

Air Force
Sqn Ldr D. J. G. de Kock
Sqn Ldr P. V. Pile
5129 Mast Tech J. G. Wise
25250 Sgt Tobayiwa

26.7.1974

Army
Maj M. D. Shute

R25301 WO2 Mutero Mapfumo
3123 S Sgt D. R. Smith
R25308 Cpl Musasa
R4964 Cpl Dambgwa

19.7.1974

Air Force
Sqn Ldr R. J. Gaunt
5604 WO2 M. Caton

9.8.1974

Air Force
5646 Mast Sgt W. A. Scott

13.9.1974

Army
3615 WO2 D. A. Turnbull
R25324 WO2 Wurayayi
R25369 WO2 Runesu
* Lt Col C. P. Craig

15.11.1974

Army
Lt Col J. L. Redfern
Maj J. N. Stokes
Maj V. N. Walker
Capt G. T. Cook
WO2 Edward
9558 Cpl Matande

Air Force
Grp Capt D. J. Rogers
Air Lt G. Wilmshurst
5204 WO1 P. V. S. Symes
5003 WO1 R. A. Verdon

Exemplary Service Medal

6.12.1974

Air Force

5064 Mast Tech L. W. Grace
5804 Mast Tech C. W. St. L. Bosewell

28.2.1975

Air Force

*Gp Capt O. D. Penton
*Wing Cdr A. E. Bell
Wing Cmdr P. J. Knobel
Wing Cmdr K. D. Corrans
Sqn Ldr J. F. Barnes
Sqn Ldr A. M. Hofmeyr
Sqn Ldr P. J. H. Petter-Bowyer
Sqn Ldr G. V. Wright
Flt Lt W. A. Galloway
Flt Lt C. Y. Brownlow

20.6.1975

Army

31017 S Sgt M. Pisirayi

Air Force

517 WO1 A. R. Hawthorn
6236 WOl W. Weideman
25117 Sgt F. Njiri
*Sqn Ldr T. H. Quirk

4.7.1975

Army

*Maj G. Walsh
*Maj D. W. Diedrichs
Maj E. P. Adams
Maj D. J. Locke
Maj J. Malone
Maj A. K. E. Saunders

Capt T. F. Dickinson
Capt W. T. Fenton
721875 WO1 P. J. Lovell
R31010 WO1 T. C. Mutangadura
723709 WO2 W. Armstrong
3865 WO2 A. C. Blackshaw
1116 WO2 F. G. Rice
3237 WO2 G. M. Robinson
721165 WO2 E. K. van der Merwe
R41009 L Cpl Eriya
R4777 L Cpl Takaingofa

21.11.1975

Army

Act Lt Col J. C. P. McVey
Maj C. J. Castle
Maj E. M. Sobey
Maj A. G. Micklesfield
Maj H. Burns
725148 S Sgt L. C. Critten

9.1.1976

Army

Capt A. R. Whitton
641407 WO2 Tawonezwi
725799 S Sgt M. D. A. Newell
625344 T Cpl M. Mahonga

Air Force

Sqn Ldr R. A. B. Tasker
Flt Lt G. F. G. Dakyns
5847 WOI A. E. Barnes
604 Mast Tech W. H. P. Jervois
5958 WO2 A. C. J. Rennie

9.4.1976

Army

Capt R. Jones

Exemplary Service Medal

18.6.1976

Army

Act Lt Col R. T. O. Tilly
Capt L. Kinsey
WO2 A. J. Poole
WO2 W. H. Stoltz
Act WO2 N. G. Pyle

Air Force

Grp Capt H. A. Watson
Sqn Ldr R. J. Brand

10.8.76

Army

Maj P. E. Johnson
25117 Sgt Fani
631265 T Sgt Nduma Fani

13.12.1976

Army

Maj W. I. Richards-Edwards
Capt B. M. Bartlett, D.M.M.
720951 WO1 J. Callaghan
726721 WO2 N. D. MacFarlane

7.1.1977

Air Force

Wing Cmdr P. F. Haddon
Air Lt B. L. Cowan
5137 WO2 M. E. McCormack
6001 Mast Tech C. P. Fawns
5122 Mast Tech R. J. H. Scales
5763 Mast Tech F. B. Howsley

11.2.1977

Air Force

40160 Flt Sgt J. James

22.4.1977

Maj B. A. Barrett-Hamilton
Maj N. Stockton
Maj P. J. Morris
T Maj A. F. Wells
WO1 W. S. Brunton
WO1 R. H. Barkley
WO1 J. K. Bell
WO1 N. M. Mashumba
640221 WO2 J. Chitereka
640233 Sgt D. Bottoman
651603 Sgt Nduna
640450 Sgt D. Muwandi
643964 Cpl T. Chikwanda
640414 Cpl Matenga
641758 Act Cpl K. Klula
40139 Cpl Muwayo
40072 Sgt Takavada

29.4.1977

5077 Wing Cmdr K. Thurman
5165 WO2 W. A. McBean
40845 WO1 J. D. Ncube
40162 WO2 W. Mapiye
40150 WO2 W. Farayi
40905 WO2 Simon
50455 Flt Sgt M. Sake

26.8.1977

*721277 WO2 R. F. Watson
WO1 (RSM) H. J. Springer
WO1 S. R. Davidson
640102 WO2 M. Hamandishe
625233 WO2 T. T. Matonhodze
640261 St Sgt Kholi

Exemplary Service Medal

640673 Cpl K. A. Chikara
640015 Cpl Pakayi
640445 Act Cpl M. Vanja
Maj K. J. Busby
Capt L. A. Rookes
WOl S. T. N. Paguwah
WOl S. Bowasi
640733 C Sgt C. Muchena
640683 Sgt A. V. Mapiye
640868 Sgt Ngwenya Phillip
640217 Cpl M. Mharadze
625167 Cpl Ndudzo Phinias
640123 L Cpl Matsika Kiripio

9.9.1977

Flt Lt I. A. Holshausen
Air Lt G. L. Grindley
5113 WOl I. E. D. Chisholm

7.10.1977

Air Lt H. I. Ingram-Gillson
5201 WO1 C. J. Penney

4.11.1977

Sqn Ldr R. R. MacGregor

18.11.1977

*Maj C. J. Horn
Maj D. S. Drake
Maj J. Peirson
Capt J. R. S. Carmichael
WO1 (RSM) T. B. Hubbard
640765 Sgt T. Mashangaidze
640819 Sgt T. Mhlatshwa
640846 Sgt Tobias
640710 Cpl E. Kwindani
640769 Cpl S. Marinda
640739 L Cpl T. C. Manunure
640777 L Cpl F. Swando

6.1.1978

*Col F. G. D. Heppenstall
Lt D. J. Nyagumbo
Lt M. Pongweni
640569 WO1 D. S. Nkomo
721396 WO1 H. M. McCormick
721637 WO1 W. Tolond
641006 St Sgt S. Kole
640791 Sgt H. Gorah
640853 Sgt T. Musiyiwa
641076 T Sgt M. Tapson
641004 L Cpl Mukarakate Ngwarayi

27.1.1978

Lt Col B. V. Hulley
721409 WOl G. E. Eastwood
722969 WOl L. F. Hall
641019 WO2 S. M. Lusinga
641370 WO2 J. N. Mabuya

3.2.1978

41605 Sgt Headman
*Grp Capt N. K. Kemsley
*Grp Capt G. L. Pink
*Wing Cmdr J. J. Pinner
*Wing Cmdr T. J. Rice
*Sqn Ldr E. Clarke

10.2.1978

722967 WOl I. Younie
640738 Sgt J. Mpuce
641021 L Cpl M. Tachiwona

17.2.1978

641383 WO1 A. S. Dube
640990 T WO2 F. Kamchira
640770 C Sgt N. Magada
640189 C Sgt W. Maravanyika
641079 Sgt Takaza Goliath

Exemplary Service Medal

41655 Flt Sgt D. M. Jeffery

17.3.1978

*Lt Gen J. S. V. Hickman
*Maj Gen A. L. C. Maclean
721422 WO2 D. Maaske
641442 C Sgt Mabena Niniva
641449 Act St Sgt T. Mazuru
723346 WOl B. Cawood
724898 WO2 N. B. Bowley
721419 WO2 P. H. A. Jones
641680 Cpl H. Makunere

7.7.1978

*Maj J. E. B. Wort
721069 WO1 J. Ross
641793 WO2 C. Rusheche
722954 St Sgt A. Goodyear
640998 Cpl Chinoto
641696 Cpl D. Magara
630015 WO2 S. D. Nyengedza
726502 St Sgt J. E. Grindrod
Lt Col P. J. E. Hill
Maj P. M. Stamp
Capt K. J. Philipson
721433 WOl W. Fielding
700 WO1 M. H. Durand
641056 WO2 J. S. Dube
641767 C Sgt J. Zaranyika
640994 Sgt B. Tongai
641670 L Cpl Zuze Matienga
*4022 Flt Lt C. P. Addison
6123 Flt Lt R. P. Garrett
5240 Flt Lt I. Baird
5178 WO1 K. R. C. Malcolm

18.8.1978

*Brigadier A. B. Campling
*Capt J. R. S. Carmichael
Lt Col G. W. Graham

Lt Col H. Meyer
Maj R. J. Davies
Capt N. J. R. Galvin
641816 WO2 J. Kupara Yangama, B.C.R.
641363 C Sgt Thalu Nehemiah
641697 Sgt F. Moros
6308 WOl D. T. Buchan
5488 WO2 C. D. F. Burton
5196 Mast Tech B. H. Grimes
5490 Mast Sgt R. K. Stevens

3.11.1978

*Maj O. Milne-Atkinson
Sqn Ldr J. G. W. du Toit
5260 Air Lt T. P. Smith
Maj R. K. Griffiths
Capt L. N. Woodhouse
721536 WOl (RSM) L. D. Ferguson
641007 Cpl Ndoro Jenjere
Act Lt Col I. R. Bate
651948 WO2 Mudungwe
641844 WO2 J. Mushayi
724700 WO2 R. B. C. Tattersall
640781 Cpl Chulu Pikiseni
640865 Cpl T. Mutero

24.11.1978

*653134 WO1 P. M. Nelomwe
722724 WOl F. D. McGlone
721525 WO1 I. L. Monson
723749 WO2 J. A. Boulter
641942 C Sgt Malikongwa Tshibokwana
641944 L Cpl S. Patrick
Maj I. Wedderburn
Capt A. D. Schonken
641848 WO2 E. Mafurirano

Exemplary Service Medal

1.12.1978

Maj T. H. Hammond
Maj A. E. Richards
641941 C Sgt Vanhuvavone Zwawanda
Lt Col R. E. H. Lockley
Lt Col N. K. McFarland
Lt Col P. B. Wellburn
Capt R. J. Johnstone
641803 St Sgt C. Kawondera
641849 Act Sgt J. Marisa

22.12.1978

Capt D. C. de Villiers
721540 WO1 (RSM) D. H. Lefevre
642032 Cpl Tongogara Sabastin

19.1.1979

*063672H Snr Comdt V. T. Bratton

2.2.1979

*Col G. A. Lloyd
Capt E. P. Poulton
Lt D. G. Sager
242026 WO2 Mussiiwa Wilson
641091 WO2 S. B. Nhidza
721658 WO2 C. G. Pretorius
642095 TWO2 Chicheko Gilbert
641072 St Sgt E. Chitsike
625281 St Sgt W. Y. Malembo
641727 Act L Cpl Mabanti Malingwa

9.2.1979

507031V Asst Comdt B. A. T. Maskell
667776S Asst Comdt C. R. Nicholls

2.3.1979

Capt K. Yeoman
721598 WO1 J. E. Burgess
721579 WO2 T. B. T. Costa

16.3.1979

*Flt Lt K. C. Scott
Sqn Ldr F. E. Meyer
5281 WOl J. A. Bell
5261 WO2 C. J. Bedford
5659 WO2 T. E. Clarke
Lt Col I. R. Stansfield
T Maj J. Doherty
Lt R. G. Moodie
721688 WO1 T. M. H. Kirrane
642114 Cpl S. Kupurayi

23.3.1979

*507031V Asst Comdt B. A. T. Maskell
Maj J. P. H. Parkin Capt P. B. Hall
721508 WO1 J. H. van der Merwe
641071 WO2 K. C. Dzingayi
641018 Act Sgt N. Mukazi
641074 Cpl M. Irimayi

13.4.1979

Grp Capt F. D. Janeke

18.5.1979

Col M. G. Pelham, O.L.M.
Lt M. R. Longuet-Higgins, D.M.M.
721732 WOl L. J. Bergoff

15.6.1979

*Brigadier J. L. Thompson
*Col E. G. R. Turner, O.L.M.
*Maj P. J. Dames

Exemplary Service Medal

Lt Col B. G. Robinson, O.L.M., M.C.M.
Maj T. L. Douglas
Capt A. W. Fraser-Kirk
Lt M. C. Dippenaar
Air Lt M. J. Strauss
654836 WOl V. Chiyangwa
722019 WOl T. E. Serfontein
726681 WO2 J. F. Kiley
721904 WO2 K. R. Tatton
Maj C. E. Finniss
Lt C. R. Clemo
Lt B. Nesbit
722308 WOl (RSM) J. A. Pretorius
725886 WO2 N. G. Evans
721958 WO2 L. L. Nel
726719 St Sgt K. H. Anderson
Lt P. W. Allen
640403 WOl (RSM) M. S. Mavengere, D.M.M.
723723 WO2 L. G. Cunningham
725076 WO2 M. J. de la Mare
721565 WO2 F. A. G. Robinson
72217 WO2 C. L. Strydom
643532 Sgt N. Makanganise

6.7.1979

Capt P. A. Miller
Capt G. E. W. Parratt
722106 WO1 J. M. Parnham, D.M.M.
642181 WO2 S. Nyoni
721807 WO2 P. J. Soso

20.7.1979

Capt R. D. Richardson
Lt D. A. van Driel
722097 WO1 (RSM) D. J. Fraser

3.8.1979

Lt Col D. I. Pullar
Maj D. F. Des Fountain
642197 WO2 J. Matonsi

31.8.1979

Maj D. Hughes
Capt M. J. Curtin, D.M.M.
722468 WO1 L. C. Hallamore
721385 WO2 A. W. Pirie

21.9.1979

4099 Wing Cmdr H. G. Griffiths
5326 WO1 W. Jeffries

28.9.1979

Capt J. F. Jackman
Capt B. S. Moss
723059 WO1 D. E. Carr
72247F WO1 C. O. Veckrange
722303 WO1 B. G. Williams

5.10.1979

5324 Sqn Ldr R. D. Hopkins
5363 Sqn Ldr T. C. Perkins
5344 Flt Lt E. B. Hobbs
6590 Air Lt M. S. Dunwell
6361 WO1 R. C. Meecham
5356 Mast Tech N. C. Ely

12.10.1979

Lt S. G. Hornby
722536 WO2 G. D. Barker

19.10.1979

Maj A. C. Dace, D.M.M.
Lt G. C. Banham

9.11.1979

654586 WO2 S. Phillips

Exemplary Service Medal

642581 L Cpl B. Muducha

23.11.1979

5288 Air Lt G. R. Heron
5250 Mast Tech O. K. Heron
6045 Mast Sgt D. Burlin

7.12.1979

*Maj Gen H. Barnard, O.L.M., D.C.D.
Maj H. L. G. Harvey
Lt I. Carswell
640055 S Sgt S. T. Gohgo
722514 T Col Sgt L D. Christie
721600 WO1 C. Fraser
642076 S Sgt M. Kwenda

21.12.1979

T Maj R. Reith, D.M.M.
722649 WO2 K. E. Haskins

1.2.1980

641831 S Sgt F. Nyekete
641839 Cpl M. Chivasa
721137 Act WO1 J. J. M. Hutton, D.M.M.
722685 WO1 M. J. Murphy
*Air Vice Marshal C. W. Dams
5371 WO1 J. R. McKenzie
6247 Mast Tech B. Goodwin
5380 Mast Sgt S. C. Garnett
5377 WO1 M. Valley
5372 Mast Tech J. D. Fowler

22.2.1980

Capt C. J. Attwell
722376 WO2 J. J. F. Hartmann
724306 WO2 D. M. Foulkes

21.3.1980

Army

*Maj M. W. Leighton
Capt H. J. Sherwin
642394 S Sgt J. Madzivadondo

Air Force

*610 Wing Cdr R. J. Dyer
5386 Sqn Ldr D. A. Haynes
5247 WO1 P. J. Lowe
5401 WO1 B. V. Ord
5300 WO1 D. G. A. Stone
5381 WO2 B. Walker
5382 WO2 D. J. Bowman
5400 WO2 J. C. Pringle

4.4.1980

Army

Lt Col T. C. D. Leaver
Maj E. P. Peart, M.B.E

Air Force

Flt Lt A. M. May (5398)
Air Lt A. J. Campbell (5392)
5408 WO1 D. A. Cobbett
5403 Mast Tech P. R. Nisbet
5816 Mast Tech P. Satterthwaite
5405 WO2 J. Ritchie

25.4.1980

Army

Lt Col M. F. McKenna
Capt F. P. van der Merwe
T Capt M. Golightly
722588 WO1 G. van Heerden
642171 S Sgt E. C. N. Chakombera

Exemplary Service Medal

Air Force
4122 Wing Cmdr W. G. Cronshaw
4120 Wing Cmdr C. J. T. Dixon
5353 Flt Lt K. Bruce
6168 Flt Lt W. G. W. Mumford
5366 Mast Tech C. J. Lowe
5607 WO2 L. G. J. Mens

16.5.1980

Army
*Maj G. C. Turner-Dauncey
Lt Col A. K. Boyd-Sutherland
Capt A. Teasdale
644823 L Cpl J. C. Bako

Air Force
4115 Grp Capt H. C. S. Slatter
5467 Sqn Ldr T. A. Bourne
4117 Sqn Ldr P. M. Geldenhuys
5149 Flt Lt B. P. Byars
5465 WO1 C. Whiting
5367 Mast Tech R. W. Williams
5437 WO2 K. B. Leonard
5457 Mast Sgt S. A. Stead
5331 Flt Sgt F. G. T. Maughan

20.6.1980

Maj D. R. Lambert, M.L.M.
Maj A. F. Simon, D.M.M.
Lt A. L. Pelser
722834 WO1 (R.S.M.) G. Meecham
722806 WO1 A. S. Warner
721991 WO2 G. J. Arrow
642491 WO2 R. Bharara
642550 WO2 T. Dzinomurumbi
725747 WO2 G. Fraser
722796 WO2 F. J. Gray

722815 WO2 T. Viljoen
Capt D. G. Struthers
722710 WO1 L. C. Loots
722730 WO2 B. W. Russell

25.7.1980

Army
722832 WO2 D. G. McCarroll
654490 Sgt T. Mutaranganyi
643124 Cpl M. Mutero
642598 L Cpl M. Godhlo
780525 Lt Col J. C. W Aust, M.L.M.
780904 Maj T. J. Marsberg
641584 WO1 T. J. Njowa
642494 WO2 M. Solomon
642530 Sgt B. Runesu
642592 Cpl M. Mutomba

Air Force
4129 Sqn Ldr T. N. Bennett
5430 Sqn Ldr W. M. Houston
5362 Flt Lt B. A. York
5425 WO1 R. A. Bean
5410 WO1 T. H. Booth
5451 WO1 A. H. Brown
5443 Mast Tech G. K. Phipps

29.8.1980

*Capt G. M. McKinney
Maj C. B. Piers
Capt T. E. Willoughby
722842 WO2 B. V. D. Strydom
642507 Sgt P. Muziro
642616 Cpl J. M. August
642769 Cpl J. Magweregwede

Air Force
4132 Sqn Ldr R. W. Vaughan

Exemplary Service Medal

5474 Flt Lt R. Barlow
5596 Flt Lt M. E. Berry
5479 WO1 D. J. H. van der Merwe
5433 Mast Sgt H. G. Joss

19.9.1980

*721517 WO1 I. J. R. Hayden
*Maj F. Harrison
642670 Col Sgt E. R. Bhenyu
642591 Act Sgt S. Vambe
642782 WO2 T. Chinyere, B.C.R.
642703 WO2 F. Mashavire
642783 Sgt E. Mhizha
659620 Cpl M. Plenji
*0230 Wing Cmdr P. D. Cooke
5532 Air Lt C. R. L. Mackie
5517 WO2 M. Cruickshank
5525 WO1 C. J. Green
5503 Mast Sgt E. J. Thomson

7.11.1980

*Maj F. Morgan, D.M.M.
*721766 WO1 O. H. Hemsley, D.M.M.
Capt P. B. Eldridge
641654 L Cpl M. Simon

Air Force

4326 Sqn Ldr C. L. Wightman
5480 WO1 N. J. J. Jordaan
50006 WO2 F. Mahlatini
5496 Mast Sgt M. R. Peake

6.2.1981

Maj L. C. Fletcher
725504 WO1 D. J. Grobler
642795 WO2 A Chimuti
642675 Sgt M. P. Wurayayi
Lt D. P. W. O'Connor
722902 WO2 G. R. Thomas
Lt M. J. Cary
642997 WO2 T. Chapu
642980 WO2 B. Muchena
642726 S Sgt T. E. Matanhire

3.4.1981

Army

Capt F. T. Machiridza
Lt N. W. C. Boardman
T Lt Col J. R. Clarke
640262 WO2 D. Gupo

Air Force

*0664 Grp Capt D. J. Utton
5575 Wing Cmdr N. B. Johnson
5565 Mast Tech B. A. Halls

15.5.1981

4288 Sqn Ldr J. D. Annan
5582 Mast Sgt R. A. Broodryk
5524 Mast Sgt N. E. Forrester
4149 Wing Cmdr D. A. G. Jones

11.9.1981

Capt G. B. Nkala
Maj T. J. B. Baxter
641695 Cpl M. C. Masarira

The Prison Long Service Medal

For long and exemplary service; awarded after 18 years.

* Denotes clasp for 25 years' service
**Denotes clasp for 30 years' service

20.11.1970

8 D Dir J. C. C. Reyneke
9 C Supt P. E. Hodgkinson
18 Supt J. Hunt
20 Supt C. J. Edwards
40 Sgt Mai Korera
*54 Sgt Marambe
59 Sgt Maj Shayamano
64 Sgt Maj Muzuba
67 Sgt Maj Mwazunza
110 Sgt Maj Nhamo
122 Sgt Maj Machingu
128 Sgt Jonga
132 Sgt Murrosi
135 Sgt Mushikili
136 Sgt Maj Joromiah
142 Sgt Tabudikira
148 Sgt Abraham
153 Cpl Tawazaza
156 Sgt Maradze
161 Cpl Chirundikwa
163 Sgt Ndaramachi
165 Sgt Mandizwidza
166 Sgt Maj Katsigira
168 Sgt Maj. Munduru
177 Sgt Maj Tavanka
178 Sgt Maj Ngilazi
190 Sgt Musuku
191 Sgt Rafero
192 Sgt Paira
201 Cpl Magwenja
203 Sgt Maj Tarusarira
204 Cpl Philemon
207 Sgt Muringani
226 Cpl Madjgira
231 Sgt Maj Benjamin
241 Sgt Maj Tiya
244 Sgt Chidembo
245 C Wdr Mushonga
246 Sgt Maj Nerera
250 Cpl Makumba
253 Sgt Shatewa
259 Cpl George
262 Cpl Henry
263 L Cpl Manduru
264 Sgt Ngoma
268 Cpl Tawandira
269 Sgt Office
271 C Wdr Chikwana
288 Sgt Mugoyi
289 Cpl Nzere
295 Sgt Amos
298 L Cpl Bendick
308 Sgt Maradze
316 Cpl Tinarwo
3J9 Sgt Manyeruke
321 Sgt Nyikadzino
332 Sgt Maj Mathew
335 L Cpl Ndaba
338 Sgt Muzondiwa
340 Sgt Goreradze
342 Cpl Marufu
345 Sgt Tarumburura
350 Cpl Chipanera
358 Sgt Muketiwa
362 Sgt Rusakaniko
364 Sgt Mangisa

Prison Long Service Medal

371 Cpl Maradze
376 Cpl Sifana
380 Cpl Mutero
4803 Cpl Esther

19.11.1971

S C Supt J. Barker
Supt F. P. George
Supt A. W. G. Paisley
Supt P. P. A. O'Hanlon
24 CPO H. W. Goddard
28 CPO F. W. Darney
155 Sgt Maj Isaac
265 Sgt Mwaburira
272 L Cpl Joshua
281 Sgt Geja
293 Cpl Nyama
304 Cpl Maradze
325 L Cpl Makoli
344 L Cpl Nyikadzino
348 L Cpl Mabgwe
373 Cpl Karanga
384 Cpl Ruwishi
386 L Cpl Konala
388 Sgt Paradza
401 L Cpl Machemwa
404 Cpl Musiyiwa
413 L Cpl Tachiveyi
*161 Cpl Chirundikwa

Former members

*Director H. S. Bezuidenhout
249 Cpl Chakanetsa

17.11.1972

Ch Supt R. T. Haselhurst
36 CPO G. C. H. Neale
120 Sgt Maj Kwaramba
141 Sgt Mwenyasakula
292 Wdr Gundu
424 Wdr Tsanzirayi
433 Sgt Maj Fambirayi
435 Cpl Amosi
443 Cpl Maradze
445 Sgt Sam
455 L Cpl Gwatirera
456 Sgt J. Marange
463 Cpl Bangani
464 Sgt Maj Siangale
468 Cpl Rodgers
469 Wdr Tamayi
472 Sgt T. Chakadenga
479 Sgt Maj Kuyengepi
505 Cpl Nyamadzawo
552 Cpl Shoko
600 Sgt Filimoni
608 Cpl Charosu
729 Cpl Gidiyoni

16.11.1973

Director F. L. Patch
Supt L. F. du Rand
27 CPO G. Eccles
379 Sgt Matthew
494 Cpl Kapita
520 Cpl Tongodzayi
525 Cpl Chakanetsa
532 Sgt Ngoni
540 Cpl Simoni
543 L Cpl Muvirimi
544 Cpl Muzuva
554 Cpl Tirivanhu
557 Cpl Mubayiwa
558 L Cpl Jemisi
559 Sgt Maj. Koti
568 Cpl Tavererwa
573 Sgt Nyama
577 Cpl Chida
583 Cpl Amborosi
*191 Sgt Rafero

Prison Long Service Medal

*203 Sgt Maj Tarusarira
*207 Sgt Muringani

13.9.1974

C Supt W. J. Stassen
Supt J. Nisbett
13 CPO (T) W. G. Hutcheson
*282 Sgt Maj Mandishona
*155 Sgt Maj Isaac
*226 Cpl Madjgira
604 Sgt Targwireyi
611 Cpl William
619 Sgt Fani
622 Cpl Ephrem
631 Cpl Rgwadamuka
637 Cpl Bonjisi
639 Cpl Musekiwa
657 Sgt Maj Munyuki
659 L Cpl Amudu
667 Sgt Maj Tiki
672 Cpl Takundwa
Asst Dir H. S. Duncan
586 Cpl Majuda
595 Cpl Mudondo

14.2.1975

D Dir E. Bottomley, P.M.S.
**122 Sgt Maj Machingu, P.M.S.
*141 Sgt Maj Mwenyasukulu
*246 Sgt Maj Nerera
*253 Sgt Shatewa
*259 Cpl George
400 Cpl Mangwiro
504 Cpl Tarusenga
541 Wdr Munemo
582 Cpl Zwinashe
654 Cpl Kwashira
660 Wdr Kamwaza
680 L Cpl Murambi
683 Sgt Maj Cyril

699 Cpl Makonese
703 Cpl Tiyemba
708 Cpl Abisayi
718 Wdr Mutizwa
719 Sgt Phillimon
723 Cpl Tongesayi
735 L Cpl Chidamahiya
740 Sgt Maj Mapiye
750 L Cpl Kirinosi
755 Cpl Muyengwa
756 Cpl Amoni
760 Cpl Tazwivinga
764 Cpl Samuel
767 Cpl Elias

12.3.1976

318 Cpl Nyamandenga
782 L Cpl Fastino
783 Sgt Temba
788 Sgt Mudemeni
795 Sgt Maj Tichaindepi
800 Cpl Tichawona
811 Sgt Saira
818 Sgt Manwere
823 Sgt Maj Crispen
824 Sgt Maj Henry

22.10.1976

C Supt J. S. Souter
836 Sgt Zwidzayi
839 Sgt Pasipamire
841 Sgt Amon
846 Sgt Maj Tafirayi
849 Sgt Mubayiwa
851 Sgt Kwirirayi
864 Sgt Marayeni
872 Cpl Amoni
878 Sgt John
879 Cpl Taurai
888 Sgt Rowayi

Prison Long Service Medal

892 Cpl Chirume
894 Cpl Tiribacho
897 Cpl Jefure
906 Sgt Maj Abisha
910 Cpl Maninji
911 Cpl Tapera
922 Sgt Edward
926 Cpl Murambiwa
937 Cpl Ndumela

11.2.1977

*281 Sgt Geja
*325 Cpl Makoli
*340 Sgt Goreradze
632 Cpl John
784 Sgt Timitia
906 Sgt Maj Abisha
913 Sgt Pasipamire
919 Sgt Maj Chidadure
941 Sgt Tazwivinga
956 Cpl Mache
957 Sgt Mujere
959 Sgt Maj MacDonald
960 Sgt Israel
967 Cpl Lafisoni
978 Cpl Diaga
982 Cpl Tawonezvi
983 Cpl Jairos
986 Sgt Maj Bastin
989 Sgt Chatambudza
991 Cpl Booker
996 Wdr Kolonel
1002 Cpl Nkonde

26.8.1977

*C Supt J. Hunt
*PO Muketiwa
*342 Sgt Marufu
C Supt J. C. K. Bezuidenhout
PO Brada

1017 Cpl Ganda
1018 Cpl Tafireyi
1030 Cpl Musikiwa
1032 Cpl Luka
1043 Cpl Morgan
1048 Cpl Aaron
1049 Wdr Chiswuvure
1052 Cpl Nyikadzino
1053 Sgt Paradzayi
1058 Sgt Maj Newman
1064 Sgt Deshe
1068 Wdr Tobayiwa
1082 Cpl Namuneso

24.2.1978

*318 Sgt Nyamandenga
*325 Cpl Makoli
*364 Sgt Mangisa
*373 Sgt Karonga
*379 Sgt Mathew
*380 Sgt Maj Mutero
Supt R. Bather, P.M.S.
Supt J. V. Clack
Supt W. McCleery
636 Cpl Mativenga
865 Cpl Sinira
876 Cpl Mutandwa
972 Sgt Virimai
1086 Sgt Maj Matienga
1088 Sgt Honye
1089 Sgt Lameck
1090 Cpl Dina
1093 Cpl Nyamadzawo
1094 Cpl Faro
1095 Cpl Riga
1097 Cpl Manyanga
1101 Sgt Maradze
1106 Sgt Paul
1109 Sgt Fanwell
1126 Sgt Dzingayi

Prison Long Service Medal

1132 Cpl Mutero
1133 Sgt Jakata
1134 Sgt Paulos
1139 Sgt Mutimba
1151 Cpl Chakadungwa

Former members
**191 Sgt Maj Rafero
1105 Wdr Jokonia
1112 Cpl Musiyewa

3.11.1978
*424 Cpl Tsanzirayi
*435 Sgt Amosi
C Supt T. E. P. Kitt
Supt R. A. Stuart
Supt B. B. Thom
993 Cpl Hebeti
1157 Sgt Maj Geoffrey
1158 Sgt Peter
5003 Cpl Beni
5004 Sgt Maj Kenani
5006 Cpl Solomon
5011 Cpl Chikwavira
5018 Sgt Mangarayi
5019 Cpl Rangarayi
5023 Cpl Makanja
5040 Cpl Naison
5043 Sgt Nyikadzino
5057 Sgt Funds
5126 Sgt Tavengana
5133 Cpl Pio
5141 Sgt Munemo
5142 Cpl Senando
5153 Cpl Farai
5154 Sgt Maj Jefasi
5156 Sgt Bernard
5158 Cpl Moffat
6172 Sgt Empson
920744 PO Gwevo

21.3.1980
*920737 PPO N. Siangale
*900456 Sgt Maj J. B. Marange
*901058 Sgt Maj C. Newman
*900525 Sgt C. F. Chakanetsa
*900504 Cpl G. Tarusenga
920065 Deputy Director A. M. Hall
920063 Superintendent M. G. R. Makin
920341 CPO A. Green
920852 Prison Officer M. Kenani
920853 Prison Officer M. Lovemore
920856 Prison Officer F. Jairos
905244 Sgt Maj M. Siyiwa
905232 Sgt N. Mudzingwa
905247 Sgt R. Kajokote
905278 Sgt M. Amosi
905281 Sgt G. Maisiri
905290 Sgt A. M. Gedemu
905292 Sgt P. M. Zwinowanda
905363 Sgt M. Paradzayi
905400 Sgt H. M. Garikayi
905539 Sgt Z. Simon
905552 Sgt N. Togara
905554 Sgt J. Hanisi
905556 Sgt J. Hlanganiso;
05557 Sgt Z. Tapingonzayi
905681 Sgt A. Handuru
905233 Cpl A. Togara
905237 Cpl K. Jacobe
905248 Cpl D. M. Murambiwa
905255 Cpl L Mamukwayi
905260 Cpl P. Wilbert
905264 Cpl C. Fani
905301 Cpl N. Murwira
905349 Cpl K. M. Shomai
905364 Cpl D. Mucheri
905389 Cpl Z. J. Mariba

Prison Long Service Medal

905402 Cpl A. M. Tafira
905414 Cpl N. C. Tinapi
905485 Cpl R. Takanyama
905495 Cpl M. M. Elladio
905543 Cpl C. Matariro
905648 Cpl O. M. Mandishona
905658 Cpl S. Masayiti
905661 Cpl S. Muchenje
905662 Cpl M. T. Mawaya
905664 Cpl K. Reuben
905677 Cpl E. M. Kamudzanga
905382 Cpl A. Piki

Former members
900774 Cpl C. Sonayi
920014 CPO H. H. S. Mathews.

15.5.1981

**920006 Director F. L. Patch
**920739 PO N. Nerera
*900559 C Wdr P. Koti
*900544 Sgt D. Muzuva
*900558 Sgt S. Jemisi
920066 C Supt C. F. van Zyl
905612 Sgt Maj K. M. Edwin
905615 Sgt Maj C. Chigondo
905700 Sgt Maj S. Ruchiva
905717 Sgt Maj E. M. Ncube
905245 Sgt C. M. Benjamin
905722 Sgt S. Jeremiah
905725 Cpl A. M. Rufaro

Police Reserve Long Service Medal

Awarded for nine years' voluntary service in the B.S.A.P. 'A' Reserve or 15 years' service in the Field Reserve.

* Denotes clasp for further 10 years' service
**Denotes clasp for 20 years' service

15.1.1971

*R Supt B. Lloyd
2011K R C Insp E. Marshall
*2049B R Insp J. Fowler
2096C R Insp J. Albon
5195W R Insp D. Moores
5216T R Insp J. D. Bell
*5901N R Insp G. N. Thomson
6464A R Insp O. V. Kesby
6565K R Insp W. H. Brown
7050M R Insp R. Allers
2256B RSO T. Allsopp
3188P RSO A. Johnson
6102G RSO S. J. Els
*6448H RSO H. J. Sage
6955J RSO F. C. Cerff
6979K RSO M. G. Crosbie
7525D RSO L. Mephem
8279Y RSO W. W. Uys
8315M RSO N. L. Collins
8686Q RSO J. W. Roper
12308C RSO K. J. Woods
3440N RPO B. R. Whyte
3484L RPO E. A. Odendaal
4213D RPO L. de K. Meyer
5174Y RPO W. J. D. le Grange
6275V RPO E. J. J. Leatham
7575H RPO W. Davidson
7912Z RPO E. G. Bowen
8365R RPO H. E. Ward
2624B Pol Res Obs J. M. Vermaak

*900C FR D. L. Treble
901D FR L. R. R. Lambert
3051Q FR D. E. Hartell
3074Q FR C. F. B. Fitt
3461L FR E. P. Bruce
3464P FR K. J. Barter
3547E FR A. G. Pollard
3612A FR G. S. Courtney
3813T FR R. A. Johnson
3866B FR H. G. Lorimer
3892E FR G. D. Wall
3940G FR J. H. H. Louwrens
3992N FR A. V. Kluckow
4078G FR C. M. Englebrecht
4131P FR A. C. Adlem
4320V FR M. C. West
4366V FR F. C. Assiter
4509A FR B. J. Walton
4647A FR A. E. Smith
4652F FR G. V. Hodkinson
4893S FR G. Fairlie
2836G FR V. N. H. Ogilvie
2988X FR A. M. Herbst
3490S FR D. Brent
3501E FR E. J. Beck
3667K FR D. K. Worthington
3711H FR J. H. Brown
3955Y FR D. L. Cronje
3993P FR R. Pohl
4120C FR D. W. du Plooy
4142B FR G. Murray
4261F FR W. Sangerhaus

Police Reserve Long Service Medal

4270Q FR M. H. Sacchi
4276X FR F. J. Struckel
4297V FR A. Christensen
4304C FR L. T. Futter
4305D FR W. P. Bell
4310J FR B. Hallam
4314N FR J. A. Steyn
4317R FR J. M. Harris
4342T FR H. F. Green
4546Q FR T. S. Benade
4808A FR P. T. Gifford
6990X FR J. W. Kok
3486N FR J. R. Smith
3507L FR R. A. Miller
3574J FR D. R. McArthy
3608W FR W. S. Nicolson
3679Y FR R. I. Edwards
3716N FR C. C. Dicker
3723W FR J. L. Roberts
3731E FR R. E. Dawson
3825G FR H. B. Botha
3976W FR W. F. Orton
4020T FR E. L. Dold
4022W FR A. van Zyl
4028C FR A. J. du Plessis
4079H FR H. A. Tennent
4080J FR D. J. Smith
4179R FR N. A. Tapson
4187A FR R. M. Tennent
4207X FR G. Steyn
4358L FR E. S. Hacking
4422F FR P. R. Cant
4468F FR R. Buxton
4522P FR E. S. Knight
4530Y FR H. Baker
4588L FR G. G. S. Kotze
4591P FR A. J. Schonken
4592Q FR J. R. Kok
4595T FR N. J. du Plessis
4765D FR J. W. Jannaway

4766E FR D. A. Sutherland
4770J FR F. M. Smith
4814G FR A. J. Greeff
4888M FR R. St. C. Hinwood
2998H FR S. Swindells
3017D FR E. Hepple
3609X FR D. F. Barry
3652T FR D. B. Brown
3737L FR C. C. Steyn
3738M FR L. G. Brunette
3741Q FR W. G. Richards
3847F FR N. E. G. Richards
3848G FR E. Miller
3849H FR A. W. Gush
3851K FR J. A. Gifford
3852L FR N. G. Richards
3854N FR W. C. R. Nel
3855P FR J. H. Badenhorst
3945M FR G. F. J. Rademeyer
4157S FR H. J. Swart
4172J FR K. A. Mackintosh
4177P FR N. Glover
43415 FR D. J. Dawson
4496L FR W. R. Rademeyer
4539H FR P. A. Schaap
4811D FR G. R. Olds
4816J FR L. M. Shutte
4347Z FR J. A. Baier
3321J FR D. J. R. Sheppard
3438L FR H. C. Luitinch
3478E FR H. C. van Eden
3505J FR H. A. Hobbs
3561V FR W. Cossey
3616E FR J. G. Thurlow
3617F FR M. R. Thornton
3624N FR D. C. Tapson
3625P FR J. W. Doorly
3626Q FR A. M. Alford
3644K FR D. R. Sheppard
3656Y FR E. P. Fynes-Clinton

Police Reserve Long Service Medal

3668L FR L. M. McNulty
3732F FR R. Barker
3733G FR A. F. Cason
3735J FR W. A. Moor
3748Y FR R. C. Moore
3771Y FR A. Brown
3776D FR B. S. Marlborough
3780H FR D. P. Cooper
3782K FR E. Scott
3785N FR C. M. Humphreys
3789S FR F. W. Schafer
3791V FR A. Y. Philp
3795Z FR F. W. Buitendag
3798C FR H. Schlachter
3800E FR G. A. Ditcham
3803H FR G. Robertson
3817Y FR W. A. Anderson
3819A FR N. F. Peacocke
3834R FR R. I. H. McChlery
3870F FR R. W. Watson
3989K FR E. R. Beckett
3991M FR J. V. M. Fick
4000X FR E. J. Jefferys
4025Z FR F. W. Williamson
4039P FR A. J. S. Breen
4084N FR J. O. Pascoe
4129M FR M. G. Perrett
4201Q FR V. L. C. Johnson
4225R FR T. A. Riley
4290M FR J. B. Haasbroek
4291N FR D. G. Boden
4331G FR J. A. Baring-Gould
4333J FR I. A. Murray
4490E FR I. Mackay
4569Q FR W. E. Wood
4747J FR J. R. McLaren
5140L FR P. J. Venter

5.3.1971

1097R FR C. E. A. Carver, Byo
1100V FR W. S. Mitchell, Byo
2019T FR J. Gregg, Byo
2036M FR E. MacGregor, Wankie
2043V FR K. de G. Birch, Byo
2055H FR B. C. Murray, Byo
2077G FR T. F. Hayzen, Bembesi
2101H FR P. A. Lambeth, Byo
2125J FR P. C. Hadfield, Byo
2282E FR J. N. Short, Sby
2301A RPO J. C. Tebbit, M.B.E., Sby
2352F FR B. L. Ruffey, Selukwe
2392Z FR A. J. Maidwell, Byo
2415Z FR D. W. Stokes, Selukwe
2461Z FR E. A. Williams, Selukwe
2476Q FR J. A. Syropoulo, Selukwe
2577A FR W. A. Dearmer, Umtali
2606G FR C. E. Mesley, Vic Falls
2618V FR G. A. Watson, Shabani
2669A R Insp A. P. Hitschman, Umtali
2720F FR T. P. H. Mellon, Gwelo
2746J FR G. E. Ashby, Gatooma
2759Y FR W. A. Thorburn, Byo
2780W FR G. L. Yeoman, Gatooma
2781X R Insp D. G. Behenna, Sby
2814H R Insp P. R. Frost, B.E.M., Byo
2832C FR F. C. W. Hawkey, Umtali
2904F FR P.A. Rautenbach, Gwelo
2937R RSO T. L. Hall, Byo
2990Z FR E. P. van Niekerk, Byo
3061B FR A. J. Stewart, Chakari
3333X FR E. F. J. Elliott, Chakari
3495Y FR J. H. Wright, Odzi

Police Reserve Long Service Medal

3485M FR H. L. Mitchell, Que Que
3488Q FR W. K. Bezuidenhout, Selous
3510P FR A. L. Light, Chiredzi
3540X FR J. S. Hatton, Vic Falls
3543A FR D. R. Cloete, Selous
3598K FR C. J. Flanagan, Gatooma
3602P FR P. G. Cripps, Hartley
3605S FR J. A. Landman, Hartley
3614C FR J. G. Davies, Hartley
3662E FR S. N. Eastwood, Hartley
3663F FR J. H. Eastwood, Hartley
3691L FR I. A. R. Light, Essexvale
3739N FR D. T. Coventry, Fort Vic
3915E FR P. E. Wilde, Plumtree
3943P FR P. A. Geldenhuys, Fort Vic
4011J FR D. Harris-Edge, Gatooma
4087R FR H. E. Fletcher, Bembesi
4178Q FR E. S. Macdonald, Bikita
4215F FR P. van Heerden, Rusape
4237E FR G. A. Lord, Gwelo
4324Z FR J. A. McDiarmid, Sinoia
4354G R Insp B. P. Chadwick, Byo
4428M FR R. A. W. Price, Nuanetsi
4551W FR G. H. Nolan, Bikita
4560F FR J. S. du Toit, Gatooma
4670A FR A. D. Riley, Norton
4744F FR R. J. Topping, Banket
4780V FR D. B. Mackay, Battlefields
4782X FR J. A. Stokes, Norton
4784Z FR G. R. H. Anderson, Selukwe
4791G FR M. H. Moreton, Gwelo
4801S FR C. W. Rogers, Enkeldoorn
4812E FR C. B. Richards, Fort Vic
4853Z FR P. A. Lavers, Byo
4891Q RSO S. L. Cooper, Gwelo
5006Q FR P. M. Clyde-Wiggins, Umtali
5013Y FR F. J. du Toit, Selous
5014Z FR D. B. Jameson, Selous
5054S FR F. Miller, Belingwe
5058X FR T. J. Lewis, Hartley
5063C FR J. H. Viljoen, Sinoia
5076R FR H. E. Currie, Sby
5081X FR N. J. G. Young, Melsetter
5084A FR D. A. Hagger, Hartley
5086C FR F. B. Smith, Sby
5094L FR T. K. Wilton, Sinoia
5100S RSO A. D. Schulman, Sby
5139K FR G. B. Hiscock, Selous
5147T FR A. W. Williamson, Sinoia
5168R FR H. G. du Plooy, Shabani
5170T FR R. Ott, Sby
5184J FR J. A. Nel, Rusape
5186L FR P. D. Carter, Sby Radio
5192S FR H. J. Stanyon, Umtali
5201C FR J. A. Rowan-Parry, A.F.C., Sby
5217V FR C. C. Lynas, Sby Radio
5230J FR M. G. Arkwright, Sby
5248D FR J. G. Brown, Umtali
5250F FR F. C. Foulds, Umtali
5254K FR J. W. Grace, Banket
5255L FR H. C. Ballance, D.F.C., Inyazura

Police Reserve Long Service Medal

5257N FR J. Buchanan, Odzi
5258P FR A. A. N. Perioli, Umtali
5260R FR D. R. C. Thomas, Umtali
5262Z RSO R. W. S. Robertson, Umtali
5270C FR R. Tornbohm, Sby
5272E RSO F. Stober, Sby Instructional
5298H FR F. N. Gilmour, Inyanga
5303N FR H. N. Bekker, Penhalonga
5304P FR G. T. Baynham, Umtali
5305Q FR N. N. L. E. M. du Boil, Selous
5312Y FR J. Herbst, Nyamandhlovu
5324L FR G. W. Taylor, Gatooma
5325M FR H. von Memerty, Gatooma
5327P FR P. B. Kennan, Sby
5336Z FR J. Ferreira, Sinoia
5343G FR H. Stanger, Rusape
5349N FR E. A. Pearson, Selukwe
5363D FR J. L. Cloete, Penhalonga
5364E FR V. E. Eckard, Rusape
5366G FR A. G. Dicks, Gwelo
5370L FR P. R. Hapelt, Gwelo
5380X FR J. Baty, Sby
5381Y FR E. Blake, Sby
5382Z FR M. D. Corr, Sby
5392K FR J. B. Howard, Melsetter
5408C FR A. Atkinson, Sby
5418N FR V. Hammond, Inyati
5425W FR R. K. Harvey, Chatsworth
5428Z FR J. M. Rabe, Norton
5430B FR E. H. Thomas, Sby
5434F FR G. D. Hurrell, Gwelo

5436H FR J. W. Beghin, Selous
5443Q FR J. M. Baily, Sby
5446T FR J. L. van Deventer, Belingwe
5449X FR G. T. McChlery, Hartley
5454C FR B. J. A. Hoole, Sby
5456E FR C. C. Buckle, Hartley
5477C FR C. S. van Heerden, Belingwe
5481G FR J. J. P. la Grange, Chatsworth
5482H FR W. R. Atkinson, Silobela
5483J FR L. M. Paul, Gwelo
5484K FR A. L. Mason, Selukwe
5492T R Insp H. Tavener, Instructional Unit
5493V FR E. F. Rawson, Sby
5495X FR J. L. Beckett, Umtali
5498A FR P. S. Hall, Umtali
5501D FR J. W. T. Posselt, Fort Vic
5511P FR R. F. Austin, Byo
5521A FR F. H. Heron, Sinoia
5532M FR A. W. S. Houston, Chipinga
5533N FR A. P. W. Birch, Inyanga
5534P FR D. A. Newmarch, Fort Vic
5535Q FR E. P. Danby, Chipinga
5546C FR W. J. Till, Gwelo
5549F FR C. E. Mannix, Battlefields
5555M FR B. F. Engelbrecht, Que Que
5568B FR E. R. K. Kiddle, Sby
5571E FR C. J. S. Bonynge, Sby
5586W FR G. E. F. Taberer, M.C., Gatooma

Police Reserve Long Service Medal

5592C FR R. G. Bird, Chakari
5593D FR A. E. Wilson, Hartley
5615C FR J. E. Beckett, Enkeldoorn
5616D FR J. S. T. Phillips, Fort Vic
5621J FR J. W. Webster, Buhera
5645K FR L. H. Edwards, Fort Vic
5647M FR K. A. E. Knight, Gatooma
5650Q FR W. Johnstone, Parliamentary Guard
5664F FR P. Greef, Mashaba
5672P FR J. A. Stapleberg, Gwelo
5684C FR D. R. Hudson, Gwelo
5689H FR F. W. Micklesfield, Sby
5690J FR J. E. Rose, Byo
5699T FR L H. de la Rue, Chiredzi
5700V FR R. Southwood, Chiredzi
5703Y FR R. A. L. Torr, Vort Vic
5710F FR G. P. Brown, Sby
5715L FR J. Cummings, Buhera
5730C RPO J. K. Jerome, Belingwe
5739M FR C. J. Odendaal, Gatooma
5740N FR S. P. Prinsloo, Gatooma
5743R FR R. V. Jeffery, Lalapanzi
5744S FR J. N. Crouch, Sby
5771X FR F. C. Knight, Gatooma
5815V RSO N. W. Hill, Sby Instructional
5908W FR J. I. Willmore, Fort Vic
6085N RSO J. R. Coupar, Sby
6202Q RPO B. Metz, Sby
6930G RSO B. G. T. Ashwin, Sby
7630S RSO M. R. Geer, Sby
7863W RSO R. C. Williams, Sby

8197J RSO W. H. Wilson, Sby
8714W FR J. A. Louw, Shabani
8799R RSO V. L. Jewell, Byo
8878Z RSO R. P. Tyrer, Byo
9083X RSO J. English-Jackson, Gatooma
9102S RSO G. F. Beningfield, Byo
9379T RSO O. G. Bentley, Byo
9935Y RSO C. W. Davis, Sby
10239D RPO A. R. Smith, Sby
10725G RSO E. O. Mallon, Sby

Former members

R C Supt K. M. Smith, M.B.E., Byo
1118P R Insp N. J. T. Meyer, Sby
11445 FR C. H. Jordaan, Selukwe
1175B FR J. W. Barton, Gatooma
2472L FR A. J. Wood, Fort Vic
3102W FR D. G. Pretorius, Shabani
3351R FR J. T. Plumbley, Battlefields
3403Y RSO G. Knowles, Byo
3506K FR D. J. T. Scott, Chipinga
3640F FR J. Beveridge, Chakari
3750A FR F. Bremner, Triangle
3792W FR J. E. Mackay, Mangula
4031F FR G. R. Smart, M.B.E., Rusape
4353F FR R. E. Dawes, Sby
5028P FR G. T. Gover, Mangula
5309V FR D. L. Seymour, Umtali
5925P RSO P. N. R. Noel, Byo
6433R RSO F. Baker, Sby
7059X RSO P. Shearer, Sby

23.7.1971

665X FR K. E. Forbes B.E.M.
1120R FR A. D. St Claire

Police Reserve Long Service Medal

1166R FR G. J. Ellis
2085Q FR D. E. Arthur
2126K FR E. A. Wray
2177Q FR K. C. McKenzie
2195K FR A. T. Rinke
2199P FR L. Lindsay-Rea
2210B FR W. H. Dell
2296V FR K. W. E. Ward
2400H FR J. E. Breaks
2403L FR R. P. Shinn
2546R FR A. E. White
2583G FR E. A. O'Leary
2628F FR J. Biljon
2651F FR G. R. Lambert
2660Q FR E. C. Rogers
2688W FR H. E. Pihl
2749M FR W. T. Robertson
2765E FR H. F. Fynn
2777S FR F. H. Cobbold
2787D FR A. L. Cuddington
2820P FR J. Prentis
2845R FR J. Ward
2853A FR R. H. Login
2905G FR D. H. R. Maidwell
2941W R Insp J. F. van der Bank
2994D R Insp D. G. MacKenzie
3081Y FR A. W. R. Rademeyer
3091J R Insp A. W. Melville
3094M FR P. R. Roussot
3454D FR E. van der Byl
3577M FR J. S. H. Steyn
3637C FR P. J. Louw
3850J FR G. S. Willemse
38815 FR R. W. Butcher
3924P FR A. Munro
4133R FR J. R. Standers
4375E FR A. J. Sharp
4458V FR D. L. Alvord
4619V FR R. H. Botes
4721F FR F. G. H. P. Schoon

4942W FR W. J. Kerr
496IR FR S. Wilde
4985S FR R. V. Lacy
5043F FR J. R. S. Gantlay
5044G FR J. Fairlamb
5053R FR R. G. Brooking
5212P FR H. U. Bryan
5326N FR J. J. Grobler
5421R FR W. M. Mackie
5426X FR A. C. Atterbury
5508L FR T. A. Nethercott
5578M FR J. G. du Preez, D.F.M.
5727Z FR W. J. Beverley
6037L FR G. A. Bakewell
6151K FR G. C. Potgieter
5683B FR F. Warner
5721S FR C. J. Liebenberg
5758H FR H. E. Hall
5786N FR J. J. S Kirkwood, D.F.C.
5791T PRP C. R. Boltt
5813S FR R. P. van der Merwe
5824E FR D. C. Quantick
5825F FR L. Stein
5830L FR J. C. Cheney
5841Y FR R. B. C. Liddell
5875K FR G. D. Neaves
5911Z FR H. B. Shay
5929T FR C. A. Knight
5946M FR R. A. Burrell
5948P FR T. G. Merritt
5950R FR J. Francis
5953V FR A. E. C. Gregg
5954W FR J. J. Oosthuysen
5957Z FR J. Watson
5958A FR F. Thompson
5960C FR J. C. Staples
5963F RPO E. du Preez
5970N FR F. P. Oosthuizen
5971P FR G. S. Brooke-Smith
5989J FR J. P. Sainsbury

Police Reserve Long Service Medal

5991L FR G. E. Denyer
5994P FR H. J. Fotheringham
5995Q FR R. L. W. Querl
6006C FR A. E. Armstrong
6008E FR A. N. Jack
6018Q FR J. McDonald
6021T FR R. H. Rutherfoord
6047X FR J. S. Shattock
6065R FR G. Williamson
6077E FR C. H. Pohl
6082K FR N. F. Vincent
6084M FR B. D. van der Merwe
6093X FR D. W. Palterman
6094Y FR E. J. Rosenfels
6095Z FR S. J. Rosenfels
6099D FR L A. MacLean
6124F RPO J. A. Rowles
6134R FR D. A. Tholet
6138W FR H. C. Hodson
6148G FR J. B. McKenzie
6177N FR T. R. Ritchie
6178P FR O. M. Alport
6179Q FR L. L. Dando, D.F.M.
6212B FR A. H. Joubert
6424G FR P. S. Benzon
6852X RSO J. E. Brodrick
7509L FR M. A. J. Carson
9384Z RSO F. H. Cox
10494F RPO D. W. Rees
11467N RSO C. P. O'Connor
12305Z RPO M. Somerville

Former members

1088G FR A. J. Bodington
1147W FR L. S. Austin
1175B FR J. W. Barton
2167E FR V. J. Hayes
2173L FR P. J. du Preez
2462A RSO A. S. Aitkenhead
2728P FR F. Barnes

5145R PRP W. A. R. MacDonald, D.F.C.
5665G RSO E. W. Franzel, B.E.M

14.1.1972

Salisbury

2802V FR S. Reid
30535 RPO W. H. Williams
3556P FR R. N. Codron
5519Y FR H. F. Margerison
6109P FR J. D. Baillie
6121C FR G. H. James
6222M FR A. J. Hobbs
6233Z FR R. G. H. Carstens
6250S FR P. G. Ferreira
6273S FR S. G. Tslentis
6352D FR L. L. Lumholst-Smith
6360M FR R. G. How
6362P FR A. H. Bull
6404K FR R. Trotter
6439Y FR L. F. Banks
6463Z FR J. T. G. Jones
6465B FR G. R. King
6468E FR G. F. Pretorius
6493G FR T. R. Grundy
6544M FR A. S. Niewenhuizen
6589L FR D. J. Scott
7125T RPO C. W. Norman
12559A RPO M. J. Davis

Midlands

570T FR B. R. Ashby, B.E.M.
2863L FR W. Farrell
2915S FR J. Christie
3334Y FR P. J. Liebenberg
4118A FR A. E. Greeff
4130N FR D. S. Cowie
4286H FR J. H. Ackhurst
5491S FR C. J. Conway

Police Reserve Long Service Medal

6140Y FR J. G. Horn
6145D FR E. M. Poulton
6230W FR B. P. Venter
6262F FR M. P. Danker
6264H FR J. J. L. Hoffman
6332G FR R. S. Dewar
6349A FR J. P. Wheelwright
6382L FR G. C. Potter
6398D FR P. H. Niewoudt
6513D FR R. A. Jowett
6520L FR H. E. Jelliman
6524Q FR B. R. H. Smith
6526S FR G. Waring
6528V FR A. G. Johnson
6529W FR A. P. Speedie
6530X FR J. J. Hamman
6545N FR W. H. Garde
6715Y FR R. Arnott

Manicaland

5753C FR M. G. van Tonder
6207W FR P. A. H. P. Rogers
6266K FR J. J. Odendaal
6297T FR E. R. Winwood
6372A FR A. C. Drewe
6374C FR J. T. Henry
6375D FR C. B. Payne
6376E FR A. S. Vickery
6432Q FR R. M. Smith
6573T FR C. M. Coltman
6614N FR W. Herbert-Bleksley

Mashonaland

2168F FR F. H. James
3565Z FR L. J. Gray
3573H FR M. H. Hill
3615D FR G. L. Walker
3646M FR D. King
3773A FR P. J. Brown
3796A FR J. P. B. Nilson

3802G FR L L. Willis
3809P FR R. W. Norton
3810Q FR J. Walmisley
3883V FR S. J. Watt
4735W PRP H. F. Dax
5029Q FR R. R. Hulme
5144G FR E. Stoker
5181P FR D. C. Hamilton
5227F FR C. J. Grobler
5235P FR L K. Keith
5247C FR G. H. J. Peall
5275H FR R. V. Edwards
5276J FR J. H. Grobler
5277K FR J. S. Aylward
5308T FR D. E. P. Collins
5385C FR S. J. Markham
5396P FR P. W. Atkinson
5463M FR J. Flight
5518X FR T. F. Sheldon
5588Y FR A. W. Esterhuizen
5636A FR P. L. Moolman
5726Y FR J. W. F. Geldenhuys
5733F FR C. F. Kuhn
5784L FR B. G. Johnson
5785M FR J. E. Chisnall
5792V FR C. W. D. Duff
5808M FR R. W. Bruford
5823D FR W. A. Bezuidenhout
5833P FR D. E. M. MacLachlan
5835R FR A. D. Cross
5836F FR S. C. D. Erasmus
5872G FR A. G. Waterhouse
5873H FR A. L. Harris
5876L FR E. W. Pope
5883T FR P. N. Claridge
5941G FR C. A. V. Forbes
5942H FR M. W. Fussell
5982B FR M. A. Kerr
5988H FR R M. Whitaker
6049Z FR L. H. Rudolph

6079G FR C. Millar
611OQ PRP H. V. Chisnall
6113T FR H. W. Nix
6117Y FR P. B. Abrey
6120B FR C. Stewart
6180R FR J. J. M. Paulsen
6195H FR R. A. Page
6196J PRP R. G. Pascoe
6208X FR H. Ferreira
6211A FR M. J. Leonard
6224P FR F. A. Taute
6281B FR W. O. Ball
6282C PRP W. J. Ludgater, M.L.M.
6284E FR H. W. Boltt
6287H FR G. R. Taylor
6289K FR P. G. Hamilton
6290L FR P. L. Flanagan
6324Y FR H. S. E. Corp
6348Z FR P. Cheesman
6369X FR I. A. Fraser
6371Z FR R. A. Crossmith
6373B FR A. Firks
6409Q FR W. Turner
6475M FR D. H. Hossack
6477P Pol Res Obs D. H. Lyon
6478Q FR R. K. Nilson
6482V FR L. W. J. Coetzee
6549S FR R. C. Bryson
6586H FR R. D. Cawood
6588K FR W. D. Simson
6601Z FR W. Wrench

Former members

3812S Pol Res Obs J. P. Adams
4950E FR L. L. Campbell-Salmon
5194V FR P. J. Niewenhuizen
5290Z FR C. W. du Plooy
5400T FR C. W. Beckingsale
5919H FR S. F. Trott

6044T FR H. R. N. Lockhart

28.7.1972

Manicaland

6471H FR K. S. Richards
6560E FR B. S. Cowling
6667W FR K. G. Gamble
6686R FR J. D. Mason

Mashonaland

3018E RPO C. F. Manning
3502F FR W. J. Smit
5809N FR V. C. Light
5980Z FR L H. Darby
5984D FR J. A. L. Light
6119A FR J. A. Grobler
6679J FR J. D. Archer

Matabeleland

2420E FR C.R. White
2558E FR R. Charsley
2775Q FR D. B. Hosking
2873X FR D. M. Alexander
2932L FR E. E. Payton
3066G FR T. L. Tozer
3231L FR C. W. Newlands
3234P FR H. W. Oldridge
3237S FR H. W. Irwin
3838W FR E. D. Smith
4010H FR O. T. Gregg
4096B FR J. B. Ashburner
4097C FR S. C. Johnson
4098D FR D. G. Goddard
4102H FR J. P. Bawden
4169F FR W. A. Napier
4373C FR G. H. Errington, M.C.
4618T FR A. Bramston
4623Z FR E. J. Lawrence
4829Y FR L. J. Davies

Police Reserve Long Service Medal

4905F FR O. M. Beretta
4984R RPO R. Robertson
5047K FR C. van R. Wilde
5207J FR N. T. Jocelyn
5576K FR I. C. Fourie
5605R FR D. S. van Wyk
5670M FR J. C. Versveld
5770W FR B. Russel-Smith
5914C FR I. D. H. Anderson
5926Q FR M. R. Rhodes
5956Y FR F. P. Coetzee
6002Y FR J. D. Waterworth
6132P FR J. Glynn
6229V FR de W. van A. Bekker
6237D FR A. R. McIntyre
6318R FR G. Trow
6330E FR T. H. E. Whales
6333H FR D. D. Drummond
6354F FR A. Massyn
6413V FR J. W. Dee
6414W FR J. R. M. Stone
6415X FR G. L. B. Buncker
6444D FR J. T. Ashford
6458T FR P. A. Williams
6494H FR J. M. Harper
6498M FR F. P. B. Howes
6502R FR D. H. McCallum
6505V FR H. A. Shelton
6512C FR A. S. Clay
6514E FR G. P. van Niekerk
6531Y FR S. A. Gelman
6533A FR K. D. Gordon
6570Q FR D. R. Bragge
6621W FR J. M. Nel
6634K FR F. J. van Heerden
6650C FR A. E. Parker
6666V FR M. E. Benzon
6719C FR H. D. Bawden
6749K FR T. J. Bembridge
6751M FR P. J. Garnett

6777Q FR R. H. Humphreys
6778R FR C. D. Mandy
6811C FR F. H. Thompson
6816H FR J. B. Ayliffe
6934L RSO E. W. Estment
7958Z RPO P. J. Johnson
8874V RSO A. W. Vercueil
15036S RPO J. F. Jacobsz

Former members

1141P FR E. A. Klifborg
3631W FR G. Southam
4119B FR W. B. Fuller

Midlands

5816W FR E. G. Frost
61417 FR C. D. Meredith
6431P FR P. J. R. Don
6607F FR J. R. Ackerman
6608G FR R. J. Swannack
6611K FR J. R. Mattison
6619T FR J. A. Young
6645X FR J. G. van Niekerk
6663R FR N. B. E. James
6741B FR L. J. Ferreira
6754Q FR B. Hurrell
6785Z FR H. J. Bekker

Former member

5113G FR F. G. Hudson

Salisbury

2616S FR W. V. Somers
3220Z RPO J. M. Ferguson
6193F FR L. C. Johnston
6401G FR G. J. Chilton
6625A FR J. A. P. Tingle
6661 P FR A. T. E. McCormick
6682M FR R. Cowl
6702J FR J. E. Coombes

Police Reserve Long Service Medal

9705Y RPO P. K. Langley
14446B R C Insp R. Mansill, P.M.M.

Victoria

1143R FR W. P. Rademeyer
6256Z FR C. H. Elliott
6339P FR E. C. Knowles
6345W FR J. B. Collins
6383M FR H. R. C. Callon, M.C.
6395A FR P. G. Tomlins
6548R FR J. N. Buchan
6717A FR P. D. Swart
6757T FR D. E. Q. Cawood
6819L FR R. P. van Rensburg
8739Y RPO L. Venters

Former members

6200N FR E. M. Lake
6342S FR B. G. Beverley
6633J FR D. MacDonald-Lucas

30.3.1973

Manicaland

3176B FR C. H. A. Holloway
3329S FR D. J. Burton
3358L RPO L. A. Verwey
6215E Pol Res Obs B. R. T. Seward
6558C PRP D. L. M. Howell
6756S FR S. G. Woodworth
6766D FR K. D. Taute, D.F.C.
6807Y FR J. C. de Beer
6808Z FR J. M. Tweedie
7066E FR T. H. Elton
7082X FR H. A. de Klerk
7127W FR J. J. B. Troughton
7132B FR A. A. Davidovics
7142M FR J. R. F. Walker

7342E FR P. A. C. Weiderman
9536P FR W. G. Craig

Mashonaland

2698G FR F. Webb
2922A FR F. J. Gabell
3097Q FR R. T. Saunders
3243Z FR W. E. Konschel
3518Y FR A. D. Kotze
3549G FR G. J. Vaughan
3551J FR J. P. H. Lombard
3563X FR H. D. Reed
3567B FR J. W. Prentice, M.B.E., M.C.
3569D FR H. Bisset
3581R FR A. T. Hobbs
3621K FR D. E. Krynauw
3680Z FR H. A. Cooper
3753D FR S. G. Adams
4095A FR M. G. A. Manley
4528W FR J. B. O. Blundell
4574W FR N. M. Travers, M.C.
4576Y FR R. R. Darroll
4756T FR A. N. Drake, M.C.
4998G FR D. A. Baker
4999H FR A. L. Brown
5034W FR D. G. E. Holland
5037Z FR J. P. S. Marais
5071L FR A. G. Eleftheriades
5127X FR G. C. van H. Nel
5182G FR T. Ryan
5233M FR J. G. Hubbard
5355V FR M. C. H. Glynn-Bucknell
5378V FR G. E. O. Light
5494W FR E. W. Young
5509M FR D. Frost, I.C.D.
5522B FR E. J. Harrold
5539V FR R. G. Bownes
5597H FR H. S. Smith

Police Reserve Long Service Medal

5618F FR C. G. N. Keene
5623L FR J. R. N. Butcher
5759J FR R. A. Geake
5812R FR D. D. Thomas
5940F FR A. S. Larter
6050A FR G. M. R. Eastwood, D.F.C.
6226R FR D. E. B. Purdon
6228T FR R. W. Partridge
6278Y FR W. A. Campbell
6279Z FR F. G. Walker
6280A FR G. M. Swan
6285F FR J. England
6378G FR A. N. Pym
6380J PRP J. L. Manning
6585G FR J. Salter
6617R FR C. D. Marshall
6647Z FR J. D. Hardy
6677G FR M. J. D. Henderson
6683N FR S. F. Williams
6704L FR M. F. O'Donoghue
6770H FR A. J. C. MacDonald
6797M FR T. E. Gostick
6803T FR D. L. Glanley
6872T FR L. H. Newman
6884G FR E. N. Purdon
6887K FR G. H. W. Cilliers
6896V FR G. P. Ireland-Jones
7022G FR W. B. Vaughan-Davies, D.F.C.
7029P FR C. H. Fenton-Wells
7048K FR J. W. McKersie
7065D FR J. H. Cockburn
7075P FR T. E. Barnett
7109B FR G. Matsukis
7113F FR N. R. Loney

Former members

3471X FR A. C. Chapman
3671P FR J. T. Watson
3868D FR W. E. Innes
6823Q FR G. F. Potgeiter

Matabeleland

3101V RPO J. C. J. Calder
3313A FR G. P. Sherlaw
3345K FR J. Stafford
6628D FR W. J. C. Ward
6836E FR R. P. Craig
6891P FR S. E. Pretorius
6893R FR J. E. Olds
6972C FR L. A. Diggory
7000H FR M. R. Mylne
7052P FR P. O. Ellman-Brown
7077R FR J. E. Stedall
7081W FR E. H. Mitchell
7106Y FR J. T. Durbin
7107Z FR P. J. H. Wesson
7147S FR D. P. Cobban
7150W FR E. A. Farmer
8186X FR P. F. Janse van Rensburg

Former members

11564T RPO T. R. Whittaker
2809C FR R. Hill
4543P FR T. M. Lambert
6919V FR E. Q. Holsey
7186K FR M. G. Maloney

Midlands

2443E FR R. W. J. Cochrane
2701K FR D. B. Cooper
2810D FR W. J. B. Bester
2916T FR J. E. Fynn
2977K FR E. D. Lombard
3086D FR A. C. Rudolph
3109D FR F. W. Brockwell
3202E FR J. H. de W. Lombard
3249F FR J. P. Wilkins

Police Reserve Long Service Medal

3251H FRrL. A. J. Andrews
3273G FR G. A. Halder
3276K FR S. W. P. Grobbelaar
4977J FR B. T. Attwell
6003Z FR I. Hapelt
6696C FR F. J. Robinson
6843M FR P. M. Burgess
6862H FR G. D. Finnie
6879B Pol Res Obs M. V. Page
6922Y FR D. E. Pickett
6988V FR J. d'O. Ruttledge
7080V FR R. W. T. Cullinan
7111D FR A. R. Baldwin
7122Q FR T. G. Wheeler
7154A FR C. J. Net
7209K FR R. W. Drakes
7241V FR V. Wheeler
7259P FR W. Lock

Salisbury

2376G FR J. B. Dale
3012Y FR J. K. Scott
3072N FR B. Mingay
3148K FR M. E. Few
3226F FR K. J. Burleigh
3257P FR J. W. B. Read
6675E FR D. K. Beach
6701H FR D. J. S. Wilson
6707P FR M. J. B. McGarrick
6759W FR W. E. Thompson
6799P FR K. T. Tapson
6806X FR B. H. Marais
6882E FR S. Allen
6886J FR R. F. Coombs
6923Z FR J. R. Paterson
6926C FR A. J. Hawkes
6947A FR D. Brosgarth
6948B FR C. D. C. K. Leslie, M.C.
6957L FR J. M. Anderson
6962R FR R. Williamson

6976G FR P. Gaddie
6978J FR H. B. Watson
7008R FR H. Rogan
7014Y FR A. R. Manley
15694H FR J. T. P. Neild

Former members

2031G RSO J. G. C. Lynch
2987W FR A. T. Wickes

Victoria

6788C FR C. W. Spies
6984Q FR J. D. Horton
6985R FR A. E. P. Sinclair
6992Z FR H. P. Waddington
7039A FR C. Elliott
7078S FR C. B. S. Holton
7118L FR K. B. Smith
7119M FR D. Armstrong
7408B FR A. D. Frame
1356T FR P. Demetriou

18.1.1974

Manicaland

7267Y FR D. Butler
7341D FR P. Landos
7432C FR R. S. Shaw
7454B FR C. Turnbull
7469S FR W. Schekman
7546B FR B. T. Holman
7584S FR A. N. Lloyd
7586V FR M. S. Murray
7609V FR F. K. Wilson
7610W FR F. N. Goff
76160 FR A. J. Terblanche
7652R FR A. C. Basson
7703X FR R. D. Beer
7759H FR D. C. H. Bagnall
7792T FR M. E. Wilson

Police Reserve Long Service Medal

7836R FR N. Hoskins-Davies
7851H FR A. N. Momsen
13086Y FR H. A. Range

Mashonaland

3971Q FR G. O. Frost
6186Y FR E. K. E. Schultz
6655H FR H. H. Spiers
6800Q FR D. S. Marillier
6943W FR L. S. Dawson
7196W FR A. F. B. Ravenscroft
7197X FR E. P. Maratos
7203D FR V. Dewdney
7232K FR W. F. Northcroft
7253H FR J. H. C. Liddle
7269A FR B. C. A. Reed
7321G FR D. M. Moubray, D.F.C.
7374P FR D. T. Ingram
7383Z FR R. B. Skeeles
7537R FR A. J. Booth
7539T FR J. M. McKersie
7540V FR S. Sole
7541W FR L. C. Southey
7542X FR J. P. Waddell
7549E FR R. P. Morkel
7607S FR W. D. Whitley
7612Y FR D. H. Stowell
7678V FR A. G. Braun
7747V FR F. D. Adams
7763M FR B. Ankers
7764N FR P. G. Dilmitis
7774Z FR C. W. Lyon
77915 FR. E. H. Gregory
7842Y FR J. S. R. Wells
7843Z FR. R. V. Short
7846C FR B. B. St. J. Reid
7848E FR N. R. B. Sligh
7874H FR S. J. Viljoen
8098B FR C. W. Landrey
11383X FR W. D. W. Fynn

3366H RPO W. M. D. B. Reid
3394N FR B. K. Thomson
3401W FR V. T. Fennell
3531M FR D. I. B. MacBrayne
3875L FR E. R. York
3900N FR D. C. Greeff
3906V FR W. J. James
3920K FR R. F. Klug
4108P FR S. C. P. Herbst
4822Q RPO L. Brink
4835E FR E. A. Flowerday
4848T FR J. N. Jones
5073N FR P. Krige
5652S FR C. C. Steyn
61670 FR F. K. Hellmuth
6319S FR D. C. Oldham
7235N FR R. E. Creigh-Smith
7256L FR E. M. Duthie, B.E.M.
7323J FR D. J. S. Volk
7328P RPO P. G. Geddes
7440L FR R. H. Bands
7553J FR E. G. Craven
7618E FR A. A. G. Cracknell
7687E FR G. W. Lansdown
7718N FR G. C. Wright
7719P FR J. S. Ball
7797Z FR R. Metelerkamp
7808L FR H. K. Ward, B.E.M.
7811P FR P. E. McCoy
7920H FR H. Ramsay
7937B FR G. D. Einhorn
7951R FR W. Chatham
7960B FR L. R. Smith
140532 R Sec Off G. H. Rautenbach
14459Q R Sec Off L. D. Petzer
14496F RPO W. J. de Smidt
17862P FR J. T. Leech

Police Reserve Long Service Medal

Midlands

7288W FR J. P. le Roux
7444Q FR T. H. Mangle
7493T FR J. E. van Ede
7495W FR L W. Fraser
7500B FR H. H. Vernall
7S56M FR L O. Hulley, M.B.E.
7569B FR L. L. Nieuwehuizen
7591A FR P. V. Hulley, M.C.
7608T FR F. C. D. Reitz
7624L FR G. J. van Leeuwen
7629R FR H. de M. Alexandre
7734F FR R. S. Poole
7738K FR S. Swanepoel
7739L RPO H. L. Baldwin
7740M FR T. G. Meikle
7772X FR R. A. Fletcher
7806J FR E. E. Wheeler
7947M FR A. F. Berkhout
7968K FR J. S. Crawford
7983B FR C. J. Haasbroek

Salisbury

4565L FR H. W. Filmer
7015Z FR J. S. Boscombe
7042D FR R. A. Wallis
7046H FR D. C. Kerr-Wilson
7047J FR E. D. M. Patterson
7072L FR M. H. H. Partridge
7084Z FR W. W. Tarr
7095L FR A. J. S. Saint
7131A FR N. Tasker
7187L FR J. D. Gallon
7188M FR E. E. Harris
7213P FR T. Constable
7223A FR A. H. Campbell
7262S FR G. R. Wilson
7290Y FR A. E. Holmes
7349M FR N. R. MacDonald
7355T FR D. S. Hamilton

7392J FR P. A. Steyn
7413G FR R. G. Newman
7449W FR L. P. Keetch
7456D FR J. B. Keightley
7465N FR E. L. Momberg
7486L FR H. Eltingham
7519X FR W. H. Griggs
7529H FR I. J. Boaler
7538S FR V. N. M. Corken
75714D FR C. A. Adcock
7574G FR A. T. Copeland
7595E FR C. N. L. Bullinger
7646K FR C. H. H. Page-Wood
7648M FR C. J. Strydom
7569Z FR C. J. Walker
7677T FR. A. J. H. Bradley
7683A FR R. P. Todd, D.F.C., A.F.C.
7711F FR R. D. Lawrence
7750Y FR J. H. Gray
7760J FR H. I. G. Stewart
7769T FR J. M. Daleymont
7780F FR J. Voigt
7784K FR D. G. Semmans
7787N Fr G. W. Carew
7789Q P. J. L. Drysdale
7793V FR M. M. Scannell
7814S FR F. W. G. Woodley
7815T FR D. du R. Oliver
7825E FR A. N. Hutson
7856N Fr C. M. Meyer
7869C FR R. C. Wolfe
7879N FR H. E. Tapsell
7999T FR C. A. R. Cowan

Victoria

7350N FR E. E. Bradfield
7566Y Fr A. O. McMurdon
7645J FR P. B. O'Donoghue
7891B FR R. J. A. Brandt

Police Reserve Long Service Medal

7906S FR J. T. Verbeek
7924M Fr J. H. Janes

Former members

Mashonaland

3772Z Fr S. T. Binge
5879P FR W. Carey
6098C FR C. K. G. Allardice
7429Z FR G. R. Hayman
11891Z FR C. J. Cook

Matabeleland

7245Z FR A. R. Foster

Midlands

7758G FR P. C. Steyn

Salisbury

7617D FR B. Cottam
7451Y FR D. N. Bartlett
7301V FR C. I. B. Gordon

Victoria

7308S FR G. P. Burnett
7568A FR B. E. G. Miller

26.7.1974

Manicaland

7978W FR I. G. van der Burgh
8002X FR J. Crostwaite-Eyre

Mashonaland

3463N Pol Res Obs P. R. Bell
3571F FR H. P. Raynor
3773A FR P. J. Brown
3905T FR T. C. D. Kennan
4058K FR R. B. Brooks
4062P FR D. Rogers
4064R FR E. Taylor

4067V FR R. R. Deary
4205V FR P. S. Gibson
4448J FR R. L Laing
4593R FR E. G. Hadingham, D.F.C.
6388S FR T. P. Kinch
6574V FR D. J. Webster
6584F FR C. Hanekom
6913N FR P. J. D. Niemandt
6925B FR P. J. Shearer
7133C FR P. W. Bosch
7134D FR J. E. Tanner
7136F FR P. V. Purcell-Gilpin
7234M FR D. R. Norman
7322H FR A. P. Hoskyns
7339B FR G. Hanly
7345H FR B. B. McKay
7414H FR N. Lushington
7434E FR G. P. von Memerty
7435F FR R. F. S. Collins
75442 FR R. S. Tanner
7552H FR H. A. Lawrence
7583R FR G. Bennett
7585T FR G. C. G. Cripwell
7733E FR G. T. Ryder
7762L FR P. C. van Tonder
7834P FR K. S. Hinde
7839V FR A. N. Brakspear
7840W FR R. A. F. Ternouth
8032E FR R. E. J. Light
8062M FR P. V. Hawgood
8068T FR J. L. Pretorius
8176L FR A. D. Harley
8177M FR R. C. B. Riches
8288H FR F. H. Turnbull
8309F FR J. A. Roper
8326Z FR J. M. H. Kemple
8001W FR J. P. Steyl
8059J FR W. Griffiths
8097A FR K. E. Bowker

Police Reserve Long Service Medal

8174J FR J. C. Kleynhans
84118 FR J. H. Friis-Smith
84125 FR J. G. Elliott
8418Z FR A. G. Hawkins
8441Z FR R. G. Nelson
8455P FR H. Boer
8478P FR R. Thornton
8501P FR C. H. Wilcox
8503R FR B. A. Jelliman
8504S FR T. F. Main
8505T FR K. S. Philip
8540G FR J. F. W. Saunders
8633H FR D. J. S. J. Blignaut
8634J FR H. M. Trition
15395H FR J. J. Bezuidenhout
17581J FR W. H. C. Collins, D.F.M.

Matabeleland

4676G FR C. D. Boyman
4818L FR H. C. Lancaster
4911M FR R. H. Clarke
5114H FR F. W. W. York
5694N FR J. G. H. Moffitt
7897H FR C. C. Howard
14592K R Sec Off T. van der Watt

Midlands

6714X FR T. Ferreira
7971N FR G. S. Kok
8081H FR B. Fraser
8094X FR J. W. McMaster
8108M FR W. A. Burrows
8145C FR D. R. Osterloh
8210Y FR C. S. Stenslunde
8286F FR D. W. Haywood
8287G FR N. J. Bresler
8324X PRP E. Parker
8395Z FR M. K. van Niekerk
8397B FR D. C. Coetzee

8413T RPO C. H. G. Ruttledge
8434R FR K. C. Shipley
8440Y FR D. Hahn
8469E FR T. Nicholson
8470F FR L. E. Wolley
8476M FR J. B. Munroe
8507W FR M. G. Reid
8548Q FR B. D. Wiesner
8574T FR B. Brennan
8915P RSO D. B. Hockaday
9917D RSO M. Wrench

Salisbury

R C Supt V. O. Sampson, P.M.M.
3356X R Insp W. N. Pratt
4433S RSO K. W. Davies
12937L RSO R. E. R. Harding
13751W RSO B. V. Chard
13922G RPO L R. T. Rhodes
14091Q RSO D. G. Domoney

Victoria

8198K FR A. J. Beets
8456Q FR C. D. Humphrey
8481S FR D. Falkland-Cary
8559C FR C. E. Holland
8629D FR W. L. Mitchell
8653E FR C. S. Style

Former members

Manicaland

4015N FR M. Bell
7886W FR D. G. Montgomery

Mashonaland

6853Y FR J. A. Shield, D.F.M.
7428Y FR E. H. Matthews
82515 FR J. O. Waymouth

Police Reserve Long Service Medal

Matabeleland

4613N RPO G. F. Echardt
4718C FR C. J. Will
4975G FR F. F. J. Kuttner
5018D FR R. R. Rayne
7301K FR D. I. Carstens
10658J R Sec Off E. A. Strever
13071G FR E. P. Unwin
13814P FR B. H. Harvey
14593L RPO L. Vickery

Midlands

3675T FR W. H. Rabbetts
3962F FR J. H. de L. Du Toit
5205G FR P. Connear
8644V FR J. F. R. Williams

Salisbury

3349F FR N. Nel

11.1.1975

Manicaland

3378W FR T. M. O'Hara
3961E FR J. T. Pierson
7430A FR J. W. Smith
7936A Pol Res Obs D. E. Gibson
8033F Pot Res Ohs W. T. Perkins
8071X FR M. Roberts
8105J FR P. L. Storrer
8178N FR J. N. Graham
8179P FR S. A. Hutson
8180Q FR B. D. C. Moxham
8341Q FR A. Barley
8376D FR J. Mawson
8377E FR J. B. Lamont
8423E FR J. N. Campbell
8479Q FR J. M. Taylor
8508X FR D. J. Milne
8511A FR L D. Yorath

8514D FR J. D. Mason
8515E FR H. H. Otterson
8572R FR P. S. Kloppers
8596S FR P. V. Mead
8615N FR I. M. Young
8636L FR P. W. Kok
8669X FR D. B. Rubidge
8697C FR V. Holmes
8084L FR R. E. Radloff
8095Y FR. R. McLean
8323W FR A. C. Kirkman
8549R FR N. B. King
8671Z FR K. M. Boyce

Matabeleland

5116K FR M. Rosentels
7179C FR A. H. N. Matthews
7396N FR G. P. Engelbrecht
7626N Pol Res Obs L. G. Parker
7864X FR H. M. Poultney
8066R FR H. G. van Niekerk
8111Q FR G. W. Pickles
8140X FR A. Boorgertman
8201N FR G. van Reijsen
8204R FR T. Jackson
8229T FR K. Q. Goosen
8266J FR W. H. Smith
8330D FR J. Moger
8347X FR D. G. Anderson
8349Z FR B. O. Stinton
838IJ FR R. Raizenberg
8382K FR K. J. Mayer
8384M FR G. A. Cameron-Mackimosh
8391V FR B. Walton
8396A FR J. N. Carnie
8426H FR J. C. Aliman
8451 K RPO D. Hawker
8461W FR D. T. K. Sharpe
8463Y FR L. C. van der Merwe

Police Reserve Long Service Medal

8483V FR A. W. Loxton
8496J FR J. F. Learmonth
8509Y RPO R. E. Hingle
8516F RSO J. S. Gray
8544L FR N. C. Evans
8563G FR C. A. Rosenfels
8597T FR G. de B. Holmes
8600X FR V. M. Schroeder
8602Z FR C. M. C. Chennels
8628C FR D. Chatham
8743C FR M. E. McG. Hanson
8811B FR H. R. Gunning
8812C FR E. C. de Milita
8823P FR D. H. Laubscher
8850T FR A. R. Smith
14742Y RSO D. R. Sanger
3414K FR R. Simpson
8484W FR L. C. P. van Tonder

Midlands

7422R FR J. H. Burger
7625M FR G. K. Foreman
8371Y FR I. L. Ferreira
8640Q FR I. M. Moolman
8692X FR J. E. T. Baird
8693Y FR G. G. Tammadge
8771H FR L D. McAplin

Salisbury

3317E FR D. Thomassett
3335Z FR R. H. Flavell
3344J FR A Turner
3374R FR B. G. Ridge
3392L FR A. B. W. Impey
3422T FR D. J. Lunn
3768V FR J. B. Black O.B.E., D.F.C.
3890C FR R. L. W. Chambers
4004B FR W. T. B. Ramsay
4005C RSO P. M. Robertse

7114G FR E. G. du Plooy
8006B FR E. Morris, M.C.
8019Q FR J. Eyre
8039M FR D. F. Eburne
8047W FR N. C. Rollett
8090S FR B. B. Levings
8096Z FR J. T. Sinclair
8131M FR R. C. Dunkerley
8151 J FR J. R. Tattersfield
8166A FR R. B. Diesel
8171F FR T. J. Dumont de Chassart
8192D FR L. B. A. Codd
8234Z FR V. N. Chamberlain
8235A FR N. S. Watridge
8237C FR C. B. Jackson
8241G FR E. N. Bramsen
8242H FR B. E. Frost
8253V FR R. G. S. Richards
8256Y FR D. C. Darby
8259B FR A. White
8303Z FR D. Brook
8334H FR G. F. Edyvean
8335J FR R. V. Campbell
8345V FR A. J. Hermann
8356G FR R. A. Freeman
8357H FR S. F. Kelland
8364Q FR V. G. Scott
8374B FR P. J. Lolliot
8383L FR M. A. Tarr
8408N FR K. S. Cross
8444C FR A. R. Burnett
8449H FR G. G. M. Genet
8459T FR A. Stevenson
8498L FR D. Rogerson
8506V FR G. K. Pitzer
8520K FR L. A. Coleman
8529V FR C. W. J. M. Baillie
8534A FR D. W. Lee
8537D FR E. Bondi

Police Reserve Long Service Medal

8553W FR J. V. Alexandre
8576W FR J. A. Derry
8704K FR K. W. Latham
8761X FR P. J. M. Wilde
8773K FR W. L. C. Dower
8787A FR O. J. Budd
8814E FR S. R. Funks
9207G RSO J. W. van der Berg
9948M RSO R. Thompson-Holland
11579K RSO E. N. T. Rochester
14993W RPO H. K. Hodges
8292M FR D. Garner

9.5.1975

Manicaland

8404J RPO I. D. van Renen
8652D FR R. A. Eardley
8683M FR C. H. Atherstone
8804T FR M. W. Blake
8832Z FR R. R. Musto
8929E FR N. E. R. Nilson
8981L RSO J. B. Russell

Mashonaland

3701X FR G. A. Purchase
4443D FR H. V. James
7351P FR N. J. Royston
7590Z RPO R. K. A. Jarvis
8064P FR S. Georgiou
8308E FR M. F. Glenny
8466B FR E. J. Wiggill
8569N FR J. Nortje
8624Y FR A. T. Willis
8680J FR M. A. J. Bailey, M.S.M.
8702H FR C. McAlister
8731P FR N. T. Noble
8750K FR P. L. Straarup
8775M FR B. Norton

8859D FR R. J. McKersie

Matabeleland

3350Q FR M. B. L. Payne
4219K FR R. H. Adams
4632J FR M. L. Steward
5502E FR A. M. Rinke
5901N R Insp G. N. Thomson
6690W FR S. R. Nicolle
7064C FR A. P. Knoesen
7458F FR L R. Drummond
7558P FR D. R. Drummond
7796Y FR A. S. A. Henderson
7938C FR A. J. Gallacher
7943H FR D. E. Hunt
8114T FR H. E. Eppel
8266J FR W. H. Smith
8433Q FR C. J. C. Pritchard
8523N PRP I. M. Henderson
8601Y FR A. D. E. von Riesen
8873T FR F. Williams
8877Y FR B. W. Bonthuys
8879A FR H. T. Busschau
8909H PRP P. F. Scales
8911K RPO O. L. Strugnell
8940R FR A. J. Reyneke
8949B FR F. Duckworth
9050L FR J. M. van der Merwe
9121N FR I. R. L. Morris-Eyton
9122P FR R. R. L. H. Greaves
9134C FR W. R. C. Methven
14684K RSO T. W. Jennings
15031M FR D. G. Norman
15414D RSO D. R. B. Brown
15649J RPO G. Elsmore-Cary

Midlands

3265Y FR C. J. Fowler
3381Z FR M. W. Pretorius
3882T FR J. H. Varkevisser

Police Reserve Long Service Medal

4044V FR G. C. Hepple
4148H FR A. E. Hossack
4151L FR R. F. Corbett
4457T FR H. F. Meyer
4481V FR A. E. Bull
4662R FR H. A. Tyzack
5319F FR E. R. Marillier
5628R FR G. M. Ashforth
6263G FR M. A. C. Kingcome
6523P FR D. B. Masson
6840J FR D. S. Leech
7287V FR M. D. Campbell
7441M FR T. E. Waters
7908V FR R. Scott-Moncrieff
7970M FR J. H. J. Bower
7982A FR D. J. Erasmus
8123D FR M. J. J. Botha
8216E FR M. F. G. Cadiz
8473J FR A. R. Mountain
8485X FR W. H. Boise
8719B FR S. T. Webber
8733R FR O. C. Robey
8767D FR E. R. Parkin
8772J FR P. J. Wixley
8856A FR M. Ferreira
8908G FR J. H. Smith
8975E FR M. H. Bailey
8998E FR L. R. Melville
9006N FR A. Naryshkine
9011T RPO W. Davis
9022F PRP V. A. D. Browne
9030P FR R. E. Jenkinson
9104V FR G. E. Moorcroft
12554V FR V. A. Woolf
13446P R Sec Off A. Dale

Salisbury

6998F PRP J. H. Magee
7006P PRP P. P. Palmer
8819K FR D. J. Donkin

8824Q FR A. J. Kohler
8833A FR M. R. A. Asham-Capell
8845N FR D. J. Hunter
8904C FR M. W. Gethen
8961P FR J. E. G. Barritt
8890M FR C. P. Bache
13500Y FR G. Montgomery

Victoria

6108N FR W. T. Gilfillan
6786A FR A. Z. A. Briel
7955W FR G. T. Flaxman
8664R FR A. D. Duncan
8706M FR N. J. Smit
8899X PRP R. E. Style
4483X FR A. G. Jenkinson

31.10.1975

Manicaland

8682L FR W. Hodges
8865K RPO P. G. Kenchington
8869P FR V. L Versfeld
8886H FR G. F. Stubbs
8934K FR P. J. Smuts
8982M FR B. R. Tough
8989V FR W. G. Langlois

Mashonaland

7737J FR R. P. Wheeler
7810N FR A. L. Clark
8104H FR I. A. Bowen
8217F FR N. J. B. Theron
8342R FR I. A. D. de Villiers
8626A FR W. R. H. Daniels
8638N FR P. B. Brits
8742B FR P. H. Hammon
8756K FR K. H. Cawood
8795J FR M. P. C. Bartlett
8818J FR B. J. P. Taylor

Police Reserve Long Service Medal

8862G FR J. A. Wilkes
8864J FR R. W. H. Powell
8887J FR S. B. Grinham
8984P FR J. T. Dodd
8987S FR J. G. Wilson
8988T FR A. G. Crouch
9010S FR A. A. H. Beresford
9021E FR W. H. Jacobsz
9072K FR G. H. Palmer
9073L FR S. du P. Meyer
9112D FR C. M. C. MacKenzie
9113E FR W. A. Stegman
9128W FR D. E. R. Stockil
9164K FR D. B. Ansley
9230G FR J. B. de S. Mason
9258M FR J. W. H. Crause
9529G FR W. E. Collett
9692J FR H. I. Burton
9737H FR D. H. Cowap, M.C.
9790Q FR P. J. Harris
9846B FR A. W. Green
9889Y FR D. W. Johns, M.S.M.
10001V FR C. Barkus

Matabeleland

2049B R Insp J. Fowler
*4213D FR L. de K. Meyer
7708C FR J. Harris
8112R FR K. H. Shaw-Johnston
9152X FR J. N. G. Biffen
9175X FR W. Luker
9178A FR G. H. Marsh
9183F FR F. V. Tuer
9188L FR R. V. Petersen
9217S FR S. E. Knight
9222Y FR A. J. C. Bethune
9223Z FR F. C. Swain
9226C FR B. R. Elkington
9231H FR J. K. Marais
9235M FR C. W. Henderson

9278J FR E. C. Levey
9294B FR B. O. Bray
9318C FR A. L. Burke
9371K FR L C. Bull
9396M FR A. J. Groen
9408A FR A. M. Hutchison
9411D FR J. J. Knox
9428X FR G. J. O'Reilly
9429Y FR R. B. Owen
9445Q FR J. R. Sly
9450W FR C. D. Taylor
9454A FR H. M. Usher
9460G FR W. R. Wordsworth
9463K FR E. Widdop
9467P FR T. D. Gibbs
9476Z FR A. R. Clarence
9544Y FR I. M. Ireland
15894A R Insp J. Kennerley
4952G FR L. S. P. Smith
9272C FR J. A. Soutar

Midlands

3882T FR J. H. Varkevisser
4148H FR A. F. Hossack
5060Z FR J. Smit
5512Q FR A. N. Marais
6878A FR J. C. Friend
8621V FR G. N. B. Thomas
9063A FR W. W. Hocking
9069G FR R. W. Dipper
9139H FR S. Clayton
9154Z FR A. P. Engels
9191P FR R. N. Berry
9202B FR E. L. S. Wilkinson
9209J R Insp R. J. Herran
9355S FR C. J. Muller
9356T FR S. J. J. Cloete
9388D FR V. D. Delarre
9478B FR S. C. van Heerden
9488M FR J. W. Johnson

Police Reserve Long Service Medal

9503D FR E. R. van Niekerk
9526D FR A. V. Schaller
9588W FR D. W. Smith
9590Y FR H. J. Baker
9593B FR J. G. Pattison
10557Z FR J. N. H. de Clercq
21678M FR C. J. Schneider
A136 FR Limited
A454 FR Dzovani
A464 FR M. Matambo
A772 FR I. Hlasela
Al 305 FR T. Zhizhinji
8270N FR P. Greyvenstein
8917R FR W. Slawski

Salisbury

4045W FR P. T. W. Ironside, M.M.
4363R FR M. G. Hosack
4389V FR O. Goldsmith
4414X FR H. M. Boaler
4461Y FR A. T. Rice
4488C FR R. E. Colclough
4499P FR H. Taws
4506X FR R. H. Eastes
4648B FR R. I. Chittenden
4649C FR H. W. Demaine
4655J FR A. C. McLean
4738Z FR M. C. Battershill
7006P PRP P. P. Palmer
7089E FR S. W. Davel
7701V FR R. S. Cowan
8993Z FR. J. A. L. Thomson
8995B FR W. W. Schoultz
9012V FR D. J. Petrakis
9017A FR A. H. McGregor
9036W FR J. D. W. Martin
9070H FR W. D. D. Dron
9115G FR D. V. Bowen
9150V F. A. R. Dudney

9151W FR G. M. Cleveland
9232J FR P. J. Leggatt
9297E FR J. D. Norton
9336X FR G. E. Lay
9341C FR R. H. Clark
9345G FR F. Walker
9353Q FR L. T. Brunette
9387C FR R. T. Davey
9504E FR C. W. Wordsworth
8007C FR F. Stenson

24.9.1976

8982M FR B. R. Tough
8983N FR E. W. Coxell
9047H FR B. A. van Buuren
9068F FR B. Seymour-Hall
9168P FR R. C. Sindle
9173V FR B. M. Visser
9174W FR R. N. West
9213N FR W. M. Stokes
9358W FR A. Perepeczko
9367F FR W. B. Torrie
9553H FR S. J. D. Viljoen
9634W FR P. D. Hulley
9636Y FR K. W. Marshall
9721Q FR J. P. Scott
9738J FR J. F. Franklin
9778C FR H. P. Kloppers
9783H FR G. Combe
9784J FR J. L. Kelham
9802D FR M. R. Armour
9826E FR E. L. Wilson
9898H FR R. Huyser
10020Q FR D. M. Wiggins
10027Y FR W. E. D. Slack
10031C FR M. P. Sleigh
10095X FR P. A. M. Spence
10129J FR M. G. Kretschmer
10135Q FR J. A. Weeks
10140W FR R. A. O. Henggeler

Police Reserve Long Service Medal

10142Y FR J. H. van Reenen
10150G FR W. M. Duggie
10177L FR D. P. Lamb
10315L FR R. Farquhar
10327Z FR C. B. Prince
10392V FR R. W. Williams
10399C FR P. A. Markides
10400D FR J. E. Ramby
10404H FR R. T. Garvin
10406K FR G. S. C. Meikle
10456P FR P. S. Martin
10531W FR E. A. Weber
10565H FR C. Campbell-Morrison
10609F FR H. A. Wicksteed
10616N FR A. B. Fisher
10640P FR P. D. Basson
10777N FR W. S. Guthrie
10789B FR P. A. D. Whitfield
11412D FR G. J. van der Westhuizen
9093H FR D. R. G. Spargo
9116H FR W. O. Bowker
9148S FR G. J. de Wet
9165L FR T. F. Dreyer
9259N FR D G. Prince
9307Q FR H. G. Orchard
9364C FR A. D. Amira
9648L FR J. M. M. Paton
9684A FR S. A. E. Martens
9685B FR P. C. Nicolle
9686C FR D. E. Barnard
9691H FR H. P. van Heerden
9739K FR J. D. Kennedy
9770T FR C. G. Bennett
9775Z FR W. P. Renwick
9791R FR A. E. Ingram
9793T FR L. P. Steele
9854K FR N. Marillier
9892B FR M. P. Ricquebourg
9904P FR J. M. Sinclair
10000T FR L. M. Allen
10090R FR F. L. Hart
10093V FR P. H. Mugford
10121A FR J. D. Humphreys
10122B FR G. M. Shaw
10123C FR J. Carr
10126F FR B. J. F. Mundell
10246K FR J. J. G. van Ramesdonk
10254V FR P. L. Brereton
10339M FR K. W. M. Stewart
10343R FR D. S. Sinclair
10344S FR L. N. Watkins
10306B FR A. T. Korb
10329B FR L. C. Riley
10338L FR H. O. Flanagan
10357G FR N. B. Leared
10359J FR M. B. McGrath
10369V FR J. F. McMaster
10441Y FR J. U. Stanley
10497J FR J. B. Bowley
10525P FR C. T. Maclachlan
10555X FR T. F. Salthouse
10611H FR H. D. Baillie
10623W FR A. R. Pio
10624X FR R. B. Venn
10625Y FR N. G. Winskill
10638M FR C. J. Strydom
10757R FR R. Richards
10849R FR J. P. Meintjies
10870P FR J. W. Kent
10916P FR J. J. Brink
10919S FR P. S. Armstrong
10921V FR W. H. Postlethwayt
10977F FR H. H. McFadzean
11048H FR C. D. le Clus
11054P FR J. R. Hull
11143L FR J. A. Latter
11153X FR J. Waddell

Police Reserve Long Service Medal

11210J FR D. A. Duvenage
11238P FR D. H. Fox
11280K FR J. R. Aston
16348T FR D. H. MacKay
5141M FR H. T. Elliot
5663E FR J. Polisensky
6845P FR W. F. West
7996Q FR B. D. Wessels
8720C FR G. Gillwald
8921 WFR T. N. Botha
8953F FR E. G. Clark
8997D FR J. du P. du Toit
9018B FR J. E. de Wet
9149T FR W. A. Jameson
9181D FR D. H. McMurray
9295C FR N. Whitworth
9484H FR V. G. Fitt
9487L FR J. A. Human
9499Z FR K. L. Rippon
9506G FR J. H. Wessels
9507H FR E. E. Fritz
9512N FR J. B. H. Wiggins
9525C FR D. J. Reoch
9552G FR J. E. de Wet
9600J FR C. F. Dearlove
9602L FR G. C. Kruger
9604N FR R. S. Lane
9616B FR R. E. Parker
9640C FR J. N. Godsmark
9688E FR S. G. MacLaurin
9694L FR C. R. Scott
9701T FR W. G. Reay
9706Z FR G. B. Holing
9710D FR A. T. Stratford
9799A FR E. R. Saul
9803E FR W. F. Davies
9809L FR B. I. S. Tunmer
9852H FR M. J. Kok
9810M FR D. K. Davies
9855L FR S. G. West

9907S FR G. Beswetherick
9915B FR M. Robinson
9942F FR A. J. Fussell
10033E FR D. J. Viljoen
10038K FR B. J. Kirstein
10043Q FR A. G. van Heerden
10088P FR H. B. Wright
10187X FR J. J. Swanepoel
10275S FR D. Malcolm
10324W FR J. L. Paul
10397A FR P. W. A. de Klerk
10424E FR D. G. Clapham
10426G FR C. J. A. Kirstein
10427H FR A. D. Kok
10428J FR H. A. Smith
10429K FR J. J. van Vuuren
10464Y FR P. D. Heyter
10470E FR C. F. van Niekerk
10474J FR J. H. Pattle
10530V FR M. R. McCarthy
10529T FR L. Spies
10576V FR N. G. Baines
10577W FR T. Minaar
10584D FR M. C. Kirton
10678F FR V. A. Cockcroft
10679G FR G. Knott
10690T FR J. K. Hockey
10693X FR V. P. R. Newman
10699D FR W. G. Owen
11334T FR T. I. Ferreira
10702G FR M. D. Penman
10706L FR C. F. B. Watkins
10708N FR J. J. Burger
10739X FR R. Prescott Decie
10822M FR M. O. Francis
10828T FR A. W. White
10835B FR T. H. Fynn
10836C FR J. P. Odendaal
10839F FR J. C. Strut
10855Y FR A. J. A. Wilhelmi

Police Reserve Long Service Medal

10918R FR W. de Wet
10949A FR A. L. Davey
11006M FR H. Parkin
11008P FR T. A. Blackburn
11101Q FR J. Boyle
11120L FR P. J. Malan
11122N FR L. P. J. de Maine
11156A FR H. M. R. Barry
11183E FR H. F. de Lange
11185G FR W. B. Lawry
11193Q FR H. A. Carbutt
11198W FR D. W. Williams
11275E FR A. A. de Klerk
11303K FR S. W. Krull
11364B FR T. M. Lambert
11474W FR P. K. Vermeulen
11722Q FR F. A. O. Warwick
53GW WFR M. Johnson
71BW WFR I. C. Pretorius
80LW WFR J. A. Skipworth
A1074 FR Masula
A1286 FR Anas
A1456 FR Andrew
A1460 FR E. Chibuye
A1525 FR D. Ngandu
A1526 FR Polito
A1537 FR R. Sanangurayi
A1846 FR Chamunorgwa
A1854 FR E. Gwawuya
A1881 FR E. Sibotshiwe
A1899 FR S. Kandemiviri
A1904 FR Sangani
A2266 FR Timote
A2634 FR Sanyani
A3258 FR Peniyasi
A3945 FR Tauzeni
A4057 FR Purazi
A4142 FR Gwatirera
A4150 FR Swinurayi
A4220 FR S. Chimbiya

A4291 FR Elliot
A4560 FR T. Ncube
A4568 FR Petros
9801C FR W. I. Allen
7945K FR L. W. K. Ainslie
8502Q FR P. H. Fletcher
8566K FR B. Grimes
8713V FR D. F. J. Roffey
8732Q FR C. G. Promnitz
8793G FR D. E. Bourhill
8914N FR B. J. van Vuuren
9037X FR C. W. Loxton
9268Y FR S. K. Cawood
9816T FR P. J. Kloppers
10262D FR R. G. Jensen
10496H FR L. Bernstein
10498K FR G. M. Hilton-Barber
9549D FR M. H. du Preez
7006P FR P. P. Palmer
8853X RPO A. J. Goddard
8993Z FR J. A. L. Thompson
8995B FR W. W. Schoultz
9012V FR D. J. Petrakis
9017A FR A. H. McGregor
9059W FR K. G. Godwin
9070H FR W. D. D. Bron
9115G FR D. J. Bowen
9150V FR F. A. R. Dudney
9151W FR G. M. Cleveland
9171S FR J. B. Bester
9215Q FR D. E. Douglas
9232J FR P. J. Leggatt
9297E FR J. D. Norton
9336X FR G. E. Lay
9341C FR R. H. Clark
9345G FR F. Walker
9353Q FR L. T. Brunette
9387C FR R. T. Davey
9504E FR C. W. Wordsworth
9563T FR A. R. Brown

Police Reserve Long Service Medal

9569A FR F. W. Cross
9573E FR A. Gillman
9574F FR R. A. M. Harvey
9577J FR R. W. Kirkman
9586T FR P. A. Taylor
9587V FR W. S. Black
9620F FR H. G. Squires
9626M FR J. Woodcock
9656V FR C. F. Braham
9672M FR K. D. Walker
9674P FR P. H. E. West
9689F FR P. C. Rawson
9715J FR J. Holderness
9734E FR G. E. Newsome
9752Z FR A. G. Coke
9755C FR D. E. Ferguson
9761J FR W. T. Hunt
9839T FR W. A. Staude
9841W FR R. F. Tomlinson
9858P FR J. C. Andersen
9859Q FR A. S. Anthony
9862T FR R. A. Bone
9867Z FR T. R. B. Coom
9877K FR F. W. D. Holland
9878L FR A. B. Jarvis
9885T FR W. C. Wheaton
9908T FR K. A. Bromley
9933W FR G. J. Bishop
9936Z FR J. B. R. de Paauw
9937A FR P. R. Dibble
9943G FR R. R. Gee
9944H. FR D. J. Hampson
9950P FR A. H. Jordan
9954T FR A. D. Lawrence
9957X FR J. W. Minter
9979W FR J. A. Watters
10004Y FR B. S. C. July
10035G FR D. M. Austin
10091S FR P. R. G. Johnston
10100C FR A. Carli

10117W FR J. Ladley
10165Y FR J. W. Foulstone
10176K FR G. L. Hayes
10190A FR J. J. Smit
10211Y FR D. J. Franks
10230T FR K. V. Palmer
10233X FR A. W. J. Pooley
10234Y FR C. B. Pratt
10242G FR R. J. Stott
10253T FR A. N. Allday
10255W FR I. B. Campbell
10261C FR V. F. Hosking
10266H FR H. T. Mitchell
10271N FR E. A. Webb
10284C FR V. T. H. Ravenhill
10287F FR G. Westbury
10308D FR B. Schlachter
10354D FR C. P. Tilley
10355E FR H. W. Vere-Russell
10356F FR J. C. Kerrigan
10409N FR R. W. Day
10418Y FR P. H. de Klerk
10457Q FR M. E. F. Morris
10458R FR J. P. J. van Rensburg
10468C FR G. Taylor
10473H FR A. S. Holland
10504R FR S. D. Delport
10514C FR D. O. Mott
10527R FR D. S. Couper
10539E FR C. E. D. Silk
10543J FR B. J. L. Durand
10549Q FR G. B. Hammond
10573R FR D. L. L. Morgan
10595Q FR P. M. Jaffray
10599V FR G. H. J. Pozzo
10600W FR G. Elcombe
10601X FR N. E. Holmes
10606C FR K. M. Simpson
10607D FR G. M. Staunton
10608E FR E. M. Turner

Police Reserve Long Service Medal

10635J RPO W. S. McLeod
10704J FR T. L. Downing
10705K FR N. P. Silk
10726H FR J. A. Parker
10737V FR P. P. Montocchio
10741Z FR P. T. L. Chappe de Leon
10787Z FR J. D. le Roux
10796J FR A. I. Davis
10877X FR de A. S. R. de Wijze
10881B FR N. E. Oldenburg
10883D FR R. Robb
10887H FR A. Burgan
10891M FR K. R. Levings
10924Y FR C. A. Mesu
10983M FR A. R. Henson
11081T FR T. T. C. Laughton
11017Z FR R. D. G. Bromley
11024G FR A. M. Rosettenstein
11040Z FR C. Crowther
11083W FR A. G. Rogers
11201Z FR R. G. Kerswell
11204C FR K. C. Bossert
11209H FR D. J. du Toit
11276F FR R. L. Fotheringham
11242T FR D. L. Barnes
11220V FR D. K. Stewart
11277G FR D. B. Muskett
11278H FR K. B. Ross
11285Q FR G. G. W. Kileff
11287S FR A. P. Thorne
11311T FR W. J. N. Ascough
11340A FR R. A. Laming
11374M FR J. G. S. Morley
11377Q FR H. C. Simpson
11402S FR T. P. Tiran
11403T FR H. R. Heathcote
11415G FR J. E. Longmore
11426T FR I. Lurie
11427V FR K. A. Berger

11430Y FR A. R. Tarr
11454Z FR P. Lindsay
11459E FR D. Gill
1460F FR G. P. Greyling
19VW WFR J. E. Walker
52FW WFR H. C. Frost
SSJW WFR L. J. Squires
57LW WFR R. W. Howard
A415 FR Norman
A705 FR P. Nepara
A946 FR J. Chiku
A964 FR John
A967 FR Kutirayi
A968 FR T. Lucas
A1391 FR J. Manganhira
A1624 FR K. Chamirayi
A1790 FR Farando
A1806 FR Mbofana
A1808 FR Mudzingwa
A1849 FR Chipanera
A2045N FR Murindagomba
A2077 FR Office
A2080 FR Pamire
A2095 FR Robert
A2101 FR Saini
A2476 FR Makula
A2519 FR T. Naison
A2368 FR T. Tinawapi
A2726 FR P. Chonzi
A2832 FR Francisco
A2881 FR F. Murambiwa
A3124 FR Kaloti
A3424 FR Z. Sande
A3534 FR W. Saide
A3739 FR M. Fiva
11LW WFR R. G. Bossard
10664Q FR F. M. Furber
8955H FR G. W. Heasman
8959M FR J. H. Hattingh
8960N FR D. C. N. Starling

Police Reserve Long Service Medal

9026K FR C. J. Swart
9079S FR D. A. West
9085Z FR P. W. Plenderleith
9106X FR R. P. C. Udal
9182E FR H. A. Paterson
9497X FR J. R. Peyper
9535N FR J. Betteridge
9548C FR E. B. Hunt
9555K FR A. B. Guttridge
9561R FR A. Mutsuris
9644G FR D. A. Fitzhenry
9650N FR A. C. Paley
9711E FR D. J. Theron
9786L FR A. E. Phillips
9851G FR L. M. J. Lagesse-Labat
9922J FR A. Zographos
10059H FR P. I. W. Hughes
10068S FR H. P. Erasmus
10069T FR C. J. van der Vyver
10297R FR G. G. Stubbs
10372H FR J. R. Coleridge
10486X FR A. C. Oosthuizen
10548P FR E. L. Moss

22.10.1976

4117Z FR D. A. Walton
4904E FR K. M. E. Baum
4967Y FR O. P. Bosch
6450K FR R. Agnew
7587W FR D. Harding
7708C FR J. Harris
7862V FR K. D. Hamill
7949P FR M. Scott
7986E FR A. J. Hore
8193E FR J. G. Hayward
8432P FR C. F. McCormick
8769F FR J. W. I Brownlee
8810A FR G. L. Fraser
9189M FR E. F. Wills
9225B FR I. E. Holshausen

9239R FR H. S. Norton
9262R FR D. C. Shraga
9434D FR B. Ross
9520X FR P. W. A. Botha
9542W FR A. J. Grobler
10041N FR R. A. Alcock
10072X FR K. H. Keogh
10668V FR G. N. Lushington
10672Z FR A. G. Pankhurst
10935K FR L. T. Davies
10991W FR R. O. Daynes
11073K FR A. de L. R. van der Hoff
11085Y FR F. R. Charnley
11166L FR G. H. Green
11168N FR D. S. Parkin
11180B FR E. G. Williams
11199X FR B. D. Robinson
11259M FR C. M. Randell
11628N FR W. D. Robinson
11439H FR H. D. Hattle
11452X FR M. K. Phillipson
11523Z FR D. T. Benbow
11524A FR J. R. Feuilherade
11527D FR W. R. Gass
11629P FR M. Rudnick
11634V FR M. W. Chennells
11778B FR W. E. H. Cumming
11948L FR R. G. Kay
11956V FR A. P. Kavanagh
11948X FR D. R. Whitehead
11965E FR D. A. Beecham
12072W FR B. J. Berry
12073X FR E. G. Perkin
12146B FR J. M. Coom
12157N FR C. R. D. Wooler
12178L FR N. R. Jones
12187W FR M. M. Cran
12300T FR L. de Witt
12419Y FR R. T. Fisher

Police Reserve Long Service Medal

15649J RPO G. Elsmore-Cary
16008Z RPO D. G. L. Batte
16228N RSO P. S. Lemon
7715K FR T. J. Steyn
9312W FR D. C. Mason
11170Q FR J. J. Wardle
11173T FR J. C. Pigott

18.2.1977

Manicaland

9365D FR M. Pengelley
9634W FR P. D. Hulley
10020Q FR D. M. Wiggins
10097Z PRP J. W. Aitken
10132M FR S. H. Barnard
10302X FR I. R. Allen
10390S FR X. N. J. van Vuuren
10522L FR A. H. Joubert
10680H FR D. I. M. Biziaco
10744C FR M. Coetzee
10745D FR R. D. Carshalton
10778P FR A. C. Moore
10882C FR R. E. Patterson
10905C FR S. Joubert
10906D FR D. V. Odendaal
11070G FR J. P. K. Freeland
11071H FR J. A. Loubser
11142K FR J. S. Kotze
11148R FR J. A. Kok
11157B FR K. P. Curran
11158C FR L. G. Harrold
11290W FR C. A. Steyn
11298E FR B. D. Moolman
113565 FR M. Barrett
11358V FR J. N. E. Scott
11456B FR K. H. Chilton
11501A FR M. G. le Patourel
11516R FR A. B. Margesson
20754H FR E. C. Palmer

38QW Wm FR V. Tough

Mashonaland

9067E FR G. J. White
9131Z FR G. W. Donald
9212M FR N. R. Phillips
9687D FR B. C. W. Hacking
10113R FR M. C. Schippers
10171E FR N. J. Melrose
10311G FR G. T. Young
10328A FR J. M. Barker
10574S FR T. D. Deere
10634H FR J. J. Kloppers
10832Y FR B. F. A. Horsley
11151V FR L. P. Marais
11319C FR K. Ogden-Brown

Midlands

8916Q FR R. G. Pringle
10063M FR A. G. Cornish
10396Z FR J. R. Wickham
10666S FR N. B. Hannam
10932G FR S. J. M. Lombard
11121M FR P. G. de Wet
11176X FR E. M. Hundermark
11184F FR L. N. du Toit
11337X FR B. S. Illman
11535M FR T. J. Rorke
11655S FR W. A. Oosthuizen
11676Q FR J. M. Riddle
11680V FR D. H. Jones
11682X FR F. J. Prins
11783G FR S. J. van Niekerk
11810L FR K. H. Bartholomew
11844Y FR C. E. J. Niehaus
11845Z FR T. A. Niehaus
11981X FR W. D. Johnston
12008B FR M. W. Jamieson
111VW WFR C. S. Thomas
136XW WFR J. P. Andrews

Police Reserve Long Service Medal

195LW WRPO C. Charsley
A4817 FR Dzakayi
A5170 FR Matingimu
A5181 FR I. Dzene

Former members

11010R FR C. N. M. Thomson
11053N FR P. F. Ford

Salisbury

11103S PRP H. Cowan
11104T PRP A. G. Stam
11540S FR C. Mackay
11552F PRP G. H. York
11581M FR I. L. Wynne
11644F FR A. P. Horsman
11646H FR H. R. Hubbard
11693J FR A. W. Addison
11727W FR W. H. Searle
11823A FR T. A. Bell
11836P FR G. Bezuidenhout
11862S FR W. A. Treacy
11865W FR E. Dalton
11901K FR W. Roth
11928P FR H. S. Hillman
12063M FR C. P. W. Johnson
15140F FR J. R. Barnes
48BW WFR D. M. McLean
202TW WRPO F. G. Armstrong

Former members

9171S FR J. B. Bester
9736G FR R. Smith
9977T FR G. F. Thomas
10728K FR H. Stiel
11971L FR A. J. Smith

18.3.1977

Mashonaland

8863H FR E. G. Jonker
8932H FR C. M. Mallet
9048J FR J. H. Abraham
9676R FR J. E. G. Lywood
9790Q FR R. J. Harris
10005Z FR F. J. Kotze
10103F FR F. C. Newland
10106J FR J. M. Wheeler
10108L FR W. H. A. Raynor
10109M FR M. C. C. Vind
10172F FR P. J. Worsley-Worswick
10182R FR F. J. H. Roux
10199K FR J. P. Ashdown
10277V FR D. M. Parham
10310W FR D. A. Whittingham
10303Y FR K. C. Baisley
10305A FR G. W. Gresty
10321S FR J. J. Webb-Martin
10325X FR F. K. Platen
10340N FR F. J. W. Pistorius
10643S FR H. G. Faber
10646W FR H. J. H. Wolton
10755P FR M. J. Huggins
10758S FR J. A. L. Staunton
10763Y FR T. Negri da Oleggio
10780R FR G. P. Driver
10850S FR D. H. Stodart
10901Y FR G. O. E. Schwikkard
10914M FR F. P. B. du Toit
10974C FR C. V. R. Allison
10980J FR B. C. A. Pienaar
11047G FR D. W. Wright
11056R FR W. R. Hulme
11058T FR W. M. Clark
11060W FR J. N. L. MacIlwaine
11061X FR J. R. Rutherford

Police Reserve Long Service Medal

11066C FR O. W. Thwaites
11067D FR M. B. Tippett
11351M FR F. Kristiansen
11414F FR M. H. Redelinghuys
11144M FR L. L. Harley
11503C FR C. J. Carter
11507G FR P. K. Casey
11510K FR P. S. W. Bradshaw
11539R FR C. R. Kessler
11545Y FR D. I. Beckley
11556K FR D. I. Bulloch
11559N FR A. J. Roux
11586S FR R. M. L. Morant
11589W FR D. N. H. Tomlinson
11610T FR J. A. J. Bibby
11709B FR S. H. Terblans
11726V FR A. V. Lester
11771T FR N. U. Mossop
11864V FR H. P. Curry
11890Y FR A. S. Charters
11895D FR C. J. F. Kunhardt
11896E FR J. W. Malzer
11902L FR I. D. G. Steel
11903M FR G. F. Whaley
11990G FR K. H. Wiggill
12064M FR J. E. Kotze
12127F FR J. B. Conolly
12137R FR L. L. Volker
12168A FR G. P. Piers
12172E FR J. W. Field
12173F FR A. M. H. Wessels
12210W FR D. E. Evans
12263D FR C. W. B. Leatham
12266G FR J. G. du Preez
12268J FR G. Pretorius
12342P FR J. Getty
12339L FR R. J. Brooker
12406J FR O. P. Connor
12460S FR R. T. Milne
12496G FR J. P. Smit

13050J FR G. P. J. Botha

Midlands

10461V FR R. T. Etheredge
12029Z FR F. R. Marsh
12091R FR W. D. Hampson
12152H FR H. G. Visser
12159Q FR L. Meadow-Taylor
12170C FR W. C. Steyn
12199J FR L. F. du Toit
12200K FR R. W. Stevens
12330B FR D. J. Smit
12331C FR N. J. Prioleau
12663N FR L. A. Lamprecht
16379C RPO E. Bowes
A1893 FR T. Wuchirayi
A3015 FR Timoti
A4011 FR Kavumba
A5372 FR Imbayarwo
A5375 FR P. Miahliwe
A5869 FR John
A5942 FR J. Mutambiranwa
A6158 FR Asfart
A6213 FR B. Zvitambira
A6256 FR J. Musinahama
A6260 FR K. Tobaiwa

Salisbury

9730A RSO C. M. Cole-Brown
12075Z FR T. C. W. Sheasby
12083H FR T. J. O'Brien
12095W FR C. T. King
12097Y FR A. R. Kitto
12101C FR N. S. Lindsay
12109L FR N. D. Pascoe
12176J FR D. Tannahill
12204P FR A. Craddock

22.4.1977

Mashonaland

3520A PRP R. P. Smith
7506H FR R. E. Gilmour
7845B FR C. A. McKersie
8785Y FR H. E. Schultz
8806W PRP M. Anthony
8826S FR W. Kavonic
8827T FR M. Watson-Smith
8828V FR J. D. Irwin
8847Q FR R. H. Newett
8888K FR H. Conradie
9338Z FR A. Dowding
9792S FR M. A. Marillier
9796X FR H. W. Bosman
9890Z FR P. W. Denton
10141X FR P. L. Meyer
10260B FR H. W. Higgs
10278W FR M. E. Butler
10283B FR L. J. Graham-Owen
10472G FR B. H. De Wet
10569M FR L. P. Lemmer
10614L FR E. H. Thurlow
10743B FR R. G. Werrett
10754N FR K. Bezuidenhout
10783V FR S. L. Kruger
10784W FR J. D. Marais
10785X FR R. S. Purkiss
10848Q FR L. C. Stolzer
10856Z FR G. C. Steyn
10895R FR P. J. R. de Beer
10896S FR J. C. Launder
10913L FR A. F. Willcock
10968W FR P. E. Taylor
10984N FR N. H. J. Matthews
10985P FR T. W. R. Muir
10987R FR B. J. N. West
11041A FR L. de V. du Preez
11064A FR J. Vosloo
11072J FR G. N. Richardson
11139G FR D. Beavon
11140N FR R. M. Chance
11149S FR C. H. Skilton
11222X FR H. F. McK. Garmany
11223Y FR E. W. Sinclair
11346G FR I. F. Barclays
11347H FR J. W. Hewat
11349K FR T. A. B. Redlinghuys
11388C FR P. V. A. Krahner
11416H FR R. B. Struthers
11425S FR H. B. Louwrens
11514P FR B. T. Pardon
11529F FR D. Cooper
11602K FR J. W. Bursey
11605N FR R. E. W. Walker
11711D FR A. de Lange
11753Z FR A. K. Standage
11816S FR R. F. Brink
11855K FR L. J. Grobbelaar
11863T FR F. H. van Reenen
1189X FR A. S. Carew
120210 FR R. J. Bennett
12107J FR D. M. McGhie
12140V FR A. R. Kirkman
12141W FR R. F. Reeves
12142X FR P. A. Taffs
12180N FR W. J. Claxton
12234X FR M. O. Graham
12240D FR R. H. B. Birdwood
12242F FR M. O. Graves
12248M FR D. D. Turner
12348W FR G. K. Singleton
12349X FR H. Wickham
12382H FR P. M. B. Rogers
12405H FR P. G. Raath
12487X FR T. G. C. Yeomans
12612H FR J. R. Pearson
200082E WFR V. Ankers
200236X WFR A. L. McChlery

Police Reserve Long Service Medal

200240B WFR K. J. Reed
200242D WFR M. I. B. Boltt
A1271 FR Musavaya
A1273 FR A. Singadi
A1701 FR S. Munemo
A4668 FR L. G. Nyamatansa
A4999 FR J. Tamike
A5502 FR Arthur
A5507 FR J. Chishanu
A5618 FR J. Gilbert
A5620 FR Jowini
A5622 FR Kasiya
A5630 FR Samson
A5705 FR Langton
A5918 FR J. Chiwungwe

Midlands

12433N FR R. H. Vaughan-Evans

Salisbury

12213Z FR D. C. Hoyes
12214A FR J. D. A. Huddy
12216C FR K. H. Lloyd
12227P FR R. H. Wood
12251Q FR F. W. Gilling
12252R FR H. R. R. Metelerkamp
12261B FR R. G. Bridges
12262C FR C. D. Gael
12270L FR R. W. Douglas
12307B FR M. A. Wood
12341N FR H. S. Perry
12360.1 FR W. R. Nielson
123685 FR D. N. Tomlinson
12370V FR W. C. Stewart
12396Y FR J. C. Dunn
12401D Fr 0. D. Mennie
12413R FR J. W. Barrett
12448E Fr J. M. Whitworth
14516C FR D. Ashton

30.9.1977

*2011K R C Insp E. Marshall
*5174Y FR W. J. D. le Grange
*7050M RPO R. Alters
*5195W R Insp D. Moores
7348L FR D. A. Vissian
10026X FR A. A. Riddell
10395Y PRP J. S. Ball
10762X FR M. C. Reynolds
11145N FR D. G. van der Spay
11498X FR D. G. Peacocke
11659X FR N. F. D. Powell
11664C FR M. M. Rabe
11715H FR L. Ferreira
11729Y FR A. B. K. Viljoen
11742M FR J. J. Scholtz
11758E FR E. H. Horwood
11768Q FR J. S. Vorster
11820X FR D. E. Durrant
11830H FR P. R. Gresham
11840T FR G. G. Appleton
11883Q FR R. J. Eksteen
11908S FR G. I. du Plessis
11911W FR J. W. Clarke
11914Z FR D. R. Smith
11915A FR M. E. Thompson
11935X FR M. F. van As
11966F FR W. J. Mulder
12017L FR C. E. Olen
12042N FR F. C. Cruger
12044Q FR N. M. M. Wilde
12053A FR B. R. Willard
12120Y Fr J. van Lent
12160R FR P. J. Harvey
12175H FR J. du Toit
12189Y FR P. H. Alexandre
12192B FR J. H. B. Herrer
12253S FR D. C. Moore
12267H FR J. A. Leeman
12272N FR T. L. Bragge

Police Reserve Long Service Medal

12273P FR F. D. Elias
12288F FR M. S. H. Steyn
12357F FR D. H. A. Valentine
12443Z FR F. J. Smart
12454L FR R. Odendaal
12462V FR D. M. Hume
12463W FR J. S. Noble
12542G FR K Ewart
12730L FR W. C. Goodman
200253Q WFR S. L. du Plessis
200286B WFR S. M. Diss
200291G WFR V. M. Hywood
200300R WFR L. Masson
10139V RPO J. R. Hamilton
10485W FR W. E. P. Nel
10536B FR T. W. Girdlestone
10587G PRP P. S. Grobler
10711R RPO S. R. R. Dakin
11051L FR D. I. Coles
11114E PRP F. J. S. Bradshaw
11164J FR J. A. C. Wood
11465L FR B. N. Simpson
11500Z RPO G. M. B. Bell
11675P FR H. A. Jackson
11749V FR A. D. Beamish
12004X FR C. J. Strong
12035F FR E. Hensley
12038J FR J. A. Trevelyan
12058F FR P. C. Whittall
12134N FR C. E. Holmes
12166Y FR J. Barton
12167Z FR R. H. W. Howes
12185T FR D. P. Mullock-Bentley
12193C FR M. M. Ervine
12284B FR W. J. Hughes
12354C FR T. Harrington
12375A FR D. B. White
12377C FR H. C. Louw
12953D FR N. G. Payne
200134L WFR D. H. J. Laver

A894 FR Nyabengo
A6139 FR Delekani
A6232 FR Zhuwao
5160H FR J. B. Sellman
7358X FR A. E. Simpson
8872S FR B. J. Lowenthal
8969Y FR R. P. Verster
9300H RPO A. J. J. van Tonder
9844Z FR C. H. Jansen van Rensburg
10493E FR B. L. Bowyer
10801P FR B. P. Hinde
1103J FR D. W. Wathen
11997P RPO L. D. Borra
12306A FR N. J. Taylor
12528R FR C. A. S. Higgins
12599T FR W. R. Ballantine
12625X FR D. E. Carbutt
12739W FR I. R. Bates
12798K FR W. J. M. Shaw
12800M FR J. V. B. Ward
12810Y FR R. H. Little
12864G FR C. J. James
13805E RPO H. J. W. Morton
15181A FR M. Wilkins
16469A RPO F. G. Switzer
9702V FR E. H. Coomer
11492Q FR R. Peacock
12321R FR H. T. Deetlefs
12508V FR T. M. Cruickshanks
12716W FR F. E. Atherstone
12767B FR D. J. B. Kirstein
9661A FR D. J. Gray
10654E FR T. Kille
11583P FR C. E. Davie
12451H FR G. J. D. Torrington
12582A FR F. R. Nysschen
14815C RPO K. Watson
15182B FR D. L. Gird
15680S RSO M. S. Curtis

178

Police Reserve Long Service Medal

15918B RSO B. C. Smith
16055A FR R. E. W. Howells
16267F FR E. A. Alford
200228N WFR M. F. Lumholst-Smith
200262A WFR L. A. Paxton
200268G WFR N. Gaines-Burrill
200297N WFR M. Few

7.10.1977

10323V FR I. A. Neilson
200335E WFR I. R. Rogers
8791E FR W. W. A. Selkirk
9092G FR A. K. von Memerty
9111 C FR J. D. H. Hopley
10703H FR D. S. Brownless
10873S FR A. R. Mackie
11152W FR W. C. C. Millar
12183R FR A. D. R. Morris-Eyton
12525N FR R. E. Price
200345Q WFR Z. C. Luitingh
200458N WFR A. Hopley
200606Z WFR O. McLean
12867 FR A. Moerman

25.11.1977

*2096C R Insp I. Albon
*2256B RSO T. Allsopp
*6979K R Insp M. G. Crosbie
5685 PRO T. R. Stanning
7231J PRP M. J. Dawson
11473V PRP C. F. Haasbroek
11558 FR H. Ferreira
11604M FR W. F. Crichton
11991H FR G. D. Richardson
12274Q PRP W. H. Barton
9155A FR W. P. de Klerk
9184G FR G. A. Smith
9185H FR R. E. Blackett
9391G PRP M. L. Griffin

9448T FR D. E. Tyrer
10443A FR J. R. Hill
10484V FR T. J. Net
10806V FR G. Odam
11774X FR C. G. Kalk
11258L PRO T. R. Prior
11399D PRP W. P. Norvall
12186 PRP C. L. Bickle
12552S FR J. P. McCay
12907D FR J. N. W. Lister
12977E FR P. R. Mountford
13030M RPO P. Botwright
13066B FR T. R. Bassett
13083V FR C. D. Theron
13092E RSO F. Morgan
13102Q FR G. T. Griffin
13188J RPO C. B. B. Rachbind
13403S FR W. H. Spiret
13421M FR W. J. Lucas
13489L FR G. J. Lacey
13497V FR I. A. Behr
13707Y FR E. F. Potgieter
7956X FR F. Forman

2.12.1977

8468D FR M. Geldenhuys
8852W FR H. S. Elsworth
8918S FR O. P. Sivertsen
8954V FR P. R. F. Naude
9020D FR J. J. Burger
9146Q FR W. C. Patching
10440X FR P. D. Semour-Smith
11190M FR J. J. Hoffman
11194R FR L. J. Venter
12393V FR L. J. Friend
12441X FR J. F. Groenewald
12580Y FR L. I. Radloff
12632E FR W. T. Peverett
12727H FR B. W. Raine
12745C FR A. W. Hibbert

Police Reserve Long Service Medal

12911H FR D. L Joubert
12958J FR R. D. Kent
13043B FR A. McKee
13227B FR P. K. J. Potgieter
13419K FR D. J. MacDonald
13622F FR L. B. Tooms
200111L WFR C. S. Thomas
13158B PRO C. G. Stevenson
200400A WRPO D. A. Creigh-Smith

7.7.1978

Manicaland

200290F WRPO A. E. Laughlan
200331A WFR J. Meikle
200383G WFR E. M. Danby
200384H WFR M. G. Martin
200427E WFR J. P. Bickersteth
200428F WFR P. L. Kennedy
200453H WFR P. A. Shaw
2004628 WFR R. M. S. Vickery
200476H WFR E. M. Carshalton
200479L WFR E. V. K. Evers
200484R WFR J. F. Dawson
200563C WFR L M. Howe
200568H WFR G. Goldsmith
2005691 WFR C. H. Joubert
200571L WFR A. M. Odendaal
200589F WFR C. E. Du Plessis
200600S WFR D. J. Powell
200628Y WFR J. D. Wicker
200633D WFR P. G. Hoskins-Davies

Mashonaland

200220W WFR M. A. Shattock
2002o9X WFR W. F. L. Ogilvy
200302T WFR C. W. Booth
200304W WFR O. A. Light

200316.1 WFR D. A. Philip
200386K WFR E. I. Neethling
200490Y WFR B. M. Aylward
200534W WFR E. M. Johnson
20048L WFR A. A. Donnelly
200590G WFR L. A. Coleman

Midlands

200296M WFR J. E. Stedall
200362J WFR D. M. Calder
200443X WFR S. M. Burke
200584A WFR O. Jamieson
200596N WFR M. E. Francis
200641M WFR M. E. Stowell
200645R WFR J. W. Munro
200701C WFR S. Cowie

Salisbury

200320N WFR L. I. P. Ellis
200327W WFR D. E. Wells
200367P WFR P. A. Hill
200410N WRPO A. Harris
200449D WFR M. Garnett

Mashonaland

8414V FR M. D. Wiggill
8571Q FR G. M. Nieuwoudt
9531J FR A. J. Laurie
9720P FR W. J. Humphreys
9805G FR A. V. Jackson
10009D Sec Ldr J. H. Rae
10118X FR W. A. Nicol
10125E FR E. M. Micklem
101378 FR G. Le. S. Fischer
10161T FR C. L R. Elliot
10289H FR A. Ronald
10322T St Ldr A. R. J. Garrett
10332E St Ldr A. H. Logan
10333F FR A. J. P. Morkel
10335H FR L. L. Ross

Police Reserve Long Service Medal

10336J FR D. B. Spain
10364P FR A. H. Downes
10366R FR J. J. Hammond
10367S FR R. W. Horsier
10515D FR A. L. Mactavish
10538D FR I. R. Stacey
10620S FR C. J. Coleman
10621T FR D. A. Coleman
10749H FR A. Hastings
10753M FR D. F. Williams
10964R FR P. I. P. Scott-Martin
10971Z FR J. F. H. Staunton
10976E FR H. R. d'A. Bean
11 155Z FR J. S. Ferreira
11248A St Ldr P. H. de la Fargue
11288T FR A. M. Muller
11512M St Ldr P. A. Groenewald
11560P FR B. J. Leonard
11601J FR C. R. Barry
ll746R FR P. O. Butler
11916B FR T. W. Rae
11930R St Ldr L J. Leighton
12011E FR R. W. Kirkman
12256W FR N. H. Bennett
12277T FR L. W. B. Kershaw
12279W St Ldr D. R. Whitehead
19359H FR R. Napier
12456N Fr T. F. Fallon
12491B FR D. F. S. Hoets
12538C FR E. G. Blanchard
12539D FR W. J. van R. Muir
12541F FR D. Snook
12574R FR G. A. Palmer
12592L FR C. I. H. Stuart
12608D FR J. L. Philp
12609E FR K. T. C. Theuma
12613J FR R. Cresswell
12616M FR D. G. Galloway
12636J FR T. A. du Preez
12856Y FR A. C. Cook

12859B FR C. M. Nethersole
12874S FR N. G. Kennaird
12905B Grp Ldr P. A. L. Walsh
12908E FR G. A. H. Ball
12928B FR J. H. Tatham
13160D FR H. J. McEachern
13164H FR N. A. A. Stratford
13250B St Ldr P. J. E. Groot
13379R FR J. C. Nel
13416G FR W. J. Viljoen
A7164 FR Zonda
A9433 FR Boniface

Manicaland

12022R FR E. A. W. Arnold
12411P FR H. Roswell-Brown
12618P FR D. J. Johnson
12763X FR E. J. de Villiers
12764Y FR C. G. Woest
12789A FR J. R. Hildebrand
72795G FR A. J. S. van Emmenis
12852T FR H. Muller
12863F FR G. W. Thorogood
12876V FR J. M. de Kok
12909F FR E. R. Gillwald
12924X FR G. J. Terblanche
12945V FR K. G. A. Mageean
12956G Fr R. Costello
13027J FR D. Redman
13104S FR G. T. Harvey
13111A FR S. J. du Plessis
13118H FR S. W. du Plessis
13261N FR R. H. Donald
132885 FR Z. F. Joubert
13295A FR R. J. Greenaway
13298D FR I. J. Eksteen
13299E FR A. G. Gouws
13301G FR J. L. Martin
138115 FR D. H. Gibbon
13314W FR R. D. Rohey

Police Reserve Long Service Medal

13368E FR B. R. King
13369F FR A. L Hollaway
13372I FR P. B. de Klerk
13381T FR C. W. Erasmus
13382V FR N. J. Risseeuw
13392F FR M. D. Bishop
13393G FR J. G. Davison
13415F FR N. J. Oosthuizen
13438F FR D. L. Cruger
13439G FR J. L. Cruger
13482D FR C. J. Valintine
13513M FR A. F. Smit
13541S FR W. F. v. d. B. Morkel
13546Y FR D. D. Bleasdale
13610S FR R. P. M. Straatman
13632R FR R. W. B. Ward
13640A FR G. G. Coke-Norris
13724R FR H. A. Gifford
13725S FR W. A. Hodges
13775X FR P. G. Brown

Matabeleland

5531L FR J. H. K. White
7271C FR A. H. Allinson
8277W FR G. H. Ansell
9002J FR Y. R. Britz
9187K FR G. B. Herschel
9430Z FR G. B. O'Brien
9624K FR G. Parkin
9712F FR F. X. B. Couper
9714H FR P. G. Whittaker
10373Z FR A. Fuller
10410P FR E. Deysel
10671Y FR G. H. Oldham
11076N FR E. A. Aitken
11255H FR J. H. Lok
11638Z FR W. J. Mackintosh
11642D FR P. I. Prinsloo
12047T FR H. E. Little
12148D FR R. A. Hunter

12156M FR W. M. P. Wood
12158P FR C. Diedricks
12315K FR H. B. Ashburner
12384K FR W. A. Stuart
12596Q FR M. Levin
12803Q FR H. Breaks
12850R FR R. F. Rauch
13029L FR J. V. E. Wilson
13034R FR W. A. Pearson
13204B FR J. L. Mullins
13230E FR F. D. Richardson
13282L FR W. S. Beckett
13304K FR R. J. R. Millar
13521W FR A. C. van Wyk
13863S FR A. E. Carrier
13885R FR C. J. Diedricks
13958W FR E. B. Wilbore
14040K FR D. J. Catherall
16411M RSO L G. Ring
200012D FR V. Carnie
200017J WFR D. C. A. Notman
200125B WPO M. A. Coetzee
200187T WFR E. C. Good
200273M WFR B. D. Myers
200599R WFR M. D. Rosenfels
200721Z WFR J. M. White
200722A WFR Y. M. Rosenfels

3.11.1978

Midlands

3458H FR J. R. Gilmore
7363C FR J. S. Lyon
9426V FR R. D. V. Nothnagel
11761H FR J. F. Walden
12361K FR R. E. Henson
12492C FR P. R. H. Lacey
12676C FR L. D. C. Niehaus
12768C FR K. L. Sinclair
12885E FR H. Windle

Police Reserve Long Service Medal

12964Q FR G. Herselman
12992W FR W. C. Steyn
12993X FR R. A. Warren-Smith
13040Y FR S. Payne
13138E FR L. G. Heathcote
13167L FR J. N. Papenfus
13263Q FR B. M. Ferguson
13271Z FR D. Naude
13346F FR C. H. Atkins
13352M FR L. B. Burrows
13354P FR A. D. Swart
13385Y Grp Ldr G. V. C. Spanton
13386Z FR R. L Nelson
13397L FR M. J. Meintjes
13399N FR D. S. Bester
13424Q FR G. J. de Lange
13451V FR J. E. Fincham
13478Z FR D. Ferreira
13520V FR K. Folkertsen
13569Y Sec Ldr R. G. B. Spence
13570Z FR A. J. C. Wienand
13586R FR J. V. P. Edkins
13712D FR J. H. Newbold
15012R Sec Ldr H. R. Perryman

Victoria

10793F FR M. N. Crawford

Salisbury

95781K FR P. J. Lane
11216Q FR E. B. Scott
122335Y FR K. H. Jacob
12463[1 FR B. B. Wilson
12471E FR L. O. C. Roquette
12488Y FR L. Richards
12502N FR C. L. Baldcock
12505R FR S. R. Bell
12516D FR M. H. van Rensburg
12536A FR R. J. Snelgar
12515K FR B. L Herschel

12564F FR A. G. de Clerk
12584C FR A. Wickham
12601W FR R. M. Goodall
12615L FR L W. Towns
12630C FR R. Wells
12634G RPO M. W. Newton
126675 FR E. G. Barbour
12668T FR C. J. B. Sloot
12701E FR G. A. Lindsay
12713S FR D. M. P. O'Donovan
12733P FR W. H. Weeks
12748F FR J. A. Peterson
12755N FR A. F. MacKay
12887G FR B. B. Talbot
12903Z FR J. Wightman
12910G FR S. W. Rinke
12913K FR B. Poullaos
12933G FR E. R. C. Preston
12946W FR W. P. McCracken
12982K FR M. N. Dean
15321C FR F. Fisher-Robson
24577N FR S. van Niekerk

23.3.1979

Manicaland

*2669A R Insp A. P. Hitchman

Salisbury

*1120R FR A. D. St. Clair
*2085Q FR D. E. Arthur
*2210B FR W. H. Dell
*2781X R Insp D. G. Behenna

Matabeleland

*2660Q St Ldr E. C. Rogers
*8279Y RSO W. W. Uys

Matabeleland

200602V RWPO A. A. Borra

Police Reserve Long Service Medal

200767Z RWPO M. du Plessis
9395L FR H. Geddes
11273C St Ldr O. A. Goosen
12549P FR H. N. Morreira
12683K FR G. W. Binns-Ward
12823M St Ldr M. J. Quinn
12884D R Insp J. Pomfret
12914L FR C. R. Wilde
12930D FR G. A. F. Davies-Coleman
12970X FR I. G. R. Pattulo
13589V FR D. E. Robey
13604L FR F. J. C. Brown
13620D St Ldr R. C. Goosen
13699P RPO H. Bester
13709A FR P. H. M. Nash
13711C FR A. R. Tredgold
13729X St Ldr R. Carlton
13846Z FR H. P. Jessen
14013F St Ldr D. A C. Tredgold
14014G FR W. J. Teichmann
15583M RSO D. C. Richardson
16558X FR V. R. Amos
16867H RSO C. J. R. Jacobs

Midlands

13219S FR O. R. Tarr
13566V RSO J. L. M. Shelton
13614X FR P. H. Kemple
13616Z FR D. Angius
13627L St Ldr R. W. C. Roberts
13692G FR K. A. Fisher
13697M St Ldr H. Lavender
137025 FK J. G. Jacobs
13713E FR H. M. Butler
13730Y FR T. Christanakis
13763J FR H. S. Garner
13773V FR K. Hahn
13825B FR A. Cave
13826C FR R. G. Wedlake

13844X FR F. C. Jerome
13852F FR D. J. L. Forbes
13924J FR H. A. Osinga
13969H FR E. B. G. Cattelino
10271Y RSO S. J. van Dyk
16318L RSO G. R. Hendry
200656D WFR E. J. Flanagan
200708K WFR M. A. Reay

Mashonaland

4365T Sec Ldr A. G. Dix
5357X FR .I. C. Cullis
8885G Sec Ldr A. H. Williams
9094J FR R. H. Lamb
9592A FR G. Grant
9788N FR W. H. Boshof
10007B FR W. J. Weller
10018N FR F. N. Mead
10102E Sec Ldr S. R. G. Carey
10258Z St Ldr D. R. H. Hacker
10300V FR D. F. Weideman
10791D FR E. R. Linnell
10970Y FR I. D. Piercy
ll283N Sec Ldr J. Donaldson
11741L FR G. Prytz
11829G FR J. D. Stobart
12247L FR E. N. Tavener
12292K FR A. G. Stidolph
12381G FR M. F. Chance
12394W FR F. W. Buitendag
L2452J FR J. Webster
12533X FR W. A. Verhagen
12565G FR J. N. Clatworthy
12585D FR G. B. Emmerson
12590J FR A. R. Dore
12607C FR A. F. C. Harvey
12658H FR E. E. Robinson
12697A FR R. J. Wightman
12724E FR H. Balfoort
12773H FR B. R. Southey

Police Reserve Long Service Medal

12854W Sec Ldr D. H. Griffin
12901X Sec Ldr D. W. Ridley
12923W FR P. J. Heuer
12950A FR C. E. Stewart
13019A St Ldr M. M. Taggart
13020B FR W. W. Wolhuter
13028K FR D. A. Wilkinson
13078P FR G. M. Arnott
13165J FR J. W. Jacobs
13246X FR D. A. Oates
13247Y Sec Ldr G. P. Wray
13260M FR R. G. Rice
13283M FR J. D. Gilmore
13371H St Ldr E. J. Bishton
13380S FR J. N. Langley
13472S St Ldr G. W. J. Kloppers
13483E FR A. A. Smith
13493Q St Ldr B. B. Wakefield
13514N FR D. E. Gace
13526B FR M. L. H Christou
13556J FR D. A. Haliburton
13571A FR J. B. Cox
13572B St Ldr P. N. Wingfield
13588T FR B. J. Mark
13590W FR D. E. Thompson
13591X FR C. A. Athienitis
13602J FR A. H. O'Neill-Williams
13603K FR P. L. Swanepoel
13667E FR W. J. A. Wilson
13687B FR M. J. Vosloo
13691F FR P. C. Coetzee
13700Q St Ldr T. J. Skeen
13733B FR P. D. S. Hyde-Smith
13746Q St Ldr M. Heaney
13955S FR A. S. Douglas
13991G FR J. F. Douse
14005X FR M. Ramsay
19511G FR N. A. George
2020K FR D. H. Pascoe

25324A FR W. J. M. van der Merwe
200050R WFR I. M. Muir
200251N WFR M. M. Rowles
200306Y WFR P. L. Humphreys
200332B WFR A. G. Watson
200357D WFR D. L. le Clus
200372V WFR E. Z. Pascoe
200393L WFR J. A. Beckingsale
200424B WFR M. B. Webster
200489X Sec Ldr E. G. Williamson
200505P WFR S. F. M. Hensman
200509T WFR J. I. Purkiss
200512X WFR D. White
200535X WFR V. Garmany
200542E WFR B. E. McDiarmid
200603W WFR V. F. Dix
200604X WFR A. W. Duxbury
200607A WFR O. Stewart
200609C WFR D. M. Vaughan-Davies
200617L WFR E. M. Doré
200619N WFR P. P. Mead
200643P WFR S. V. Kennan
200670T W Grp Ldr J. M. A. Melrose
200674Y WFR R. E. Walmisley

Manicaland

A1834 FR Handirayi
A2138 FR Chaunda
A2164 FR Rupiya
A2176 FR Rabarira
A2985 FR Karasau
A3200 FR Chakanyuka
A3222 FR Makwanja
A4092 FR Izeki
A4663 FR Engesu
A4903 FR Chendisayita

Police Reserve Long Service Medal

A5039 FR Somanje
A438 FR James
A5480 FR David
A5587 FR Chadula
A6239 FR Mulima
A6241 FR Kanjawa
A6815 FR Poyamba
A7091 FR Samisoni
A7415 FR Charumbira
A7667 FR Buward
A7674 FR Mushayabuvdzi
A8244 FR Andriyeya
A8370 FR Gume
A8371 FR Holand
A9005 FR Chapocho
A9196 FR Bunga
A10006 FR Nyagato
A10428 FR Saimoni
13678H FR P. Suuring
13609R FR C. S. Morgan
13654Q FR E. L. Ferreira
13742L FR J. W. Fardell
13810K St Ldr C. Second
13827D St Ldr D. J. Mungle
13879K FR D. Coetzee
13909G FR A. McBride
13987S FR J. J. Vorster
14025T FR A. G. Olivier
14197F FR J. H. Gwyther
14411N FR A. W. Maggs
200639K WFR P. M. Bleasdale
200744Z WFR K. H. Gamble
200745A WFR J. M. Storrer
200747C WFR N. Peacocks
200756M WFR C. J. Tavener
200795E WFR A. M. Sang
200850P WFR E. Weeks
20072C WFR V. R. Humphreys
200753J WFR B. A. Staunton
200778L W St Ldr D. Murray

200826N WFR M. J. Grantham
200842F Sec Ldr G. B. Stobart
200846K WFR M. M. Partridge
200851Q WFR F. M. Price
200878V WFR T. S. F. Hurley

Victoria

8956J FR I. F. Dott
9830J Sec Ldr S R. W. Spencer
10834A FR J. J. Jackson
10863G St Ldr B. P. Collins
11189L FR F. H. Hill
11200Y FR M. F. Croxford
11265T FR K. H. Cunningham
11305M FR L. R. Pederson
11365C FR J. Henning
11505E Grp Ldr T. Field
11788M FR J. H. Erasmus
11797X FR W. J. Strydom
11801B FR G. S. Lombard
11814Q FR D. W. Douglas
11847B FR Y. B. de Chalain
11877J RPO D. A. Hegarty
11892A FR P. J. Field
11950N FR N. J. du Plessis
11993K St Ldr C. P. van der Sande
12046S FR J. M. Fraser
12079D St Ldr D. R. Castling
12184B RPO E. E. P. Burl
12289G FR R. W. Swift
12438T St Ldr S. J. Stander
12440W FR H. J. Groenewald
12579X FR D: G. Kennard
12686N St Ldr C. L. Adams
12692V FR M. B. Holtzhausen
12842H St Ldr G. J. Swart
12868L FR D. J. Prinsloo
12869M FR H. P. Prinsloo
12871P FR A. J. Fayd'Herbe

Police Reserve Long Service Medal

12986P FR. T. P. Braybrooke
13000E FR R. J. Tibbits
13039X FR D. Verheek
13221V FR J. van der Merwe
13234J Sec Ldr R. J. Alderton
13236L Sec Ldr N. D. Gullick
13273B Sec Ldr B. G. Austin
13278G St Ldr J. G. Nurse
13329M FR H. E. Fuchs
13452W FR A. J. Hempson
13575E FR J. G. Becking
13576F St Ldr E. I. Hapelt
13647H St Ldr J. T. van As
14024S Sec Ldr D. Tarr
200308A WFR S. M. Pretorius

Salisbury

3487P RPO G. Sives
9288V FR D. Bethell
10110N FR P. C. Ducker
11096K FR B. Bazley
12597R RPO T. D. Syminton
12942R RSO L. Smith
13015W FR P. S. Topping
13048G FR W. S. Hunter
13054N Sec Ldr R. W. Snyders
13081S St Ldr A. C. Daquino
13082T FR D. J. Pilbrough
13109Y Grp Ldr K. N. Webster
13130W FR M. J. Butters
132114 FR R. C. Ford
13238N FR A. D. Caley
13243T FR A. de S. Silva
13245W FR M. C. Lezemore
13272A FR W. A. Vasagie
13290V FR C. G. Marchant
13303J FR J. J. Sutherland
13341A FR J. H. Viljoen
13333R FR E. A. Ross
13347G Sec Ldr N. G. Gambiers

13406W FR J. H. M. van Zeeland
13407X FR G. J. Oliver
13429W FR D. W. Clarke
13494R FR R. C. Cary
13560N FR J. A. Roy
13580K FR R. M. Arnold
13599F Sec Ldr E. J. Prince
13613W FR C. Cleak
13618B FR J. Gulver
13652N Sec Ldr E. W. Augustus
13671J FR A. V. Lawrence
13672K RSO B. N. Lodge
13718K Sec Ldr L. L. Q. Nel
13720M St Ldr R. Parry
13764K FR E. Graham-Smith
13796V Sec Ldr M. L. Smith
13813N FR L. V. Brink
13829Z FR A. C. Wantenaar
13850D FR B. K. Tibbett
13857L Sec Ldr J. J. Walker
14010C FR J. de Jong
14018E St Ldr C. J. K. Revolta
14032B RSO J. F. Dixon
14059F St Ldr R. J. Perkins
15729W RSO C. A. Keyser
16284Z RSO J. W. Tiedt
16422Z RSO L. C. Grant
17143H RSO R. E. Lillywhite
200439 WFR A. Steyn
200488 WFR P. B. Stewart
200525 WFR D. M. Wilson
200528 WFR B. E. Cole-Bowen
200532 WFR J. MacKenzie
200567 WFR A. G. Goodwin
200581 Sec Ldr J. E. McCracken
200658 WFR J. Atkinson
200685 WFR S. A. Hale
200715 WFR J. K. Henson
200717 WFR V. B. Graham-Smith
200731K W Sec Ldr V. K. Walker

Police Reserve Long Service Medal

200732L W St Ldr J. D. Baring-Gould
200825A WFR A. Bryson
200827P RWPO V. P. K. Hacking
200829 WFR E. Ladley

6.7.1979

Midlands

*2415Z Sec Ldr D. W. Stokes
*2476Q FR J. A. Syropoulo

Salisbury

*2577A Sec Ldr W. A. Dearmer

Midlands

25108Q FR K. E. Tarboton

Manicaland

9142L FR G. P. Abraham

Mashonaland

12296P PRP N. T. Waller
12566H FR A. A. W. de la Rosa
13734C St Ldr B. G. Sanrey
13743M St Ldr C. Purdon
21647D FR B. C. Atterbury
200763V W St Ldr M. K. Bryson
200814A W St Ldr M. F. Riley
200860A WFR M. Pierson
200864E WFR C. W. McLean
200873P WFR R. E. S. S. Haarhoff
200914J W Sec Ldr M. A. Carnegie
200915K WFR P. A. Hall

Salisbury

8900Y R C Supt E. S. Streeter
9993L RSO G. Stodart
14345R FR N. D. Thomas
16102B FR P. M. Longhurst

26148W RPO E. Bowes
200947W WRPO P. C. Kelly

Victoria

13592Y St Ldr L. C. Steyn
13624H St Ldr D. W. Garner
13893A St Ldr N. R. Harrold

17.8.1979

Midlands

*3969N FR S. C. O'Connell

Manicaland

14273N FR C. J. Nel
27270Q FR A. D. Mitchell

Mashonaland

10751K FR C. L. Keth
10986Q FR J. M. Rankin
11710C FR D. Campbell-Morrison
11735E FR J. N. Boultwood
12007A St Ldr R. Edgar
12230S FR J. K. Wheatley
12432M Sec Ldr M. W. Howarth
12518F St Ldr W. M. Cumming
12521J FR E. T. Haines
12525N FR R. E. Price
12664P FR C. H. Stobart
12923W FR P. J. Heuer
13105T St Ldr N. R. Huntley-Walker
13110Z FR H. M. Jonquiere
13253E PRO L. J. de Jong
13336V FR D. B. B. Dobson
13340Z FR L. Sittig
13348H FR H. S. Nel
13468N FR P. J. Steenkamp
13508G FR R. M. Lucke

Police Reserve Long Service Medal

13562Q FR D. Ogilvie
13600G Sec Ldr H. W. G. Cartwright
13655R FR I. R. Pienaar
13757C FR M. G. Brown
13766M FR R. P. B. Momanus
13841T FR E. W. Brown
13919D St Ldr J. L. Henderson
13947J FR A. T. van Veen
13978S FR J. J. Vorster
13979T St Ldr G. F. Blyth
14009B FR J. L. Robinson
14071T Sec Ldr J. C. Steele
14093S FR R. G. van der Veen
14117T FR D. W. Hook
14136P FR D. J. Gardner
14137Q FR M. C. Bosch
14138R FR J. G. Dereham
14199H St Ldr W. L. Bowie
14204N Sec Ldr P. A. O. Graham
14223J Sec Ldr F. W. Boesen
14280W FR A. R. Greenway
14324T FR M. K. Keith
14333D FR N. J. Carle
14339K FR R. J. D. Annesley
22239X St Ldr C. S. E. Johnson
200492A W Sec Ldr O. C. Smith
200537Z WFR E. A. Cripwell
200538A WFR S. L. Cripwell
200769B WFR J. M. Cooper
200844H WFR M. M. Chapman
200932D W St Ldr J. I. Girdlestone
200935G WFR M. A. H. Momaster
200936H WFR M. H. Mulock Bentley
201017W WRPO J. M. Garnett

Matabeleland

10931F FR A. H. Glass
12191A FR A. Hutton
13884Q St Ldr H. P. Bennie
13939A FR W. J. Hardy
14156L FR C. P. D. Goodwin
14287D St Ldr J. Mackenzie
200960J WFR M. P. Shinn

Midlands

10423D FR J. W. van Tonder
11331Q FR J. R. Stella
11992J FR T. M. Maitland
12163V FR D. B. Keevil
13044C FR D. H. Cranswick
14015H FR E. S. Tindle
14101B FR I. B. Niehaus
14106G FR R. W. Kok
14218D Sec Ldr J. T. Ferreira
14234W FR M. J. Holing
14278J FR J. H. B. Serfontein
200942P W Sec Ldr E. M. Cornish
201042Y WFR E. A. T. Parker

Salisbury

9339A FR M. Campbell
9665E FR C. R. Law
11967G St Ldr J. K. Whiting
12978F RPO A. J. W. Pettifor
13049H Fr J. G. Tapson
13152V FR N. J. Argyle
13154X FR C. R. Holland
13387A FR G. J. Gaylard
13748S FR P. le Roux
14082F FR D. J. Trickett
14120X FR R. R. N. Johnstone
14139S RPO G. E. Oliver
14141V Sec Ldr M. H. Richardson
14160Q Grp Ldr J. Dunn
14188W PRP M. G. Ashworth

Police Reserve Long Service Medal

14189X Sec Ldr R. W. Bromley
14203M FR C. Sharman
14212X Sec Ldr J. C. Calasse
14213Y St Ldr T. G. Copeman
14227N FR T. D. McCulloch
14232J FR S. G. Bower
14245H St Ldr D. H. Mitchell
14255T St Ldr D. J. Coyte
14305Y Sec Ldr J. F. Whitson
14321Q St Ldr J. P. Evans
14359G FR P. B. Bezuidenhout
15193N RPO K. R. D. Melton
200859Z WFR P. M. Jacob
200901V WFR P. D. Hosack
200939L WFR J. A. Beckinsale
200987N W Sec Ldr M. E. Woodhead
204552N RWPO M. E. Dawson

Victoria

10615M FR P. J. Joubert
11124Q FR E. P. Kruger
11894C FR S. 3. Jacobsz
13848L FR H. J. Matthews
13880L Sec Ldr J. Klein
13974N Sec Ldr F. H. le Vieux
14309C St Ldr J. B. Morgan
14322R St Ldr T. J. Nel
16962L RSO A. H. Halder

19.10.1979

Manicaland

*3486N St Ldr J. R. Smith
11059F FR J. A. Hipkin
13675N FR P. J. Joubert
13767N Sec Ldr R. S. Easton
14095V FR T. J. Geldart
14220F RPO W. Noble
14285B FR G. Lee

14314H FR J. R. Souter
200953B WFR J. E. Vermaak
200990R WFR B. J. Winwood
201035Q WFR C. P. Howard

Salisbury

*3051Q Grp Ldr D. E. Hartell
8017N FR M. J. Cryer
12340M FR P. J. Henwood
13011R Sec Ldr W. M. du Preez
14402D Sec Ldr J. M. Hughson
14403E St Ldr D. C. Muller
14407J FR I. T. Walls
14423B FR D. R. Parker
14450F St Ldr T. S. Huxham
14463V FR A. S. du Preez
14466Y FR L. J. de Haas
14490Z FR R. Hunter
17422L Reserve Inspector S. B. Shawe

Mashonaland

10384L FR W. H. J. Finaughty
10632F FR A. F. Finaughty
11438A FR T. Edridge (deceased)
12537B FR T. J. Greaves
12670 FR J. M. Emerick
13051K RPO C. D. Moore-Gordon
13177X FR B. C. G. Fourie
13345E FR L. E. Tozer
13433A FR F. J. Joubert
13SO4C RPO A. Baker
13630P St Ldr T. J. Searson
13631Q FR G. V. Hawksley
13663A FR B. G. Enslin
13758D St Ldr D. K. G. Steel
13784G FR R. G. P. Johnson
13820W FR R. C. Harland
13835M FR I. C. Burton

Police Reserve Long Service Medal

13843W FR C. B. MacIntyre
13911V FR E. F. Hartman
13956T St Ldr C. A. Nortje
14051X FR I. S. Laing
14150E FR C. J. Foulds
14165W FR J. A. Bartlett
14200J FR J. S. Redmile
14276R FR T. N. Walters
14310D FR W. J. van Straaten
14312F FR W. L. Hendricks
14327X FR H. C. Burki
14329Z FR A. H. du Toit
14343P FR J. P. H. Marais
14344Q Sec Ldr L. J. D. Marillier
14346S FR J. G. Watson;
14347T FR T. B. S. Watson
14392S FR J. D. Taylor-Freeme
14611F Sec Ldr W. J. Ratcliffe
200209S WFR C. M. Green
200294K WFR T. J. Martin
200422Z WFR P. A. Hawgood
200423A WFR G. Walker
200565E Woman St Ldr K. V. James
200690Q WFR J. P. Wilson
200700B WFR O. M. Kerr
200794D WFR E. F. Kennaird
200889G Women FR D. H. MacDonald
200998A WFR A. O. Pascoe
201065Y WFR S. Barnett
A. 1842 AFR M. Biyasi
A. 5026 AFR C. Morrison
A. 6214 AFR M. Lemani
A. 7224 AFR Morosoni

Matabeleland

2073C FR D. A. Bailey (former member)
11127T FR D. J. Buitendag

11266V FR T. N. Jones
13420L Sec Ldr W. T. Kirkham
13619C FR L. C. S. Allen
13747R P/R/Pilot O. H. Knight
13846Z FR H. P. Jessen
13849C FR B. J. Schultz
13975P FR H. D. Mullen
13977R FR P. A. Cane
14022Q St Ldr G. E. Bagg
14035E FR K. N. Coleshaw
14054A FR E. E. Trivella
14060G FR N. W. McNeilage
14114Q RPOR. G. A. Clotworthy
14124B FR K. C. Baker
14125C St Ldr A. D. Clough
14168Z FR A. E. Snuggs
14182P FR L B. Ormerod
14284A FR J. E. Allen
14295M Sec Ldr J. A. Hartley
14297P FR D. J. Clinker
14340L FR P. C. A. Berkout
200379C WFR J. L Wilde
200894M WFR C. M. Parkinson

Midlands

3339D FR S. P. Varkevisser
4806Y FR P. Meyer
11005L FR J. C. Steele
11074L Sec Ldr M. E. Clark
13269X Grp Ldr J. J. Bleeker
13577G FR A. F. Potgieter
13779B St Ldr P. J. Norvall;
14038H St Ldr J. G. van B. Greyling
14185S FR P. I. J. Williams
14318M FR E. L. Shaw
14332C FR G. C. J. J. Olivier
16963M RSO A. J. Jenvey
200866G WFR M. M. Tourle

Police Reserve Long Service Medal

Victoria

13612V FR H. W. Warwick
14217C St Ldr H. P. P. Heymans
201085V WFR R. F. du Preez

1.2.1980

Manicaland

*2998H FR S. Swindells
*3608W FR W. S. Nicolson
201123L WFR E. A. A. Greenaway

Mashonaland

*3785N FR C. M. Humphreys
*3961E FR J. T. Peirson
*4324Z St Ldr J. A. McDiarmid
*4333J Sect Ldr I. A. Murray
4529X FR J. J. Whittington
10791D FR E. R. Linnell
12237A FR R. G. Tresise
12875T FR J. Hough
13053M FR N. B. Pritchard
13125Q FR L. D. Harvey
13344D St Ldr P. W. Quinton
13476X FR P. S. Tapson
13596C FR W. E. Sundquist
13823E Sec Leader D. P. Lister
14004W FR G. A. Pio
14006Y FR T. I. F. Sandeman
14065M FR F. A. Wilson
14066N Sec Leader S. L Cowley
14072V FR P. F. Simons
14122Z FR G. J. M. Langham
14134M FR C. N. J. Crawford
14306Z FR G. L. Kluckow
14326W St Ldr J. S. Brown
14489Y FR S. H. Young
14615K FR R. J. Lindquist
14675A FR B. M. Nugent

14369L FR D. M. Middleton
383857K FR J. A. M. Brakspear (ex 8846P)
200544G WFR B. D. Micklem
200840D Woman St Ldr M. Tapson
A8742 AFR M. Driver
A8750 A/Field Reservist Romani (now A/C 200918)
A10020 AFR Kasiya
A10216 AFR Darikeni
A10370 AjFR Robi (Now A/C 201155)

Matabeleland

113166J Sec Ldr A. Fredericks (ex-6748J)
A50 AFR P. Chiwambwa
A56 AFR J. Chekenyika
A84 AFR E. Kumalo
A512 AFR N. Chimemena
A551 AFR Makuya Benson
A616 AFR I. Sibanjere
A825 AFR Inyambo
A875 AFR B. Mukatimui
A877 AFR T. Mushingaidzwa
A1076 AFR Adelino
A1079 AFR Amosi
A1096 AFR Z. Kosita
A1126 AFR Phiri John
A1737 AFR Tailos
A2349 AFR Njilayakonda
A2383 AFR B. Mafuka
A2704 AFR Tarusenga
A3032 AFR Grayson
A3036 AFR Katanga
A3347 AFR J. Nekuda
A3571 AFR Mukayi
A3631 AFR Bizaliel
A3790 M. White

Police Reserve Long Service Medal

A3961 AFR Moses
A3966 AFR N. Mwala
A4253 AFR Masotshwa
A4875 AFR Tagu
A4934 AFR W. Vunzawabaya
A5101 AFR Sibanda Mukumbi
A5471 AFR M. Nyambe
A5800 AFR Manda
A5848 AFR Nelson
A5968 AFR R. Shandare
A6162 AFR P. Ncube
A6753 AFR Loti
A6756 AFR M. Ranjeni
A6908 AFR Setiya
A7290 AFR D. Mbuyisa
A7420 AFR Johannes
A7994 AFR M. Batata
A8301 AFR Tichagwa
A8411 AFR Katemba
A8412 AFR Katunga
A8959 AFR D. D. Nyaondora
A9856 AFR Sibanda Jambwa
A10031 AFR M. Mamushi
A10146 AFR M. Mayani
A10495 AFR M. Hosiah
A11034 AFR G. Phiri
A11482 AFR X. Tutayi
A11909 AFR J. D. Boyi
A12082 AFR Vashee
A12292 AFR C. Kututeta

Midlands

3709F FR C. J. T. Hoffman
13325H FR L. D. De Klerk
14187V FR N. Viviers

Salisbury

*3556P St Ldr R. N. Coleman
*37801 FR D. P. Cooper
*3892E FR G. D. Wall

13172R St Ldr R. Gilmore
14482Q FR P. Papadopoulos
14493C FR E. P. Blyth
14504P St Ldr D. V. G. L. Amos
14507S Sect Ldr J. M. Griffiths
14508T Sec Ldr T. C. Haddon
14542F St Ldr K. R. Baker
14550P Sec Ldr R. C. Whiting
14610E FR A. R. Chapman
14618N FR L. N. Tabor
14663M FR M. Gelman
17755Y Grp Ldr J. P. T. Brown (ex-BSAP 7044)
2006752Z WFR V. P. Napier
201139D WFR M. Collins

Victoria

*3795Z FR F. W. Buitendag
3399T FR W. G. Bell
12687P FR C. J. Berry
13945G St Ldr S. Bouchet
13983Y RPO C. B. Davy
14056C St Ldr J. N. van der Westhuizen
14207R FR P. H. Read
200758P WFR I. M. G. Hood

20.6.1980

Manicaland

*3484E Reserve PO E. A. Odendaal
*3679Y St Ldr R. I. Edwards
*4358 St Ldr S. H. E. Hacking
*4588L FR G. G. S. Kotze
*4770J St Ldr F. M. Smith
*5076R St Ldr H. E. Currie
3654W FR J. P. Valintine
14777L FR H. C. Garbett

Police Reserve Long Service Medal

Mashonaland

*4058K Stick Leader R. B. Brooks
*4067V FR R. R. Deary
*4490E FR I. Mackay
*4735W PRP H. F. Dex
13741K FR B. J. M. Chapman
13840S FR H. W. Ratering
14089N FR V. Field
14123A FR M. A. Roulston
14390Q St Ldr J. R. Hoskins-Davies
14451G FR L. W. McNulty
14495E PRP V. Hurley
14520G PRP E. Simon
14521H Grp Ldr R. J. Bailey
14555V FR D. G. Montague-Edley
14557X Sec Leader N. J. Blazey
145S4B FR G. J. Smit
14676B Sec Leader M. A. Carpenter
14818F St Ldr H. B. Royston
14935H FR P. W. Dawson
200725D W St Ldr M. Pope
200839C W FR J. M. Steyl
201016V W FR V. M. Tyrrell
2O1106S W FR P. Y. Brooks
201168K WRPO M. A. W. Buchanan

Matabeleland

13708Z FR G. C. J. Engelbrecht
200233T WFR W E. Andrews
200984K WFR D. M. Brown

Midlands

*427OQ FR M. H. Sacchi
14264 D St Ldr J. C. Pissas
14378 FR E. A. Thedvall
14500K FR I. H. Cameron
14575R FR J. Coetzee

14772F FR H. Murray
14847M Sec Leader S. H. Barkhuizen
14870M FR R. Knight
201009M WFR J. Filmer
201132W WFR S. M. Masson
201149P W Sec Leader G. M. Tarboton

Salisbury

*4095A St Ldr M. G. Manley
*4414X St Ldr H. M. Boaler
*4461Y Gp Leader A. T. Rice
*4506X FR R. H. Eastes
*4648B Sec Leader R. I. Chittenden
*5084A FR D. A. Hagger
*5186L FR P. D. Carter
*5327P Grp Ldr P. B. Kennan
*9102S Reserve Chief Insp G. F. Beningfield
12G77D FR L. K. C. Hanson (ex-member)
14228P Police Reserve. Pilot I. Bondi
14374Y PRP D. C. Addison
14506R PRP J. A. Brown
14511X FR G. S. Leslie
14722B St Ldr D. M. McLean
14723C Grp Ldr L P. Stranix
14752J St Ldr R. Charles
14754L St Ldr L. J. Rowley
14762V St Ldr J. H. Hill
14790A FR A. T. Hill
14817E FR J. L. Nolan
14838C Sec Leader C. A. B. Adams
14842G St Ldr H. O. C. Maasdorp
14845K Sec Leader V. J. G. Volker

Police Reserve Long Service Medal

I6660H Reserve Sec Officer M. N. Saunders
201119G WFR H. M. Purcell-Gilpin
201172P Woman Sec Leader V. Bennetts

Victoria

9103T FR P. Nimmo
14574Q PRP K. L. Crowley
14729J FR W. B. Stapleton

1.8.1980

Manicaland

A3988 FR C. Kirifi

Mashonaland

*2563G FR E. A. O'Leary (deceased)
*3782K FR E. Scott (deceased)
*3883V FR S. J. Watt
*4025Z Gp Ldr F. W. Williamson
14389P FR A. K. Wood
14426E FR G. J. B. Smal
14427F FR T. B. Strong
14453J FR S. G. Kruger
14454K St Ldr R. H. Laurie
14479K RSO M. C. Gard
14617M FR P. G. A. Zeibani
14619P St Ldr R. W. McIntosh
14780P FR G. J. Armitage
14899T RPO P. W. Hadingham
14918P PRP S. H. Dods-Brooks
201130T WFR S. S. M. Barnard
201217N RWPO P. S. du Toit

Matabeleland

*2905G St Ldr D. H. R. Maidwell
*2932L Sec Ldr E. E. Payton

*4905F FR O. M. Berette
14497G FR J. D. Muldoon
14538B Gp Ldr K. L. Barrie
14539C St Ldr G. J. Brickell
14540D St Ldr B. D. Smith
14558Y FR M. I. K. Anderson
14559Z St Ldr C. Barnell
14628 FR A. J. Miller
14630B St Ldr D. Williamson
14720Z Sec Ldr M. C. H. Shaw
14747D FR J. H. van der Merwe
14789Z RPO I. C. Wright
17074H RSO J. S. Graham
26443R RPO C. J. Steel-Smith
201045N W St Ldr A. C. Ainslie

Midlands

*4891Q Gp Ldr S. L. Cooper
14533W Sec Ldr W. L. Austin
14709M FR P. T. Nel
14798J Sec Ldr S. R. Gregory
14810X FR S. C. Shaw
17352K Gp Ldr M. J. Horner
201133X WFR J. M. Halder
201216M WFR P. West

Former member

*2818V FR G. A. Watson

Salisbury

*2941W R Ch Insp J. F. van der Bank
14854V FR S. C. Wilson
14861C FR R. C. Slabbert
14893M FR R. A. du Preez
14907C FR B. McCurrie
14928A St Ldr B. W. Barrett
14955E Sec Ldr G. A. Selby
14962M Gp Ldr T. G. Coetzee
14969V FR D. A. van Rhyn

Police Reserve Long Service Medal

15015V Sect Ldr A. C. Parker
15043A FR R. I. Potter
15027H Sec Ldr D. P. Morkel
15047E Sec Ldr F. V. G. Opie
16127D St Ldr A. G. Eccles
16209S FR C. H. Cochran
201397J RWSO E. V. Chapman
201881K RWPO M. U. Swanton
202073T RWPO J. C. Schoultz

Victoria

*3739N FR D. T. Coventry
14474G FR P. W. J. King
14532V FR C. P. van Helsdingen
14545J FR D. A. Rock
15051J FR J. N. Smith
A8628 FR Joseph
A12604 FR Ndambi

2.7.1982

Manicaland

*4766E FR D. A. Sutherland
*6085N R Insp J. R. Coupar
*7509L FR M. A. J. Carson
10028Z FR W. A. I. Slack (ex-member)
14646T St Ldr B. C. Owen
14668S FR I. A. Taylor
14670V FR P. O. Athienedes
14792C St Ldr J. Brandl
14826P FR H. E. C. Wiese
14866H FR I. P. A. Roos
14912H FR N. O. Palframan
14930C FR G. Malan
14931D FR L. J. Taylor
14953C Sec Ldr A. Christophides
149800 St Ldr J. M. Oosthuizen
15019Z FR A. P. Davies

15054M FR P. B. R. Dickinson
15090B FR J. Wylie
15112A FR W.B. Hinton
15116E FR R H. Ruffell
15146M FR H. D. Jackson
15258J FR E. Sigsworth
152790 FR A. J. Swire-Thompson
17885P St Ldr A. G. Maasdorp (ex-9683Z)
201186E WFR B. K. Sleigh
201241P WFR J. M. Brown
201249Y WFR D. F. Nicolson
201277D WFR J. J. Timms
201287P W Sec Ldr J. A. Froggatt
201325F WFR P. D. Wilde
201328J WFR B. van Heerden
14387M FR J. G. Wilkins

Mashonaland

*2698G FR F. Webb
*3438L St Ldr H. C. Luitingh
*3573H FR M. H. Hill
*358IR FR A. T. Hobbs
*3800E FR G. A. Ditcham
*3905T FR T. C. D. Kennan (ex-member)
*4291N FR D. G. Boden
*499911 St Ldr A. L. Brown
*5257N FR J. Buchanan
*5534P FR D. A. Newmarch
14680P FR N. Cardwell
14697Z FR H. B. Gwilliam
14714S FR T. McKenna
14831V Sec Ldr M. L. Stuart
14852S FR G. L. Hughes
14864F FR C. L. A. Bikkers
14891K RPO P. Papadopoulos
14900V FR L. P. Hickman
14919Q FR A. I. Neill
14951A FR R. E. Dale

Police Reserve Long Service Medal

14956F FR J. P. Melrose
14963N FR H. G. Harding
15003G FR N. D. Lightbody
1502SF FR M. J. Brits
150260 FR C. van Rooyen
15044B FR P. R. Schultz
15070E FR I. D. Chapman
15076L St Ldr H. W. F. Funnekotter
15110Y FR P. K. Lues
15128S FR F. A. Varrall
15132X FR E. J. B. Lindsell
15154WFR J. S. Dale
15155X FR L. O. Dawson
15171P FR R. H. Eggersglusz
15202Y FR I. A. Tennant
15221T St Ldr A. R. du Preez
15234H FR A. Whitehead-King
15246WFR D. A. Rouse
15248Y St Ldr J. C. Mostert
15267T FR N. J. Laver
15269WFR K. Saywood
15270X FR C. R. Saunders
15274B FR C. J. Jooste
15275C FR D. N. Pa1iouras
15277E PRO J. M. Beniston
15278F FR I. F. Jackson
15298C St Ldr P. D. Gifford
15301F FR A. J. G. Headicar
15303H Sec Ldr D. G. van der Horst
15306L FR J. W. Gibson
25829Z PRP G. W. R. Linfield (ex-reg.)
200788X WFR M. L. Ludgater
201205A WFR I. Richardson
201219Q WFR S. D. A. Cross ,
201237K W St Ldr I. P. Bosman
201238L WFR B. A. B. Keth
201244S WFR W. B. Kirkman

201245T WFR J. M. Ravenscroft
201246V W Grp Ldr P. M. Scott-Martin
201307L W Sec Ldr J. M. Turner
201308M WFR J. M. Carpenter
201333P WFR M. H. Dacomb
A4667 APR Muhamadi
14376A FR D. Kriel
14439T FR J. Bekker
14677C FR B. H. Campbell
1471ON FR D. A. Wilson
15144K FR F. Gardini .
15173R FR J. L. W. Davel
151745 FR G. J. du Plessis
15220S FR D. S. Barnes
15223W FR K. D. Kirkman
15235J FR J. Maitland-Lauderdale
15256G RPO P. C. van der Merwe
15319A FR J. J. Kruger
153710 FR P. C. Strydom
15397K Grp Ldr J. D. H. Roper
15406V FR S. W. Engelbrecht
15454X FR B. D. D. Cochrane
15549A FR G. B. Pope
15550B Sec Ldr A. J. Coast
15808G FR A. J. Steynberg
17149N RSO R. S. Southam,
201201W WFR V. Wrench

Matabeleland

*4133R Sec Ldr J. R. Standers
*5212P FR H. N. Bryan
*29534B RPO M. G. Perrett,
*5531L FR J. H. K. White
*5576K FR I. C. Fourie
10586K FR A. Erasmus:
15661K FR F. J. Combrink,
14745B FR F. D. Shacklock
14808V RPO P. G. Tucker,
1487lN FR N. Roberts ,

Police Reserve Long Service Medal

14943R Patrol Res Obs A. B. van Jaarsveldt
14990S FR S. D. van Rooyen
15029K FR I. D. Kidson
15030L FR W. B. Luff:
15080Q FR B. J. Adelsky
15205B FR C. J. van Niekerk
15225Y St Ldr M. B. Armstrong
15241Q St Ldr R. J. Myers
15308N RPO H. W. Flanagan
15420K FR R. J. H. Auret
16819F FR P. A. W. Booth (ex-reg. 6600)
16839C Grp Ldr P. H. Hind (ex-reg. 6427)
17721L Grp Ldr M. O. Hancock .(ex-reg. 4392)
26590E Res Supt J. M. Fielder (ex-reg. 4993)
29375D FR G. D. Chalmers (ex-9153Y)
31123D FR D. Lynas (ex-reg. 7136)
200552Q WFR I. Thompson
201007K WFR C. E. Butcher
201057P W St Ldr E. Krige
201070D WFR I. M. Beckett

Bulawayo Rural District

15375L FR T. S. Nel
15504B FR E. F. A. Rice
15740H FR D. R. Rigby
15940A FR G. N. G. Reid
16136N FR B. J. Blithenhall
201431W W St Ldr J. N. Knight
201540D WFR D. Clark.

Gwanda District

15370F FR Hulley
15939Z FR Goosen

160840 Sec Ldr Cawood
201538M WFR Loxion.

Hwange District

15336T FR J. C. Honman
15775W Sec Ldr J. T. Bradley
16135M FR M. Hadjiconstantinou
201589S Section St Ldr L. Mullany

Bulawayo District

A593 APR. Pedzisayi
A615 APR. Sibanda
6993 APR. Francis
15431X Sec Ldr A. E. Joubert
15529D FR C. P. G. Skinner
15686Z Sec Ldr H. Roelofse
15702R Sec Ldr J. R. K. Berry
167763 FR A. A. Walker (ex-member)
17874C FR B. W. Tindale (ex-member)
23586L St Ldr D, M. Gammon
28243Y FR L. F. Townley
28881R RPO J. de V. Jordan
201437C WFR A. I. Davidson
2015813 WFR M. A. G. Bovill

Midlands

*3709F FR C. J. T. Hoffman
*3333X FR E. F. J. Elliott
*4320V FR M. C. West
10430L FR H. J. S. Venter (ex-member)
14616L FR C. Lucas
14718X St Ldr W. Hill
14721A FR R. J. van den Bergh
14784T FR J. Matyszak
14823L St Ldr B. T. Viviers

Police Reserve Long Service Medal

14859A FR B. P. Fainsford
14837B St Ldr W. F. Smith
15002F FR H. G. Blignaut
15059S FR H. A. Roberts
15102P RPO J. A. Warner-Pratt
15119H Sec Ldr G. F. P. Nussey
15135A FR J. M. Erasmus
15149Q FR D. P. F. Rousseau
15250A FR R. D. Phillips
15289S Sec Ldr R. D. S. Small
15291V RPO E. W. D. Renard
15376M St Ldr A. M. Lowe
15475Y FR C. A. Waters
201271X WFR V. H. McArthur
15434A RSO J. S. Connelly
15553E St Ldr M. G. Moodie

Harare

*3053S Sec Ldr W. H. Williams
*5216T R Insp J. D Bell
*5230J Sec Ldr M. G. Arkwright
*5380X Grp Ldr J. Baty
*5396P FR P. W. Atkinson
*5408C Sec Ldr A. Atkinson
*5508L FR T. A. Nethercott
*5521A FR F. H. Heron
*6930G Sec Ldr B. G. T. Ashwin:
*28171V FR F. Stober (ex-5272)
*34711D FR A. Brown (ex-377lY)
*5454C FR B. J. A. Hoole
*5498A Grp Ldr P. S. Hall
*11498X FR D. G. Peacock
12925Y St Ldr M. H. Packenham
14645S St Ldr D. I. J. Lindsay-White
14739V RPO D. W. Bean
15008M FR F. P. Brobler
150991 PRP R. L. Anderson
15129T FR C. B. Shand
151203 RPO E. McIntosh

15176V St Ldr J. N. B. Nutt:
151911. FR G. C. Forster-Jones
15232F RPO E. A. Hasson
15242R Sec Ldr D. N. Morris
15310Q FR B. H. Bennett
15311R FR S. A. Berkau
153291 St Ldr L. D. Osborne
17145K RSO C. R. Wheeler
17677N Sec Ldr D. P. Cox (ex-7484J)
18355A RPO B. G. Thomas (ex-Reg. 4384)
2043211 Grp Ldr L. Vernon (ex-Reg. 4611)
20932B PRP G. J. W. Harvey (ex Reg.)
21187D Grp Ldr I. Hayes (ex-Reg. 5118)
29182T RPO D. R. Labrum (ex. 14143X)
3742M FR K. R. Clark (ex.Reg. 6979)
34755B FR N. F. Macleod (ex-Reg. 7373)
383273A RPO D. A. Starr (ex-Reg. 4963)
201147M WFR L. A. Williams
201243R Res W SO J. Berger
201293W W Sec Ldr R. D. B. Coetzee
9931T RSO P. F. Badenhorst
15107V Sec Ldr D. N. Coomer
15366B FR F. L. Robinson
15385X St Ldr N. Graham Smith
15401P FR R. C. Law
15423N FR A. J. Quaile
15443K FR T. A. Kinsella
15485F FR A. G. P. Baker
15507E Sec Ldr E. J. Weston
15519S FR W. H. Mawdsley

Police Reserve Long Service Medal

15559L St Ldr E. G. Elliott
15575D FR P. O'C. Mullin
15636V FR E. C. D. Campbell
16922S Sec Ldr M. J. P. Shaw
17793PP RSO D. N. Wills
179953 RSO C. A. P. Fernandes
25489E FR W. N. Way
201 326G WFR A. M. C. Horsfall
201450R WFR T. Demblon
201457Z WFR I. V. Morris
380983L FR D. A. Gravett

Harare Rural District

*2168F FR F. H. James
14371V FR A. B. Baxter
14713R FR P. S. W. Kileff
15048F FR A. Powell (ex-member)
15224X FR D. H. Scutt
15592X FR D. L. Paterson
15806E FR E. H. van Hussteen
15245X FR P. J. Schwerzel
16076Y FR L. D. Greebe
16459P RSO J. Moerman
201100L WFR C. E. Bagnall
201094E WFR N. E. G. Cowap
201364Y WRSO A. Clarke
201602G W St Ldr P. B. Henderson
800350V GR Gonthi
800352X GR Jerimiah
800351W GR Sinto
800353Y GR B. Edward
800368P BR Armson

Marondera District

14620Q FR R. J. D. Britter
15355P FR J. L. Grant
15925J FR W. J. Guild

200772E WFR M. E. Saunders (ex-member)
201430V WFR J. C. Brown
201523W W St Ldr L. H. Jacobsz

Kadoma District

15063X FR G. E. W. Thomas (ex-member)
15595A FR G. M. Goomer
15664A FR A. M. Mackenzie
1570W St Ldr G. C. Wessels
15947H St Ldr M. Righter
15949K FR B. W. Hutson
15963A FR M. W. J. van Zyl
15984Y FR J. J. Stander
16044N FR D. Monaghan
16141T FR J. J. Joubert.

Mashonaland North Province

Bindura District

*6196J PRP R. G. Pascoe
10331D FR D. G. Grobler (ex-member)
15402 Sec Ldr J. C. A. Browning
15403R FR E. R. G. Guthrie
15526A Sec Ldr A. H. van Eeden (ex-member)
1580911 FR W. D. C. Reed
15847Z FR R. McEachern
16107G FR J. P. A. van der Westerhuizen
201507D WFR C. Taylor

Lomagundi District

*4496L FR W. R. Rademeyer
*5785M Sec Ldr J. E. Chisnall
14625W FR J. M. Jameson (ex-member)
15360V FR F. P. C. Dolleman

Police Reserve Long Service Medal

15395H FR J. J. Bezuidenhout
15396J FR F. Dalkin
15750T FR F. Mitchell
15751V FR C. P. E. Pilcher
15763H FR P. W. du Rand
15776X FR C. J. Niemandt
15784F FR van den Bergh
15807F FR G. Nuttall-Smith
15842T FR D. Wilken
15878H FR D. P. Marillier
15879J FR I. B. Alcock
15882M St Ldr R. P. L. Wells
15922F FR G. A Johnston
15961Y FR F. C. Paulsen
15970H FR B. Courtney
16099Y FR O. F. Meyer
16110K FR J. W. Hall
17152S St Ldr C. K. Hansen
201445L WFR J. A. Hoar
201519R WFR E. F. Moolman
201544T WFR M. N. J. F. de Witt
201607M WFR B. Marillier
201681S WFR A. Postlethwayte

Midlands Province
Gweru District

*2352F FR B. L. Ruffey
*3273G FR G. A. Halder
*4801S FR C. W. Rogers.
327411 C.R. H. C. P. Hawkey
15437D FR H. H. Blignaut (ex-member)
15597C Grp Ldr T. D. Daniels
15687A FR J. A. R. Nel (ex-member)
15914X FR R. B. Dollar
15946G FR C. C. Kloppers
16091P St Ldr I. F. McArthur
16126C Sec Ldr J. B. Bennett
16213X E.F.R. J. B. Schoultz

17368C R Insp R. B. Jones
28980Z FR R. A. Williams
201542R WFR L. C. Clapman
201565R WFR H. M. Kirstein
201718H WFR A. E. Ferreira

Kwekwe District

*3086D FR A. C. Rudolf
*3202E FR J. H. D. Lombard
*5628R St Ldr G. M. Ashforth
7395M FR D. Brian (ex-member)
15531F St Ldr R. Tucker
15662Y St Ldr M. W. Pocock
15689C FR J. V. Rainsford
15782D FR C. Wilde
15799X St Ldr J. J. Naudé
15905M FR K. Halkier
15907P St Ldr P. F. Schultz
15950L FR O. R. Brandt
201432X WFR S. R Kent
201466J WFR R. Seymour-Smith

Manicaland Province
Mutare District

15539P FR L. Hilton
15665B FR G. A. Rademan
16157L FR H. J. Cruger.
201533G WFR L. S. Elton.

Rusape District

15578G FR V. Benic
15719K FR J. W. Roberts
16106 FR J. N. Honeywill
201484D WFR H. S. Roberts.

Nyanda Province
Nyanda District

*5481G FR J. J. P. la Grange

Police Reserve Long Service Medal

*5908WFR J. I. Willmore
*20899Q FR N. F. Vincent
14270K FR M. M. Page
14605Z FR J. Clements
14773G St Ldr D. C. Odendaal
15448Q FR G. A. McMurdon
15600F FR A. J. Pepler
15709Z PRP L. T. Engles
15780B St Ldr J. H. Edwards
15995K FR M. C. Connor
1656SF Sec Ldr H. Hope-Brown
201455X WFR F. P. Olds
201733Z WFR L. F. Stopforth

Harare North Province

Harare Central District

*5650Q FR W. Johnstone (ex-member)
*6037L St Ldr G. A. Bakewell
*6513D FR R. A. Jowett
*7084Z Sec Ldr W. W. Tarr
*10239D RPO A. R. Smith.
15190K Sec Ldr M. H. C. Townsend
15243S FR H. M. Winning
15333Q PRP J. F. Plant
15378P Sec Ldr A. W. C. Eldridge
15383V FR H. D. Rutherfoord,
15617Z FR P. J. Visagie
15766L St Ldr B. Campbell-Watt
15770Q St Ldr M. H. Heppell
15858L FR P. T. Brestler
15862Q FR P. A. S. Thom
15870Z St Ldr P. J. O'Shea
15895B FR G. M. Harris
15908Q FR W. F. Marais
16007Y Sec Ldr M. G. Marriott
16046Q St Ldr R. H. Willson
16065L FR A. Munro
16134L St Ldr C. A. Konschell

16149C St Ldr J. C. F. Lyle
17995J RSO C. A. P. Fernandes
18220D RPO R. L. Liddell
183403 RPO A. D. Mackenzie
27309H FR P. J. Potts
201505B W Sec Ldr F. Bathe
2016043 WFR B. Ravenscroft
203886P PRP S. M. Anderson (ex member)

Victoria

*5911Z Grp Ldr H. B. Shay

Nyanda

14549N FR D. P. Power
14715T FR T. A. Percival
14769C FR D. N. Holton
14771E FR A. P. Lombard
14846L FR J. H. B. Nortje (ex-7665E)
14877V FR D. J. Doig
14977D FR P. B. Guimbeau
15017X FR W. H. Pepler
15020A FR H. M. E. Faydherbe
15104R St Ldr M. E. L. E. Wiehe
15156Y St Ldr D. F. Gawler
15187G Grp Ldr J. R. Osborne
15323E FR H. H. Morgan
201136A WFR M. Glover

Territorial or Reserve Service Medal

The Medal for Territorial or Reserve Service

For long service in the Territorial, Volunteer and Reserve forces; awarded for 12 years' service.

* Denotes clasp for 18 years' service
** Denotes clasp for 24 years' service

13.8.1971

Army

Maj F. I. Johnson
Maj A. G. R. Reid
*T Maj L D. Grant
T Capt M. J. Ade
Lt W. H. Jones
WO1 B. F. Parson
WO2 R. W. Edley

15.10.1971

Maj D. W. H. Maver
*Maj R. T. S. Brown
Maj C. C. Seddon
Maj S. N. F. Kearney
Maj G. A. Vickery
T Maj A. Garriock
Act Maj R. F. White
Act Maj R. V. Rogers
Act Maj A. H. Reynolds
*Capt G. C. Hensman
Capt J. A. Landau
Capt C. T. Payton
Capt A. G. L. Ross
Capt H. Levy
Capt H. C. Eltringham
WO1 T. B. Paxton
WO2 J. J. Blake
WO2 J. L. Reynolds

Air Force

Group Capt G. A. Smith
*Sqn Ldr F. G. Littlewood
Sqn Ldr A. H. Westwood
Flt Lt C. H. Boxall
*Flt Lt J. O. Cramp
Air Lt D. A. Davies
*WO1 B. Gifford

25.2.1972

Army

Maj C. H. French
Maj M. J. McGoey
Capt P. R. Cocksedge
Capt E. W. Ellis
Capt E. Gallow
Capt A. T. Hine
Capt C: Stander
Capt T. A. B. West
Lt B. C. Amyot
Lt N. A. Cosgrave
Lt C. M. George
Lt R. T. R. Hooper
Lt B. C. Lewis
Lt G. W. van Rensburg
C Sgt S. J. Head
Sgt C. P. Wilson

Territorial or Reserve Service Medal

25.2.1972

Army

*Lt Col E. B. Dove
*Maj D. M. Campbell
*Maj U. M. Carnegie
*Capt A. A. McCallum

12.5.1972

Army

Maj E. C. Addams
Maj J. C. T. Fellowes
Maj B. J. Riddell
Capt J. A. Fox
Capt P. V. Rollason
Lt B. R. Burne
*Lt E. A. McDonald
*WO1 C. W. Dale
WO2 M. W. Clipston

23.6.1972

Army

Maj R. D. Butcher
Maj E. H. L. Murphy
Maj H. N. Thorniley

Air Force

Sqn Ldr G. P. Fenn
Flt Lt G. D. Forder
Flt Lt J. M. H. Lynch
Flt Lt J. R. C. Matthews
Flt Lt R. J. Gallagher
Flt Lt A. G. C. Pilavachi
Flt Lt J. M. Jarvis
Flt Lt R. P. Blackmore
Flt Lt G. E. Ewing
Fl Off F. B. Andrews

13.10.1972

Army

*Maj N. E. Veale
*Maj G. A. S. Vickery
*WO1 T. B. Paxton
*WO2 J. J. Blake
Mai C. Grant
Mai G. H. Marshall
Capt E. Coutlakis
Capt D. C. Goodison
Capt O. E. Fodish
Capt C. A. R. Savory
Lt P. J. Blatch
Lt D. R. Payne
WO2 C. A. Caple

15.12.1972

Army

Lt Col J. A. G. Fraser
Lt Col L. Moody, I.C.D., M.C., T.D.
Capt A. Harris
Capt M. G. Wells

12.1.1973

Army

*Maj F. W. Palm
Maj G. J. Robertson
Maj J. M. Arkwright
WO2 L. F. Greene

2.2.1973

Air Force

Sqn Ldr J. E. Eadie
FLt Lt E. A. B. Sanford
Act Flt Lt F. A. Wingrove

Territorial or Reserve Service Medal

13.4.1973

Air Force
Flt Lt G. A. Walker-Smith
Air Lt R. L. F. Short

15.6.1973

Army
Maj D. E. Burns
Capt V. C. Thackwray
Capt C. R. McFarlane
16592 Sgt C. Bissett

6.7.1973

Army
Maj J. H. C. Nicholls
Maj T. H. Joicey

Air Force
*Sqn Ldr D. C. Howe
Sqn Ldr T. S. Wilson
Sqn Ldr P. H. Corbishley
Flt Lt Lt H. H. Taylor (retired)

26.10.1973

Army
*Lt Col L. F. Hawtrey
Maj C. G. Mason
Lt D. B. Grace

Air Force
Act Sqn Ldr M. E. Robinson
Flt Lt R. G. Atkins
* Flt Lt G. E. Ewing

21.12.1973

Army
Maj J. G. M. Ferguson
Capt P. P. Sher
P16611 WO2 N. H. Burt
*PR11078 Sgt M. D. Tilbury

Air Force
Air Lt K. J. Sampson
Air Lt H. J. Goodwin

8.3.1974

Army
*Maj J. F. Cilliers
Capt M. V. G. Glenshaw
Lt P. J. Tourle

Air Force
Air Lt N. D. Knight
8166 Flt Sgt N. J. Clarke

26.4.1974

Army
PR22735 WO2 M. J. Cole
*PR4085 Sgt B. K. Howard

Air Force
Flt Lt E. B. Gledhill
8144 Flt Sgt J. H. P. Cuthbert

28.6.1974

Air Force
Air Sub Lt H. S. Wilson

26.7.74

Army
*Maj G. J. Merrington

Territorial or Reserve Service Medal

*Capt T. N. Gentleman
*Capt J. M. Gurney
Capt P. Sherwood
Lt C. J. du Preez

9.8.1974

Air Force

Flt Lt F. Barlow
Air Lt D. Murray
*Sqn Ldr G. P. Fenn

13.9.1974

Army

Lt Col J. C. Roome
Act Maj F. Valdemarca
Lt B. C. T. McLeod

15.11.1974

Army

Maj C. H. L. Williams
T Maj T. M. Bardsley
Capt J. K. Roe
* Maj C. C. Seddon

Air Force

Flt Lt W. G. T. Milne

6.12.1974

Air Force

Flt Lt G. A. Ford

28.2.1975

Air Force

Flt Lt G. H. Cranswick
Flt Lt R. E. Davison
Flt Lt F. G. Hudson
Air Lt M. Hauptfleisch

Air Sub Lt N. F. Mumford
*Flt Lt C. H. Boxall

18.4.1975

Air Force

Sqn Ldr W. H. Turner
Flt Lt H. M. Dodd
Air Sub Lt H. Grossberg
*Flt Lt A. G. C. Pilavachi

20.6.1975

Air Force

Flt Lt E. Jones
Flt Lt D. M. Barbour
Air Lt R. H. Potts
Air Sub Lt R. T. Saint

4.7.1975

Army

*Lt Col C. Grant
*Maj D. C. Goodison
*Maj S. N. F. Kearney
*Maj G. H. Marshall
*Capt E. Coutlakis
*Capt G. G. P. Connor
*Capt R. K. Futter
*PR838 T WO1 L. F. Greene
Lt Col P. H. Browne
Maj T. Culverwell
Maj C. M. Currin
Maj F. P. Harvey
Maj A. E. Helders
Maj P. Oatley
Act Maj R. B. Holcroft
Act Maj R. C. K. Truscott
T Maj J. J. Pile
T Maj A. G. Sly
Capt A. R. Christie

Territorial or Reserve Service Medal

Act Capt B. N. Dinsdale
T Capt M. Georgeou
Lt G. J. Mostert
PR34329 WO1 C. J. P. van Heerden
24961 WO2 D. Diplock
16663 WO2 S. J. L. Holtshousen
PR2202 WO2 A. E. Miller
PR21449 Sgt R. A. Roberts

5.9.1975

Air Force

Air Lt F. J. C. Sexton
8143 WO2 L. Edwards
8261 Flt Sgt R. B. Smith
8287 Flt Sgt A. R. Duxbury
8271 Cpl R. B. Anslow

21.11.1975

Army

Maj H. D. Redlinghuys
T Maj R. R. Wynn
Act Maj W. E. Breare
PR30131 WO2 T. R. Pinchen
PR16178 Act WO2 D. R. Singleton
PR21211 Sgt W. Higgs
PR19182 Rfn W. C. Johnson

28.11.1975

Air Force

Flt Lt H. J. Wilde
8153 Flt Sgt J. R. P. Wilson

9.1.1976

*Air Comm D. A. Bradshaw
*T Maj R. R. Wynn
Air Lt B. A. Suter

9.4.1976

Army

Maj J. D. Cochrane
Capt C. W. Webb
Capt V. B. B. Johnson
Capt G. Zacharias
Capt D. J. Classen
PR24386 WO2 V. J. Cruickshank
PR2744 Sgt A. F. Varkevisser

23.7.1976

Air Force

8230 WO2 A. Watt
8414 Sgt D. Clarke

8.10.1976

Army

Maj C. Nish
Maj A. R. Smart
*Maj E. D. Roper, M.L.M.
*Capt A. R. Cremer
Capt P. B. van As
Capt K. R. Campbell
Capt C. W. Howard
Capt D. S. Watermark
Lt A. D. Stone
PR29886 WO2 K. B. Hogg
PR14078 WO2 R. D. H. Wright
PR20989 Sgt R. C. Hayworth
PR34426 T Sgt J. J. Slavin
PR30396 Cpl B. R. Timmins
PR20995 T Cpl C. A. Pitzer
PR34691 Rfn R. H. M. Smart
PR21378 Rfn G. F. A. Rawstorne

Territorial or Reserve Service Medal

13.12.1976

Army

*Maj W. F. Hume
*Capt J. Levenderis
*PR21474 WO2 L B. Campbell
*PR14178 T WO2 J. R. B. Stratfold
*PR17540 Sgt F. A. van Rensburg
Lt Col B. G. Franklin, O.B.E.
Maj V. B. Lang
Maj D. H. F. H. Rees
Maj N. Halsted
PR19686 WO2 J. Pringle
PR23632 Col Sgt W. R. Cleminshaw

7.1.1977

Army

T Maj N. K. Norvall
T Capt C. A. Matthews
PR4994 S Sgt G. E. S. Davies
PR77501 S Sgt G. Zissimatos

Air Force

8321 WO2 D. McDonald
7327 Flt Lt R. H. Annan
7264 Flt Lt K. D. Jackson
8432 Flt Sgt J. R. Mirtle

11.2.1977

Air Force

7273 Air Lt D. E. W. Gledall

18.3.1977

Air Force

7277 Flt Lt K. R. G. Brown

22.4.1977

PR29447 WO2 M. J. Trevenen
PR27836 T Sgt D. M. Geddes
PR24514 Rfn F. Grobler
PR22092 Frn H. R. Hill
PR54324 Rfn B. J. du Toit

8.7.1977

*7256 Flt Lt D. A. Davies
*7194 Flt Lt F. A. Wingrove
7281 Flt Lt A. H. M. Williams-Wynn
7296 Flt Lt D. B. G. Miles
7313 Act Flt Lt R. Hallack
8449 Flt Sgt J. S. King

26.8.1977

*Maj D. W. H. Maver
*Maj F. I. Johnson
*Maj A Garrioch
*PR24858 Col Sgt J. P. Frost
2nd Lt R. C. Louth
PR23829 T WO2 L. A. Payne
PR36179 R Col Sgt R. F. Hayden-Tebb
R33325 Col Sgt H. Psaradellis
PR37114 Sgt C. G. T. McGill
PR51964 Sgt S. A. Parratt
PR27890 Sgt A. J. W. Sutcliffe
PR37946 Sgt J. H. Roberts
PR19994 Sgt C. E. Uglietti
PR29610 T Sgt L. J. Ryan
PR33969 Act Sgt B. H. Brown
PR33614 Cpl P. R. Coleman
PR 30513 Cpl A. M. D. Leslie
PR30969 Cpl W. J. Mutter
PR37438 Cpl A. G. Waters
PR35128 T Cpl P. C. Badenhorst
PR33849 L Cpl E. A. R. Vermaak
PR25351 L Cpl E. W. Alexander

Territorial or Reserve Service Medal

PR30168 Rfn N. J. Bottger
PR24207 Rfn R. F. Chapple
PR21886 Rfn P. Dunley-Owen
PR21751 Rfn C. M. S. Forder
PR32714 Rfn P. Joubert
PR25297 Rfn D. F. Kruger
PR27502 Rfn G. J. Page
PR58725 Rfn E. C. Schultz
PR29256 Rfn B. T. Stone
PR38140 Rfn R. G. Lucas
PR28565 Rfn P. D. Palmer
PR28553 Rfn R. W. Telfer
R34368 Rfn P. J. Higginson
PR29526 Rfn S. Smith
Maj J. D. Hamer
Lt P. N. Robinson
PR19934 St Sgt A. Blackett
PR24418 Cpl D. J. Birdle
PR32179 Cpl F. J. Perkat
PR36501 Cpl A. Dobropolous

21.10.1977

*7138 Flt Lt F. Barlow
7306 Flt Lt R. J. Watson

4.11.1977

*Flt Lt J. N. Jarvis
Air Lt N. B. Finch
8379 Flt Sgt M. J. Fitzgerald

18.11.1977

*Maj T. Culverwell
Maj D. E. Murray
Maj J. G. Musson
Lt V. Enslin
Lt M. J. Ross
31085M WO2 R. P. Tipler
31614 WO2 B. E. Wilde
13013T Act WO2 E. W. Tipler
PR40884 Col Sgt M. J. Oliver

PR32209 Col Sgt N. G. M. Robertson
37421 Col Sgt M. H. J. Stork
PR33696 Sgt P. M. Watson
22964 T Sgt C. P. Reaney
30400 Act Sgt I. T. Shaw
16012 Rfn S. J. Galloway
PR29931 Rfn B. F. Naude

6.1.1978

*Lt Col P. H. Browne
*Maj A. R. Christie
*Capt C. W. Webb
Maj A. J. Neale
Capt P. Alcock
T Capt W. H. Herman
Act Capt R. C. Donald
Lt A. E. Blatch
17326 Col Sgt J. Atkinson
40183 Col Sgt J. A. Steel
18950 Sgt E. J. Whitfield
38017 T Sgt T. V. Walton
40685 t Sgt A. H. R. West
21499 cpl K. E. Orford
34812 Cpl D. J. Richter
10589 Rfn R. J. A. Cullen

27.1.1978

*T Maj B. C. Amyat
PR30977 Sgt D. Grace
PR27871 L Cpl A. M. Oosthuysen
6577 Rfn D. W. Haddon

10.2.1978

Maj R. W. E. Reynolds
T Capt A. J. Jordan
Lt V. A. Gifford
42890 T Col Sgt W. A. Long
25616 Sgt J. M. Goosen
33783 Sgt J. J. Wilson

Territorial or Reserve Service Medal

10.3.1978

*Sqn Ldr R. P. Blackmore
Act Sqn Ldr A. Shires
Flt Lt B. St J. Douglas-Downs
Flt Lt M. R. C. Warren

17.3.1978

Capt J. D. Martin
PR2758 Sgt M. E. Futter
42360 Cpl L. M. Walker
29697 Cpl B. Addison
4683 Flt Sgt J. L. Stratfield-Warren

7.7.1978

*Maj A. G. R. Reid
*Maj C. M. Currin
*T Maj M. V. Glenshaw
*Act Maj J. A. Landau
*Capt N. A. Cosgrave
20993 C Sgt J. B. Crago
35997 Act Sgt G. G. Vaughan
17764 Cpl R. H. Barbour
18417 L Cpl R MacLeod
6605 Rfn R. B. Radue
22612 Rfn R. B. Tipler
Capt J. L. Heaversedge
Capt W. W. R. MacKay
Lt W. P. C. Parker
25573 WO1 A. G. McDonald
37959 WO1 (RSM) J. D. Stambolie
27988 Rfn A. F. Barfoot
26898 Rfn C. I. Barnes
44452 Sgt B. C. Baxter
35833 Cpl D. M. Bennett
26605 Rfn W. M. P. Beresford
28050 L Cpl J. B. Calder
24306 Sgt D. J. Carter
30469 T Sgt G. V. G. Cornish
29391 Sgt J. O. da Silva

32769 Rfn C. R. Edwards
30630 L Cpl P. J. Follett
28436 Sgt N. P. Gurr
22937 Col Sgt S. P. Harvey
45222 Cpl T. E. Harvey
22255 Cpl E. L. Hocking
38732 L Cpl M. A. T. Hughes
25055 L cpl R. L. Jones
33296 Sgt R. W. B. McEnery
33333 Sgt A. G. Maunder
59433 Sgt A. G. Newman
34899 Cpl J. C. Nourse
34559 T WO2 F. C. Pistorious
29040 Col Sgt R. J. R. Reid
28016 Sgt P. C. Robinson
3552 Sgt R. I. Robinson
33780 L Cpl A. P. Rossouw
26618 Rfn D. H. Schlebuch
28757 Rfn C. M. Scholefield
28620 Rfn N. H. A. Smith
22034 t Sgt D. J. Stewart
30881 Rfn S. S. van der Merwe
33212 WO2 N. G. van Rooyen
25854 Rfn J. Walford
36561 Sgt J. A. White
25857 Rfn A. W. Williams
31360 Sgt L. E. Wilson
Maj G. S. R. Honey
Maj W. B. Smith
51045 WO2 D. C. D. Cunningham
1596 Sgt J. H. D. Edmonstone
35060 Sgt F. H. King
Act Sqn Ldr A. F. Chisnall
Flt Lt I. A. E. Dixon
Flt Lt J. W. Shaw
WO1 D. V. Smith
Lead AC B. Shaw

18.8.1978

*Act Maj C. R. Macfarlane

Territorial or Reserve Service Medal

*Act Maj G. Zacharias
*5318 Act Sgt P. B. Goble
Lt J. Maltas (Retd)
Act WO1 N. N. Amato
21380 WO2 E. A. Baker
19011 Cpl R. A. P. Deetlefs
24267 Cpl N. A. L. Mason
28673 Cpl R. W. Robert-Morgan
29431 Cpl P. C. N. Wright

3.11.1978

*7215 Flt Lt F. G. Hudson
*32209 WO2 N. G. M. Robertson
*Maj J. F. Anderson
*Maj V. P. Odendaal
81368 WO1 R. W. Youngman
Sqn Ldr J. M. Wall
Flt Lt J. C. B. Shaw
Act Flt Lt C. J. Minty
37766 Sgt A. G. Munnik
T Maj H. J. Davis
T Maj H. R. Jones
T Capt W. M. Bragge
Act Maj C. F. Tulley
Capt J. D. Maltas
T Capt D. A. Ellman Brown
Act Capt A. J. Andrews
Act Capt B. C. Follwell
Lt L. T. V. Cousins
Lt R. J. Eggerslusz
Lt R. D. Hunter
21626 WO1 (RSM) W. T. Cornish
26772 WO1 C. E. McNally
19271 Act WO2 D. R. Campbell
14351 Col Sgt J. A. R. Cochrane
57808 Corp R. E. Hargreaves
26321 WO2 E. N. Herschell
24426 Cpl W. J. James
5345 Rfn F. J. R. Junor
40949 Gnr A. T. King

59688 L Cpl A. MacFarlane
35918 Rfn H. T. Marsh
25056 Sgt J. G. Parkin
26952 Col Sgt R. A. Sheasby
T. Maj C. B. Brammer
Act Maj A. E. Morrison
Capt A. A. M. Coleman
Lt K. T. Went
36094 WO2 T. J. Atkins
13776 Act WO2 A. C. A. Mitton
25875 Sgt M. G. Harris
37330 T. Cpl A. W. Dominy
21748 Rfn C. L. McLean

24.11.1978

**Maj N. E. Veale
*Maj I. D. Grant
*Maj R. F. White
Maj J. H. Brown
Maj G. S. Hatty
Maj R. H. Shepherd
T Maj P. D. Shaw
T Capt A. G. Robertson
35617 WO2 P. M. Belstead
19426 WO2 G. I. Owen
28306 WO2 L. J. Roelofse
34742 Col Sgt A. J. Hunt
39959 Act Col Sgt R. C. Klette
25812 Sgt M. N. Harrison
30573 Cpl R. A. Finch
25149 Cpl R. E. H. Kemp
35106 Cpl I. A. Odendaal
40382 L Cpl H. H. Hartel
37725 L Cpl R. S. Miller
76818 L Cpl L. R. Marsh
36387 Rfn F. B. Jaretti
30774 Rfn P. C. Paul
Capt C. W. Gregory
50585 WO2 R. A. B. Douglas
29974 WO2 J. D. McPhun

Territorial or Reserve Service Medal

36316 WO2 A. J. G. Samuel
21437 Col Sgt K. C. Gray
24070 Col Sgt B. Wood
25545 Sgt R. G. Hill
27359 Sgt E. N. Holmes
24555 Sgt J. G. Knight
42404 Sgt B. M. Sudbury
30905 Sgt L. E. Vermaak
19526 T Sgt R. H. Seaton (posthumous)
39390 Cpl J. V. V. Oldfield
33556 Cpl J. H. Young
40869 L Cpl R. Mitchell
30412 L Cpl D. P. Psaradellis
43789 L Cpl P. N. Tatos
40986 Rfn M. J. Oosthuizen
40656 Rfn M. T. Tennick
7227 Flt Lt J. C. B. Shaw
37766 Sgt A. G. E. Munnik

1.12.1978

*Maj J. K. Roe
*Maj A. G. L. Ross
Maj G. A. H. Andrews
40503 Sgt J. R. Houghton
30323 Act Sgt T. G. Hamilton
3051 Act Sgt W. G. H. Jones
43050 Cpl J. D. Dobbs
29915 Cpl D. P. W. Smith
25805 Cpl D. Noot
35111 Rfn C. V. Gardner
40988 Rfn A. B. Minnie
32902 Rfn E. F. R. Stephens
Lt Col H. S. Dunn
31945 C Sgt R. N. Brice
33592 C Sgt J. W. Fotheringham
22997 Sgt P. C. Freeman
36908 Sgt N. W. Vere-Russell
31260 Cpl F. D. R. Cason
26207 Cpl P. C. De Bruyne

31912 Cpl A. N. Duff
30464 Cpl P. M. Perry
36480 Cpl R. J. Pridmore
24505 L Cpl A. A. Guernier
32774 Rfn H. B. Boshoff
25792 Rfn D. C. Hunter
32563 Rfn G. B. Johnstone
21944 Rfn G. R. Smith

22.12.1978

Maj D. M. McCarthy (posthumous)
Maj A. D. Harris
Maj M. S. Mattinson
Capt A. M. Bell
Lt B. R. Charsley
28997 C Sgt A. G. Franceys
42707 T C Sgt A. P. Mendes
29865 Cpl G. L. Penney
19474 L Cpl R. S. Greenword

19.1.1979

*18950 Sgt E. J. Whitfield
3902 WO2 L. G. Pascoe
30194 Act WO2 D. F. M. Judge
39012 C Sgt P. G. Lipscombe
129434 Sgt R. J. Ferguson
41714 Sgt R. A. Muirhead
38340 Act Sgt E. Karageorgiades
19410 Cpl A. A. Fulton
23211 Cpl N. J. R. Roetz

2.2.1979

26853 C Sgt J. J. Ferguson

9.3.1979

**Act Maj E. A. MacDonald
*Capt M. Georgeou
*Lt V. J. Cruickshank
*Maj J. R. F. Stone

Territorial or Reserve Service Medal

*T Maj T. O. S. Meiring
Capt I. H. Ferreira
Capt D. Mitchell
Lt R. A. Reid
24799 WO2 D. J. Mesley
25021 WO2 M. J. Singer
37240 WO2 J. A. Stephens
22260 Act Sgt A. C. D. T. Young
37956 Cpl A. B. Campbell
32132 Cpl G. M. van Niekerk
30038 L Cpl M. J. Prinsloo
42103 Rfn J. P. Naude
40651 Rfn J. S. Swart
35356 Rfn I. van der Westhuizen

16.3.1979

*Flt Lt K. J. Horn
*Air Lt R. H. Potts
Flt Lt W. J. Akester
Flt Lt R. E. Bull
Flt Lt I. F. Hunt
Act Flt Lt J. L. Cameron
Air Sub Lt D. B. S. Chalmers
UTO W. B. Cluer
*Maj R. B. Holcroft
**Act Maj G. W. van Rensburg
*Capt P. Alcock
Maj R. Carey
Capt L. J. Merrington
Lt N. G. Dobropolous
Lt R. B. Hoar
21123 St Sgt G. M. Goldhawk
39431 Rfn J. B. R. Rutherford
39867 Rfn E. C. van der Berg

23.3.1979

**Lt Col G. A. S. Vickery
Act Capt D. Benecke
Lt H. J. Cartwright
5592 WO2 J. J. Allan

24547 WO2 D. F. Harper
37417 TWO2 W. A. Dicks
30203 C Sgt F. W. Webster
27399 Rfn M. A. Fellowes
58917 Rfn G. J. Goodwin
26847 Rfn C. E. Hadden
32783 Rfn A. V. Oxden-Willows

13.4.1979

*8225 WO1 W. R. D. Ferreira
*Flt Lt M. F. C. Warren
*Act Flt Lt N. F. Mumford

18.5.1979

*T Maj G. J. Mostert
T Capt W. G. Martin
Lt A. G. Bichard
27707 WO1 R. J. MacDonald
30438 WO2 R. W. Franklin
45223 TWO2 M. S. Vere-Russell
45027 C Sgt D. H. B. Gardner
29522 Act Sgt P. A. Lawson
18974 Cpl E. F. Bower
27889 Cpl P. W. Van der Ruit
37148 T Cpl R. L. Ramsden
**Lt Col R. T. S. Brown, D.M.M.
**Maj R. K. Futter
**Act Maj G. W. van Rensburg
*Lt H. T. R. Jones
*26810 WO1 (RSM) A. G. Nell
*21984 WO2 M. L. Pascoe
*17864 Act Sgt D. R. Willis
*21585 Rfn K. C. Gifford
(posthumous)
*Maj D. H. Frost
*Capt R. B. Sommerville
*16384 C Sgt H. D. Ross
Act Maj W. M. Hodgson
Capt J. E. O. Russell
Lt J. Babayan

Territorial or Reserve Service Medal

Lt S. Capsopoulos
Lt N. J. Johnston
Lt W. A. Stols
Lt T. G. Stewart
33276 WO2 B. Pretorius
33688 Sgt M. A. Stone
36086 L Cpl D. P. Needham
Act Lt Col J. M. Cromar
Act Capt W. H. Hodnett
36152 Act WO1 B. S. Bell
38707 C Sgt D. J. A. McEwan
34009 Sgt C. G. Morris
29925 Cpl A. N. Blake
3347 Cpl R. D. Gray
32123 Rfn H. J. van Greunen
39553 Rfn B. D. Crabtree
Maj B. A. Campbell, O.T.M.
T Capt G. M. Kerr
Lt F. E. Evans
Lt G. R. Hamilton
34727 C Sgt C. Koutouvidis
28657 Sgt W. Johnstone
35195 T Sgt L. Spoor
32472 Cpl R. D. Hughes
32720 Cpl N. W. Wright
36032 L Cpl L. G. Louth
42422 L Cpl J. B. Postles
41218 Rfn N. D. Amm
37476 Rfn R. W. Bottger
33073 Rfn J. C. Ferreira
22038 Rfn F. P. Oosthuizen
33332 Rfn E. Theunissen

6.7.1979

*16611 TWO2 N. H. Burt
*Maj E. V. McCormack
Maj G. A. Vaughan
Act Maj M. J. Bardwell
Act Maj T. F. M. Tanser
Capt F. J. van Zyl
Capt G. M. Whales
Act Capt K. J. Quick
33414 Act C Sgt D. R. Walker
3001 Act Sgt R. Sharples
31826 Cpl S. C. Harrison
32370 Cpl M. Israel
45690 L Cpl D. M. Duff
29363 L Cpl P. A. J. Watmough
55931 Rfn D. A. Tolson

20.7.1979

*8257 Flt Lt H. Grossberg
7248 Flt Lt E. S. Bone
14121 UTO G. D. Mathieson
8023 Flt Sgt J. A. F. Roberts
Maj W. A. C. Gordon
Maj M. R. Standish-White
Capt G. F. Bishop
Capt B. R. J. Carcary
Capt R. N. Field
Act Capt N. K. Ludik
Lt E. J. C. Brans
Lt G. D. Wright
O Cadet C. E. Peetz
2361 TWO2 D. B. Weigall

20.7.1979

21827 Act WO2 J. M. Forster
50569 A WO2 I. P. Kerr
22619 Col Sgt G. M. Crichton
33429 Sgt R. Cathro
41874 Sgt E. M. Duthie
28262 Sgt A. May
405760 T Sgt D. N. McFarlane
36575 Act Sgt A. C. Baker
32808 Cpl D. H. Edmondstone
40845 Cpl H. J. Hutt
27030 Cpl I. S. Kemp
37242 Cpl J. H. Perry
32817 Cpl R. Treger

Territorial or Reserve Service Medal

44683 Cpl W. P. van Rheede van Oudtshoorn
27655 Cpl H. G. Wite
34658 Act Cpl G. L. Hancock
38689 Rfn J. W. Blackmore
61443 Rfn G. B. Kriedemann
32724 Rfn H. J. R. Streak
22616 Rfn K. W. Wilson

3.8.1979

*Capt J. A. Fox
*Capt D. D. Mackenzie
Maj B. P. Donnelly
Maj S. Polworth
Act Maj D. L. Littleford
Act Capt T. K Roux
5489 T WO2 B. J. Patterson
44346 Sgt G. D. Hollick
14172 Sgt W. M. Sher
60651 Sgt N. S. van Aswegen
34821 T L Cpl F. W. Bezuidenhout

31.8.1979

T Maj D. N. Kristensen
T Capt J. K. Clarke
T Capt D. A. Johnson
36836 WO2 D. Rudiger
22470 Act WO2 C. J. H Pyper
28475 C Sgt L. A. Jolly
31690 C Sgt A. Kennedy
433433 Sgt L. J. Harvey
31330 T Sgt I. M. Armstrong
30125 Cpl S. C. Cooper
PR33067 P. J. Edwards
34076 Cpt R. J. Heuer
35228 T Cpl A. Goldie
30280 L Cpl T. A. Charsley
32260 L Cpl E. W. Gorman
19745 L Cpl A. A. Parsons

41357 Rfn D. E. Aldridge
39154 Rfn J. E. Cronjé
33439 Rfn G. J. Dippenaar

21.9.1979

*7047 Sqn Ldr P. H. Corbishley

28.9.1979

*8842 Col Sgt D. R. Smith
*32969 Sgt B. H. Brown
Maj W. J. Walker
Capt J. M. Crawford
T Capt O. P. Fitzroy
T Capt J. B. Hambrook
T Capt H. L. Sudbury
29570 T WO2 N. J. Bellringer
41282 Sgt N. S. Engelbrecht
34677 Cpl E. N. Alexander
19782 Cpl W. H. Barry

12.10.1979

*Maj M. J. McGoey
Act Maj P. J. A. Cunningham
Capt R. E. Cooper
Capt R. G. A. Tate
Lt P. J. Lewis
32266 WO2 R. Mirtle
30305 T C Sgt I. J. Owen
31259 Sgt A. F. Zangel
33101 T Sgt D. R. Armstrong
28683 Cpl B. Pirie
34791 Cpl G. M. Seward
42818 L Cpl C. D. Maginnis
5111 Rfn K. Godsmark
30062 Rfn R. R. Howlett
34127 Rfn C. F. Manley
30601 Rfn G. G. M. Sewell
30183 Rfn J. B. Stuart

Territorial or Reserve Service Medal

19.10.1979

*Capt G. T. C. Burgess
*Lt C. D. Holmes
*5193 T S Sgt M. W. Mathieson
Maj W. G. M. Munro
Capt H. V. J. Alhadeff
32214 WO2 D. P. Harris
39034 T S Sgt M. Oakley
20015 Sgt B. D. Neil
27822 Rfn G. L. Cumming
25657 Rfn M. B. Tate
28247 Rfn B. D. F. Woods

9.11.1979

*27502 Rfn G. J. Page
*PR9502 WO1 (RSM) T. B. Hayes-Hill
*31518 Sgt J. L. Siddall
Maj M. A. Jenvey
Capt R. R. Bryden
Lt B. D. Hampton
33782 Col Sgt G. J. Keyser
35679 Sgt R. E. Cook
30391 Sgt A. J. Waters
40465 Cpl W. J. Thompson
40566 L Cpl J. A. Martin
43533 Rfn A. Fulton
18828 Rfn L. Perlmutter
242258 Rfn M. M. Vollgraaf

23.11.1979

*7288 Flt Lt N. D. Knight

7.12.1979

**Lt Col G. J. Merrington, M.L.M.
*Maj R. W. E. Reynolds
*Maj F. P. Harvey, E.D.
*Maj W. B. Smith
*Act Maj C. H. Swift
*33961 T Sgt L S. Johnston

Maj D. F. Eltze
Maj G. R. Herrington
Maj A. G. V. Morgan
Maj R. K. Stilwell
Capt C. R. Ablitt
T Capt N. H. Knill
33552 WO2 B. H. C. Saunders
35009 Col Sgt D. G. Morton
37755 Sgt G. O. Bowen
43613 Sgt R. J. Clough
70279 Sgt J. J. Dicks
30965 Sgt G. J. Kerr
40875 Sgt A. H. Nel
42372 T Sgt R. J. Allwright
39840 T Sgt G. Blignaut
40693 T Sgt R. Dewar
45016 T Sgt G. T. Ellis
43505 Cpl I. F. Barham
44079 Cpl J. A. L. Brebner
4174 Cpl R. H. Rowley
47767 T Bdr G. G. N. Chaperon
43301 Rfn B. J. Eckstein
42958 Rfn G. D. Horner
44478 Rfn G. A. Low
39058 Frn B. A. Shiels
31986 Rfn B. Stoltz
37412 Rfn B. G. van der Struys
Maj G. Raft
T Maj J. E. Dietrechsen
T Maj J. P. du Plessis
Lt A. R. Lord
28691 Sgt A. R. Forbes
78163 Cpl R. D. Butcher
39537 Cpl J. L. Brock
45501 Rfn G. M. Brown

21.12.1979

*Capt D. B. Grace
T Maj G. E. Burroughs
T Maj F. I. H. Nesbitt

Territorial or Reserve Service Medal

31827 Col Sgt D. R. R. Clarke
457G4 Sgt T. M. Curnow
31596 Cpl G. W. Pearmain
40170 L Cpl J. R. M. Quirk
28872 L Cpl H. J. Schoultz
23535 Rfn M. H. Dauberman

1.2.1980

**Maj C. T. Payton
*Maj C. T. Payton
Capt R. N. Field
Lt D. O. Mullin
32218 WO1 (RSM) P. S. Grove
45933 Act WO2 R. A. Wallman
39688 St Sgt B. M. van Antwerp
39801 St Sgt G. H. Samuel
43035 T St Sgt M. K. Gibson
39069 Sgt A. J. Gibhard
39503 Sgt A. B. Wishart
43547 T Sgt B. E. Kitto
44109 T Sgt B. Steane
33186 L Cpl N. A. Bradshaw
40244 Bdr V. F. le Clus
43266 Gnr J. J. Steynberg
40101 Bdr P. B. Ward
Capt A. J. Liddle
46643 WO2 N. Ingham-Brown
40726 T WO2 R. M. M. Bowes
45616 Sgt T. J. Bezuidenhout
PR28261 T Sgt T. R. Harrison
41808 T Sgt W. H. Stevenson
46176 Corp S. H. Currie
44702 T Bdr H. C. van Zyl
38954 Rfn P. F. J. Barnard
2987 Rfn R. R. Bauer
33183 Rfn J. R. Corson
*7178 Sqn Ldr M. E. Robinson
*7246 Flt Lt R. G. Atkins
*7013 Flt Lt H. H. Taylor
7166 Flt Lt R. T. W. Clarke

8736 Flt Sgt P. R. Clarke

22.2.1980

*13549 Sgt K. A. J. Pallister
Maj W. K. M. Smith
Lt J. B. Rowell
Lt C. A. P. Slement
34342 WO2 J. Hughes
31634 WO2 A. A. Meikle
16955 Sgt W. A. B. Bennett
28569 Sgt D. A. Parsloe
15927 T S Sgt D. H. Cocksedge
41363 Cpl M. A. A. Bowes
26763 Cpl B. Harris
40597 Cpl A. B. Keen
34078 Cpl C. M. A. Ross
(posthumous)
34226 L Cpl P. R. de Gruchy
42866 L Cpl G. C. Flanagan
27110 L Cpl C. Kontemeniotis
30713 Rfn L. H. Ellerman
39880 Rfn L. Esterhuizen
34962 Rfn R. J. M. Hale
PR25708 Pvt C. F. Henshall
46233 Rfn R. T. Lawrie
PR28011 Pvt M. E. Macklin
Maj C. R. H. Hartley
Act Maj W. B. Letcher
5378 Col Sgt A. R. Butcher
47443 Sgt R. A. James
PR25165 Sgt A. R. Thomson
22834 Act Sgt S. R. Robinson
31384 Cpl L. J. Erasmus
43422 Cpl R. D. Muil
22204 L Cpl B. D. G. Barnes
35708 L Cpl B. B. Hendricks
24838 Rfn N. C. Weinmann

21.3.1980

*T Maj S. Polwarth

Territorial or Reserve Service Medal

Capt C. B. Anderson
T Capt W. H. A. Cuthbertson
T Capt L. C. Dare
Act Capt N. J. Buchanan
Lt C. S. Gibb
Lt E. J. M. Marques
Lt P. M. McKrill
Officer Cadet P. W. Hall
42579 T Warrant Officer Class II
G. F. Linden
34379 Sgt D. J. Hinds
39841 Act C Sgt W. E. Blake
37705H Act S Sgt M. J. Woods
28613 T Sgt M. R. Trent
39113N Act Sgt G. A. Gull
39378 Cpl R. G. Mitchelmore
37434 Cpl M. A. L. Newham
32466 T Cpl R. M. McCallum
40859 Rfn N. G. Long
Act Lt Col C. Ogilvie
T Capt G. I. Maughan
Lt A. S. Morrison
PR23529 Sgt J. R. B. Dunlop
25001 Sgt M. J. Kendal
42353 Sgt I. H. Redman
48826 Cpl M. R. Crompton
33608 Cpl D. E. Fraser
24510 Cpl S. E. Oberholster
39086 L Cpl J. R. Weir
38589 Rfn A. L. Meintjies
35652 Rfn A. J. Reyneke
(posthumous)
*7303 Flt Lt R. T. Saint

4.4.1980

*7261 Flt Lt H. J. Wilde
Flt Lt P. L. Genari
Maj R. G. Login
Capt J. A. Moxham
T Capt R. H. Coltman

T Capt W. I. Hale
Lt G. Jamieson
3495 WO1 A. E. de Souza
20529 WO2 E. J. Vivier
9323 WO2 J. W. McLeod
32116 S Sgt R. P. Craven
25842 Act S Sgt C. P. Barratt
42039 Act Sgt C. B. Albon

25.4.1980

*Capt P. R. Cocksedge
*4300 Sgt R. F. Smith
Maj D. W. B. Nicholas
Capt A. M. Hagelthorn
42834 WO2 S. Abdul
27707 WO2 C. A. Carlsson
28377 T WO2 A. J. T. Millis
39360 Act WO2 C. T. McKenzie
25128 Sgt E. B. Parker
32254 Sgt L W. Rose
17198 T Sgt T. W. Donaldson
44501 T Sgt R. A. Peatfield
18519 Cpl S. A. Cocksedge
40890 Cpl P. D. Philp
2843 Cpl G. A. Price
16391 Pvt R. P. Tiffin
*7231 Flt Lt G. A. Walker-Smith
7260 Sqn Ldr J. W. Redmond
7289 Flt Lt J. M. G. R. Martin
7270 Flt Lt D. J. Sinclair

16.5.1980

*Maj H. J. Davis
62592 Act WO2 K. D. Osborne
34562 T Col Sgt R. B. Watkins
34459 Sgt M. H. Chadbourne
43442 Cpl D. E. Chittenden
44592 Cpl P. H. Matthews
55448 T Cpl A. W. Frost
44347 L Bdr G. J. McPhun

Territorial or Reserve Service Medal

7279 Sqn Ldr S. D. Fenton-Wells
8607 Flt Lt L S. Stoole
8677 Air Lt R. Thurman

20.6.1980

*23377 WO2 R. M. Edley
T Maj M. R. Esson
T Maj M. D. Slaven
19472 Sgt R. P. Brock
22137 T Sgt P. B. Munday
40495 Cpl P. S. Flower
44238 Rfn G. F. Spence
Lt R. B. A. Cowan
42407 T Sgt P. H. F. de Villiers
30224 Act Sgt K. R. Iversen

25.7.1980

*29744 Col Sgt R. G. Denholm
Lt R. D. M. Wardhaugh
1292 WO1 N. E. Thomas
17645 WO2 B. R. Lang
46887 T WO2 P. L. Catteral
5128 Col Sgt C. R. Schultz
40302 T Sgt W. G. Hooton
41166 T Sgt K. P. Schmah
4756 Cpl N. E. Mandy
43523 L Cpl P. S. Farmerey
4706 L Cpl S. Sim
2994 T Capt W. A. van der Merwe
19400 Sgt R. A. Collen
39412 Sgt J. W. Powell
22852 Sgt G. H. Smith
21583 T Sgt E. K. McCabe
46923 Cpl K. J. W. Robinson
42047 T Cpl R. M. Kelly
63440 L Cpl J. A. Jansen van Vuuren
**7042 Sqn Ldr D. C. Howe
*7272 Flt Lt D. M. Barbour

*7169 Flt Lt E. B. Gledhill
7185 Flt Lt E. D. D. Cochrane
7307 Flt Lt A. J. D. Stein
8746 Air Lt A. C. Allen
8620 Air Lt J. C. Wimbush
8556 Under Training Officer P. H. Bischof
8474 WO2 A. E. Cooper
8686 Flt Sgt C. M. Broadbent
2731 Sgt K. I. Lapham
984 Sgt L D. Robinson
4872 Sgt R. S. Thomson
19491 Flt Lt D. S. Rider
8593 Flt Lt P. H. W. Walker
8789 Air Lt J. G. Osterberg
48357 Cpl C. T. Pead
35863 Snr AC G. L. Rawsthorne
37177 Ldg AC A. Cox

29.8.1980

*Maj P. J. Tourle
*Lt W. H. Jones
**Lt I. H. Merdjan
Maj J. Stead
T Capt J. V. Austin
18588 S Sgt M. Koblenz
32178 Sgt C. M. Kendall
9267 T Cpl D. Brown
T Capt L. P. P. Elsmore-Gary
Lt P. R. B. Bate
Lt D. J. Goodey
22734 Col Sgt J. P. Jooste
47970 Col Sgt F. R Spies
420168 Sgt J. D. R. Lashbrook
24003 Cpl C. J. Naude
18536 Cpl V. S. Wittstock

Territorial or Reserve Service Medal

19.9.1980

Army

*Maj W. E. Breare
*579 WO2 F. K. Krahner
*34331 Col Sgt C. Polenakis
Maj J. E. Cormack-Thomson
Capt W. J. Dent
Capt C. L. Knight
Capt E. C. Wainer
T Capt P. R Leach
22892 Sgt I. D. McAdam
4743 T Sgt D. A. L. Cooper
36598 Cpl T. S. M. Davies
40336 Cpl C. T. Maidwell
45410 Rfn L. J. du Toit
Lt R. R. Southey
33837 WO2 T. O. Potts
41752 S Sgt A. Shahadat
35967 Act S Sgt R. W. Cameron
25040 T Sgt H. P. du Toit

Air Force

*7175 Sqn Ldr J. E. Eadie
7253 Sqn Ldr A. F. Watson
7310 Flt Lt E. B. Christian
7308 Flt Lt C. P. Hayward-Butt
7295 Flt Lt K. J. Sampson
7258 Flt Lt N. W. Schaffer
8450 Air Lt R. D. MacNiven
8554 Air Lt D. E. Millan
8461 WO1 P. Brown

7.11.1980

794 WO2 J. E. Bassett
30113 Sgt E. J. Walker
28045 T Sgt A. G. van Breda.
*7285 Flt Lt R. L. F. Short
7255 Sqn Ldr G. P. Pretorius
8477 WO2 R. C. Brown

3367 Sgt K. C. Campbell
51208 Cpl C. E. Stewart

6.2.1981

**Maj E. W. Ellis
XR2738 WO2 J. G. Park
29663 Act WO2 J. P. Smit
39066 Cpl P. H. Rix
28429 Cpl N. R. Williams
Maj P. J. A. Forbes
Maj G. D. van Niekerk
Act Maj K. J. Jerrard
Lt T. W. Compton
Lt D. P. R. Pirie
60762 T S Sgt F. H. J. van der Merwe
35818 Sgt W. H. Spence

3.4.1981

**1376 Sgt G. D. Welch
Capt E. B. Hopkins
46911 WO2 E. Holton
46101 Col Sgt S. R. Walton
Act Maj H. D. Gaitskell
**7046 Flt Lt C. H. Boxall
*7194 Flt Lt F. A. Wingrove
*8378 Air Lt R. G. Clark
8785 Flt Lt R. H. Christie
8580 Flt Lt B. Rodwell
7318 Flt Lt D. F. Stephen
28325 WO2 I. A. Gregory
30234 Mast Sgt N. P. Kaidatzis
12765 Flt Sgt C. P. McIlwaine
35427 Sgt S. Hewitt
71389 Sgt J. L. Hogg
4218 Cpl B. Thompson
45751 Act Cpl B. W. Finch
5365 Sgt A. R. E. Clark
55437 Sgt I. M. Fell-Smith

Territorial or Reserve Service Medal

15.5.1981

*7287 Air Lt E. Jones
8639 Air Lt M. A. Lynton-Edwards
4746 Cpl N. D. Baird

11.9.1981

*Lt L. McGorian
*19005 T WO1 K. Haddon
Lt Col W. R. L.Stuttaford, E.D.
10949 WO2 A. J. R. Stephen
5124 Cpl A. J. Burroughs
Maj H. A. H. Hein
46621 Gunner D. J. Gannon

Fire Brigade Long Service and Good Conduct Medal

For long service and good conduct in a Rhodesian fire brigade; awarded after 18 years' service.

*denotes clasp awarded for 25 years' service
**denotes second clasp awarded for 30 years' service

5.5.1972

Div Off E. R. Gartland
Stat Off F. G. Renney
**Stat Off P. J. Grassie
*Frm Mchabaiwa
*Frm Charakupa
*Frm A. Mushaatu
Frm M. Muchiwanyika
CFO T. E. Clifton
CFO W. J. Toddun
Stat Off C. J. Filmalter
Sec Off J. J. Davidson
Sec Off S. Howard

2.3.1973

CFO T. E. Lawrence
Stat Off G. C. Broad
Star Off D. C. B. Harmer

18.1.1974

*CFO T. E. Lawrence
*Sec Officer L. Osborne
*Stat Off J. E. Gainford
*Stat Off G. C. Broad
*Stat Off P. J. Gressie
Stat Off J. M. V. Beattie
Stat Off F. Edwards

2.8.1974

Fire Brigades

PFO L. A. Proctor
Sen FO D. P. Lambert
Sen FO L. J. Knight
Sen Crewleader F. Gillgower
Crewleader S. J. Brandt
Frm S. I. Leher
Frm A. Y. Stoddart
Frm R. C. Timm
Frm D. Jamieson
FO C. Tobbell

Dept of Civil Aviation

Sen Crewleader H. P. Adams
Crewleader E. Standage
Crewleader G. Nicol
Crewleader C. Chickson
Crewleader G. G. Peters
Crewleader W. C. Branfield
Crewleader G. P. Grewe
Frm D. P. Hill
Frm J. B. Naidoo
Frm H. K. Cassim

14.3.1975

*Stat Off J. M. V. Beattie
*CFO W. J. Toddun
*CFO T. E. Clifton
*CFO S. Howard

Fire Brigade Long Service & Good Conduct Medal

Stat Off D. R. Medcalf
Jun Sub Off J. H. Van Greunen
Frm F. Demeta

10.4.1976

Frm O. Chitowodza
Frm A. Kamota
Ldg Frm I. Zimuto

29.10.1976

Mr I. Mbikwa
Mr T. Chiguma

3.6.1977

Frm Class 1 L. Kamato

7.7.1978

Stat Off N. J. Sutton

10.11.1978

**Stat Off G. C. Broad
CFO V. A. Lowrie
Snr Frm Enoch
Frm Class 1 N. Mutsokotwane

7.12.1979

**Snr Crewleader F. Gillgower
**Frm R. C. Timm
**Frm A. Y. Stoddart
*Sen Crewleader H. P. Adams (retired)
Snr Crewleader G. Nicol
*Crewleader G. G. Peters
*Crewleader E. Standage
*Frm H. K. Cassim
*Frm D. P. Hill
*Crewleader W. C. Branfield
*Frm J. B. Naidoo
*Crewleader C. Chickson
FO P. G. Lewis

FO F. J. Snoer
Fireman D. Abdul
Fireman P. Bezuidenhout
Fireman J. d'Almeida
Fireman V. H. Zerf (retired)
Fireman B. P. Michael
Fireman J. Macdonald
Fireman M. A. Moonsammy
Fireman N. J. Buys
Fireman A. J. George
Fireman E. Rosslee
Fireman R. B. Silver
Fireman O. Johnson
Crewleader S. Agere
Fireman E. Zwidzayi
Crewleader M. Phiyalo
Crewleader H. Ziwanaut
Mr Mutonga

The Rhodesia Badge of Honour

For long service and devotion to duty in government, municipal or private service.

12.7.1971

Mrs J. R. Bailie-Barry
Mr Bangani
Mr P. K. Bell
Mr D. Beru
Mr J. V. Bloem
Mr B. Bozi
Mr J. C. Briedenhann
Mr J. Chanayiwa
Mr Chimuka
Mr P. Chitiga
Mr Cornelius
Mr Darlington
Mr S. Devittie
Mr Dudzai
Mr D. A. Farr
Mr A. Francis
Mr G. A. Fraser
Mr P. Fredman
Mr Z. P. Gilbert
Mr C. S. Green-Thompson
Mr J. G. Grimes
Mr A. H. Halder
Mr B. Jackson
Mr Jongwe
Mr Josani
Mr Joseph
Mr Joseph
Mr Kwarayi
Mr Langton
Mr Livison
Mr G. D. Mackenzie
Mr P. J. L. Mare
Mr M. Mashavani
Mr M. Mateu
Mr M. Mgwrati
Mr T. Michell
Mr Mirimi
Mr J. Mkota
Mr K. K. Moyo
Mr N. Mtakwa
Mr D. Muchineripi
Mr S. M. C. Mukananga
Mr K. Murubi
Mr Musweli
Mr P. Ndalimani
Mr H. A. M. Ndondo
Mr Njani
Mr Parichi
Mr J. Parirewa
Mr C. Pita
Mr Pose
Miss M. P. Rickards
Mr Ringado
Mr C. J. Rukara
Mr M. M. Savanhu
Mr J. Sibangani
Mr A. Tengwe
Mr C. Thomas
Mr A. A. Valentine
Mr W. M. Vellem
Mr Wamarirai
Mr H. West
Mr J. Whidi
Mr Zayoni
Mr Zeniasi
Mr Zozo

Rhodesia Badge of Honour

11.11.1971

Mr S. A. Chirimuta
Mr A. R. E. Clack
Mr L. Gumunyu
Mr R. S. Hatendi
Mr E. Jape
Mr F. B. Kachidza
Mr E. Mwandiambira
Miss R. B. Nicolson
Mr P. M. Nkomo
Mr J. K. Samhungu
Mr S. Sauriri

10.7.1972

Miss N. R. Campbell
Mr L. J. du Preez
Mr H. Joshua
Mr J. P. B. Magwaza
Mr C. Marufu
Mr M. Moyo
Mr A. Ndhlamini

11.11.1972

Mr P. Baye
Mr P. Majoni
Mr A. C. Manowa
Mr R. Mlambo
Mr S. Veremu

11.11.1973

Mr F. Leigh
Mr S. Mathanga
Mr N. Gurupira
Mr E. S. Shoniwa
Mr N. L. Zindaga
Mr K. Mahoboti
11789 Sgt S. Chabarwa, B.S.A.P.

11.11.1974

Mr Daniel

Mr J. Erengai
Mr T. Exavero
Mr S. M. Fani
Mr Fato
Mr C. France
Mr N. Hilary
Mr Jairosi
Mr U. Kanyile
Mr M. Karombo
Mr M. Kashirikamambo
Mr C. Kasikayi
Mr A. Katara
Mr C. Kenara
Mr M. S. Lunga
Mr T. Magagula
Mr M. Maikaro
Mr Z. Makorti
Mr J. Mandu
Mr G. Marodza
Mr M. S. Mazhinye
Mr P. Mbune
Mr A. Misheki
Mr D. Mkalipi
Mr P. Mondiwa
Mr W. M. Mpofu
Mr G. Murisa
Mr S. Musiyiwa
Mr D. Ndhlovu
Mr S. Ndhlovu
Mr E. M. Ngulube
Mr Nkonde
Mr T. Nkunda
Mr M. Tambudzi
Mr Y. Tashaya
Mr J. Tigere
Mr L. Togara
Mr Vuryi

11.11.1975

Mr Amaziya

Mr Anderson
Mr Antonio
Mr Anubi
Miss T. M. Bagshawe
Mr C. Baki
Mr R. Banda
Mrs H. Beaglehole
Mr Benseni
Mr J. Bernade
Mr M. Beta
Mr Bizeke
Mr D. Bizeki
Mr Bvunzani
Mr J. C. Chambe
Mr Chamunorgwa
Mr G. Chamutinya
Mr E. C. Chapita
Mr D. Chatepwa
Mr G. Chavuraya
Mr E. Chihuri
Mr M. R. Chipongo
Mr Chirawa
Mr J. C. Chiromo
Mr E. Chivanga
Mr K. Chiyona
Mr M. Daizo
Mr Dzingirayi
Mrs R. P. Ellis
Mr P. Engelbert
Mrs G. E. Ford
Mr D. K. Gandanzara
Mr S. Gono
Mrs A. Harmer
Mr Johanne
Mr P. John
Mr G. Kagoro
Mr Kamuriwo
Mr Kapesa
Mr C. Katonde
Mr N. Kavu

Mr Keyi
Mr A. M. Komboni
Mr E. P. Kruger
Mr R. Kutadzaushe
Mr L. Lakioni
Mrs S. E. Maaske
Mr J. T. Mabaso
Mr L. C. M. Mabhula
Mr M. G. Madonko
Mr D. Madziwa
Mr F. Mafundikwa
Cpl D. T. Magagada
Mr R. C. Magidivana
Mr Magwere
Mr A. M. Makoni
Mr Makosa
Mr Mandingaisa
Mr Manwere
Mr S. Maodwa
Mr S. Mapaike
Mr V. T. Mapfumo
Mr W. Mapfumo
Mr J. Mara
Mr W. Masita
Mr Masocha
Mr S. Masolo
Mr C. Masonah
Mr J. Mchenje
Mr D. Mdubiwa
Mr Mombwe
Mr N. Mpanhle
Mr L. Msana
Mr M. Msarurwa
Mrs B. Msindo
Mr Muchadei
Mr J. G. Muchirahondo
Mr C. Mudimu
Mr P. Mugodo
Mr R. Mugwagwa
Sgt B. Munemo

Mr K. Mupeta
Mr P. Murashiki
Mr M. Musama
Mr P. Mutemererwa
Mr I. Mutero
Mr P. Mutswagiwa
Mr A. Mutswanga
Mr C. Mwalo
Mr H. N. Mzitshwa
Mr Ncqobi
Mr Nekati
Mr D. Nekati
Mr M. Ngwadzayi
Mr E. A. Nkomo
Mr B. Nowa
Mr J. M. Nyasha
Mr Nyikai
Mr A. Pahlana
Mr M. Patrick
Mr Penyani
Mr S. Philimon
Mr M. Phiyalo
Mr Pilingo
Mr Puma
Mr Remigius
Mr Richard
Mr Robo
Mr W. K. Ruambara
Mr W. C. Rugoyi
Mr G. Runovuya
Mr Sairosi
Mr H. M. Samson
Mr Samuel
Mr G. M. Shamuyarira
Mr Shoniwa
Mr Sidhlohlo
Mr D. Smart
Mr B. Sowoya
Mr Spider
Mrs I. D. F. Stewart
Mr Stoef
Mr S. Sumba
Mr N. Sylvester
Mr C. Tachiweyi
Mr C. Tafira
Mr T. Takaidza
Mr Tangeni
Mr K. G. Taruza
Mr M. Tera
Mr N. J. Thebe
Mr K. Tichafa
Mr S. Tihu
Mr M. Wilson
Mr H. Zandonda
Mr F. M. Zinhu
Mr S. Zinvemba
Mr G. Zowah
Mr S. Zwenyika

11.11.1976

Mr Andireya
Mr K. Azeti
Mr W. T. Bonzo
Mr H. C. Boyd-Moss
Mr Boyiso
Mr O. Bvute
Mr T. P. Bwititi
Mr Chakanetsa
Mr G. T. K. Chapman
Mr S. S. Chihanga
Mr E. Chikonzi
Mr K. Chikore
Mr T. Chiponde
Mr P. Chiromo
Mr P. Chirwa
Mrs N. C. Chitekwe
Mr S. B. Chunga
Mrs M. R. Cross
Mr P. M. Dondo
Mr A. Dube

Mr Engese
Mr P. Gahadzikwa
Mr G. Garikayi
Miss A. M. George
Mr A. Gondo
Mr J. M. Gowera
Mr J. D. Hlamba
Mr M. Hoko
Mrs A. S. Hugo
Mr Johannes
Mr P. Kanonge
Mr M. J. Kapvumvuti
Mr R. Karambakuwa
Mr T. E. Katsande
Mr Kawurayi
Mr C. Kodzwa
Mr G. Kulinga
Mr N. Kumbukani
Mr Kusaya
Mr Luwizhi
Mr Mafuka
Mr S. Magura
Mr I. Mahlangu
Mr R. Mahohoma
Mr J. Mandaitana
Mr C. Mangwiro
Mr J. C. Mariga
Mr S. Maringe
Mr Masweto
Mr S. Matambo
Mr A. Matshudula
Mr E. Mkeswa
Mr L. H. Mkwananzi
Mr A. Z. Moyo
Mr A. Mpofu
Mr W. Msindo
Mrs B. F. Mtero
Mr M. Muchemwa
Mr Mudoni
Mrs T. Mudyiwa
Mr T. Mudzingwa
Mr S. Mufurirano
Mr M. Mukwasi
Mr C. C. Murayirwa
Mr F. Mutongo
Mr T. J. Muzembe
Mr C. Mvono
Mr N Mwanyangadza
Mr D. Mwayenga
Mr Z. Muzanenamo
Mr F. Nelson
Mr S. M. Nengomasha
Mr S. Newton
Mr M. J. Ndhlovu
Mr W. Nhau
Mr R. Nkonde
Mr T. R. Nyasango
Mr J. S. D. Nyashanu
Mr A. Nyoka
Mr C. J. Parkin
Mr A. Phiri
Mr L. Pondo
Mr Rabvu
Mr Ranganayi
Mr C. Rukweza
Mr Rumpumudzuzo
Mr Rusibe
Mr M. K. Semende
Mr P. C. Shoniwa
Mr A. Sigauke
Mr Simushi
Mr Sinoia
Mr M. Sione
Mr E. Siyawamwaya
Mr D. M. Siziba
Mr T. Takafa
Mr S. Thoma
Mr L. Vinti
Mr N. Whande
Mrs D. M. Wise

12.8.1977

Mr N. S. Chovuchovu
Mr S. Chikafu
Mr R. Takazidza

11.11.1977

Mr Antonio
Mr Bakadyani
Mr Bekitala
Mr J. Boniface
Mrs. P. H. Broli
Mr W. Chaitezwi
Mr J. T. Chauke (posthumous)
Mr E. M. Chipare
Mr M. Chirowodza
Mr S. F. Coert
Mr M. Dirwai
Mr Faranando
Mr S. G. Flegg
Mr A. H. Furusa
Mr Gatawa
Mr G. S. Gozhora
Mr P. B. Harry (posthumous)
Miss I. Hopkins
Mr C. James
Mr J. F. Jones
Mr E. H. Kabonga
Mr Kahari
Mr Kampirini
Mr J. Mabenge
Mr H. Magoto
Mr T. Makwazwa
Mr S. W. K. Mambo
Mr M. Mangeze
Mr H. Mano
Mr Marimo
Mr Masimba
Mr A. Mhlungula
Mr K. Msapurgwa
Mr Msiwa
Mr P. Mtawara
Mr J. Mtelo
Mr P. Muchenje
Mr M. P. Munatsi
Mr Munene
Mr J. M. Muyambi
Mr S. Muyengwa
Mr S. Muyoyiso
Mr G. M. Muzinda
Mr Mwagara
Mr S. M. Ndongwe
Mr P. Nelson
Mr F. S. Nyambiray
Mr S. Nyauta
Mr J. Rice
Mr A. Rukweza
Mr Sekete
Mr Siambula
Mr Siamujaka
Mr C. C. Sibanda
Mr Simbi
Mr A. M. N. Sinanga
Mr Sinosi
Mr A. Solotiya
Mr J. Stephen
Mr J. K. Taapatsa
Mr W. Tafireyi
Mr M. Waizi

15.9.1978

E. Mbira
M. Mandeje
O. Nemaire
S. Chitowa
N. Shupayi

11.11.1978

Mrs. M. B. Kinnersley
G. Banda
E. Billie

Rhodesia Badge of Honour

D. Chimangah
M. Kambula
B. Makanani
J. E. Matanda
E. Nyakudya
J. Genti
J. Chinembiri
Badara Friday
H. T. Ramushu
E. Karura
E. Mukutcha
T. S. Marikasi
J. K. Noko
M. J. Moyo
E. Mharadzirwa
C. Chipendo
E. M. Dube
S. Gono
N. Makoni
K. Matavire
W. Mudzingwa
R. Mawondo
J. J. Ngulube
C. Usaiwevu
M. Tambara
S. Mhlanga
Mrs. U. A. R. Digweed
W. Marayini
Manjata
Kapson
Hondong
S. C. Mangwiro
H. Madirao
James
C. Takaruza
S. Bandi
J. Cardozo
Mrs. L M. Garton
J. M. Maposa
E. Mahushaya
M. M. Mukandiona
T. Mutasa
T. Mudzi Chamanga
M. Mashiri
Rumeu
W. E. Truman
G. M. Majaji
A. Masaka
R. Dube
M. Nhamburo
V. M. Gwatirisa
K. T. Bongozozo
M. S. Dondo
W. Dube
A. Magaya
T. E. Makoni
O. E. Mtunga
H. B. Murahwi
K. Ncube
N. F. Pfidze
T. Tawonezwi
B. Kadzizi
Mrs. E. Lotter
A. Tawasika
G. G. Eastwood
Sumbe
E. Monga
Munangu
W. Kataika
A. J. Mwalo
T. Tiki
K. Chidzedzedze

20.4.1979

Ministry of Internal Affairs

Mr V. M. Chibika
Mr L T. Chiwire
Mr T. D. Dhundundu
Mr A. S. Lisoga

Mr I. Machazire
Mr F. Mango
Mr K. S. Maradzika
Mr O. Mawadze
Mr K. N. Moyo
Mr J. Msipha
Mr T. Musengezi
Mr M. Mutunda
Mr T. P. Muzirecho
Mr T. J. Ndhlovu
Mr M. M. Njinga
Mr E. Nkiwane
Mr J. M. Tamhla
Mr R. Zikhali

Ministry of Lands, Natural Resources and Rural Development
Mr Z. Muketiwa

Ministry of Law and Order
Mrs. G. M. Lindsey
Mr G. A. Irvine

Ministry of Local Government and Housing
Mr Shortie Edwin

Posts and Telecommunications Corporation
Mr S. Elliott
Mr H. S. Gwashure
Mr Mahone
Mr J. Makaza
Mr E. Masolo
Mr S. Ntakwesi
Mr E. Rambgwayi

Office of the President
Mr A. H. Cubitt

7.12.1979
Mr L. Agostinho
Mr Antonio
Mr M. Basiket
Mr J. Chakanza
Mr J. Chifodya
Mr M. J. Chipendo
Mr F. Chiyangwa
Mr N. Dambi
Mr S. Demba
Mr A. P. Dondo
Mr B. Fombe
Mr J. Forster
Mr C. N. Gandhlazi
Mr E Gariyaki
Mr E. Gilbert
Mr S. Hlupo
Mr C. Kachidza
Mr S. Kamiyayo
Mr J. Kamwaza
Mr Laiton
Mr W. Lungisa
Mr C. M. Mahachi
Mr B. Mandambe
Mr V. O. Mangobe
Mr H. Manyama
Mr N. Moyo
Mr H. Mano
Mr S. Musavengana
Mr N. Muzoreyani
Mr E. Ndenga
Mr T. Nyagomo
Mr D. Parayi
Mr Sabuda
Mr S. Saidi
Mr Alvis Santano
Mr D. Shava
Mr J. Siyazini
Mr J. X. Spinner
Mr T. Tafa

Rhodesia Badge of Honour

Mr T. Takavingeyi
Mr S. T. Takundwa
Mr Tarambiwa
Mr K. Terera
Mr Tifa
Mr Tonda

Mr B. Zondiwa
Mr H. W. Peirson
Mrs. A. Tutani
Mr P. Nyirenda
Mr T. S. Sibanda.

The President's Medal for Shooting

Awarded to the champion shot of the Rhodesian Security Forces.

* Denotes bar to medal for subsequent award

8.12.1972

*6333 Insp (T) D. Toddun
4008 St Sgt G. R. James

22.3.1974

*4008 St Sgt G. R. James

19.7.1974

6088 Sgt J. C. Lamprecht

8.8.1975

Lt P. A. Miller

7.7.1978

7084 FR W. Tarr

12.1.1979

*6333 C Insp (T) D. G. Toddun

9.11.1979

*7084 FR W. Tarr

The President's Commendation for Brave Conduct

25.6.1971

Mr J. O. Duvenage
Mr K. Dawson
Mr P. Markides
Mr S. H. Prentice
Mr M. Mbvaimbwai
Mr A. Ndhlovu
Mr Y. Mubisa
Mr T. Hove
Mr F. Marufu
Mr S. Dube.

Police Commendations for Bravery

The Commissioner's Special Commendation for Bravery

Silver Baton

17438 FR Abel
18174 Sgt Chaka
8356 PO Clark
6943W FR Dawson
16842 Const Fambirayi
6289K FR Hamilton
7607 D Insp Healy
19519 Const Hove
21164 Const Mapfumo
20321 D Const Mhike
14027 D Sgt Maj Monga
8175 SO Parker

8276 D SO Perkins
9066 PO B. D. Pitt
8132 SO Purse
19403 Const Shangwa
8970 PO Shewan
14072V FR Simons
7999 SO Stanton-Humphreys
21229 Const Tonde
20025 Const Tshabalala
7851 SO Walthew
Supt I. A. Waters

The Commissioner's Special Commendation for Bravery

5791T PRP Boltt
15471 D Const Friendson
15885 D Const Kenneth
15138 Sgt Kesari

10766B FR Knight
14773 DConst Koronel
5145 PRP MacDonald, D.F.C.
12941 D Sgt Nyati

The Commissioner's Commendation for Bravery

Bronze Baton

7645 SO Amira
8663 PO Auld
5727Z FR W. J. Beverley
8751 PO Bird
5008 Insp Bully
20071 Sgt Chigara
22260 Const Chiripanyanga

14363 D Sgt Chiwora
18257T FR Clapperton
8089 PO Connolly
DSO R. Dawson
8779 D PO Devine
17958 Const Dube
901821 NSPO Edge
18283 D Const George
16510V FR Godwin

Police Commendations for Bravery

18419 Const Gwari
8522 PO Havill
7496 SO P. J. Henderson
8433 PO Higham
17629L FR Hodgkinson
7890 SO E. Holloway
9279 PO Howard
8213 PO Howitt
8301 PO Hubbard
8920 PO Ives
13920 Const John
18756L FR Johnson
22704 Const Kagoga
901240 NSPO Kaye-Eddie
5962 SO Kruger
22796 Const Kuwadza
Supt C.C. MacPhail
21152 Const Madore
0259 Const Makoua
20278 Const Maranke
8666 PO Mawdsley
20813 Const Mazonde
22307W FR McLean
18406F FR Meadows
22547 Const Mhiripiri
A20555 APR Z. O. Moyo
17738 Sgt Mthekeli
8657 PO Munford
15356 FR Mukomeka
22852 Const Mulasi
22836 Const Murwisi
18331 Sgt Mutirivani
22413 Const Mutirori
20938 Const Mutumhe

21509 Const Muzondo
16398 Sgt Ncube
21192 Const Ndele
23522 Const Ndlovu
901814 NSPO Purditt
7714 PO Smith
13551 Sgt Takavada
901455 FR Thornton
16701 Const Tongayi
19036 Const Tsavara
7623 PO van Blerk
17578 Const Alexius
14559Z Pol Res Obs Barnett
6354 PO D. Bothwell
14240C PRP Brittlebank
11030W RPO Burger
19467 Const Chibaya
18585 Const Chisadza
8984P FR Dodd
11041A FR du Preez
17378 D Const Elias
17950 Const Elias
13547 Sgt Ernest
A12759 FR Gundas
6255 PO London
11425S FR Louwrens
18591 Const Makoni
16638 Const Phillip
17584 Const Pointer
15898E FR Pretorius
A6413 FR Sibanda
12248M FR Turner
A13711 FR Vista
10413S RSO Woollen

*H. E. The Officer Administering the Government's
Commendation for Bravery*

His Excellency The Officer Administering the Government's Commendation for Bravery

6942 PO Elder
4356 Insp Townsend

Bibliography

Lovett, J., 1977. *Contact: A tribute to those who serve Rhodesia*, Galaxie Press (1974) (Pvt) Ltd, Salisbury, Rhodesia.

Moorcraft, P., 1981. *Contact II: Struggle for Peace*, Sygma Books, Johannesburg, South Africa.

Pittaway, J., and Fourie, C., 2002. *L.R.D.G. Rhodesia: Rhodesians in the Long Range Desert Group*, Dandy Agencies, Musgrave, South Africa.

_____ 2003. *S.A.S. Rhodesia: Rhodesians and the Special Air Service*, Dandy Agencies, Musgrave, South Africa.

Journal of the Zimbabwe Medal Society, ZMS, Box GD 470, Greendale, Harare, Zimbabwe.

Rhodesia Government Gazette, Government Printer, Salisbury, Rhodesia.

Southern Rhodesia Government Gazette, Government Printer, Salisbury, Rhodesia.

Zimbabwe Government Gazette, Government Printer, Harare, Zimbabwe.

Zimbabwe Rhodesia Government Gazette, Government Printer, Salisbury, Zimbabwe Rhodesia.

Index

Index to names listed in this book

Double-barrelled surnames are listed under both surnames.

Aaron, 85, 91, 113, 126, 140
Abbotts, 107
Abdul, 76, 218, 223
Abednigo, 81
Abel, 235
Abercrombie, 35
Abisayi, 139
Abisha, 140
Ablitt, 216
Abraham, 137, 174, 188
Abrahams, 56, 76
Abram, 75
Abrey, 152
Ackerman, 153
Ackhurst, 59, 150
Ackroyd, 54
Acutt, 34
Adam, 54, 105, 109, 120
Adama, 111
Adams, 43, 55, 128, 152, 154, 157, 163, 186, 194, 222, 223
Adamson, 31
Adcock, 66, 77, 158
Addams, 77, 204
Addison, 53, 56, 123, 131, 174, 194, 210
Ade, 203
Adelino, 192
Adelsky, 198
Adendorff, 35, 59

Adlem, 143
Admos, 103
Agayi, 113
Agere, 223
Agnew, 172
Agostinho, 231
Ainslie, 125, 169, 195
Aird, 72, 74
Airey, 30
Aitchison, 74
Aitken, 173, 182
Aitkenhead, 150
Akester, 213
Albert, 101
Albon, 143, 179, 218
Albyn, 105
Alcock, 79, 172, 201, 209, 213
Alderson, 89
Alderton, 187
Aldridge, 215
Alers, 76
Alexander, 16, 22, 67, 91, 108, 117, 125, 152, 208, 215
Alexandre, 158, 163, 177
Alexius, 236
Alford, 144, 179
Alhadeff, 216
Ali, 28
Alick, 62, 85, 103
Aliman, 161
Alison, 31

Allan, 67, 103, 213
Allardice, 159
Allday, 170
Allen, 30, 45, 63, 82, 92, 107, 133, 156, 167, 169, 173, 191, 219
Allers, 143
Allison, 174
Allott, 52
Allsop, 63
Allsopp, 143, 179
Allum, 25, 30, 45, 82, 92, 115
Allwright, 216
Almy, 118
Alport, 150
Alters, 177
Aluwisi, 112
Alvord, 55, 149
Amato, 67, 210
Amaziya, 225
Amborosi, 138
Ament, 43
Amess, 53
Amira, 167, 235
Amm, 214
Amon, 48, 112, 116, 127, 139
Amoni, 139
Amos, 101, 137, 184, 193
Amosi, 138, 141, 192
Amyat, 209
Amyot, 203

239

Index

Anas, 169
Andersen, 109, 170
Anderson, 30, 59, 63, 67, 92, 94, 101, 102, 105, 125, 133, 145, 146, 153, 156, 161, 195, 199, 202, 211, 217, 226
Andireya, 227
Andrew, 169
Andrews, 156, 173, 194, 204, 211, 212
Andriyeya, 186
Androliakos, 43
Angius, 184
Ankers, 31, 157, 176
Annan, 31, 73, 136, 208
Annesley, 189
Ansell, 182
Ansley, 165
Anslow, 207
Anthony, 54, 59, 170, 176
Antonio, 54, 226, 229, 231
Anubi, 226
Appel, 54
Appleton, 177
Archdeacon, 35, 54
Archer, 152
Argyle, 189
Arkwright, 146, 199, 204
Arlett, 69
Armitage, 195
Armour, 166
Armstrong, 22, 32, 34, 59, 61, 89, 128, 150, 156, 167, 174, 198, 215
Arnold, 107, 108, 112, 116, 181, 187
Arnott, 55, 151, 185
Aroni, 62, 84, 98, 110
Arrow, 135
Arthur, 149, 177, 183
Ascough, 171
Asfart, 175
Asham, 164
Ashburner, 152, 182
Ashby, 145, 150
Ashdown, 174
Ashford, 153
Ashforth, 164, 201
Ashton, 177
Ashwin, 148, 199
Ashworth, 62, 83, 93, 97, 189
Asikinosi, 90
Asman, 115
Assiter, 143
Aston, 52, 168
Atherstone, 163, 178
Athienedes, 196
Athienitis, 185
Atidani, 98
Atkins, 183, 205, 211, 217
Atkinson, 31, 36, 45, 82, 92, 122, 131, 147, 151, 187, 199, 209
Atmore, 22, 25
Atterbury, 149, 188
Attwell, 134, 156
August, 135
Augustinos, 113
Augustus, 187
Auld, 235
Auret, 198
Aust, 39, 135
Austin, 30, 147, 150, 170, 187, 195, 219
Aves, 36
Ayliffe, 153
Aylward, 22, 151, 180
Ayrton, 63, 103
Azeti, 54, 227
Babayan, 213
Bache, 164
Bacon, 41, 63, 93, 110
Badara, 230
Badenhorst, 144, 199, 208
Baffana, 111
Bagg, 191
Baglow, 57
Bagnall, 156, 200
Bagshawe, 34, 226
Baier, 144
Bailey, 30, 35, 58, 82, 83, 89, 163, 164, 191, 194
Bailie, 224
Baillie, 150, 162, 167
Baily, 147
Baines, 168
Baird, 83, 131, 162, 220
Baisley, 174

Index

Bajila, 50
Bakadyani, 229
Baker, 22, 25, 63, 91, 108, 115, 144, 148, 154, 166, 190, 191, 193, 199, 211, 214
Bakewell, 149, 202
Baki, 226
Bako, 135
Balaam, 39, 73
Baldachin, 37
Baldcock, 183
Baldock, 30
Baldwin, 46, 59, 64, 73, 114, 156, 158
Baleni, 91
Balfoort, 184
Ball, 152, 157, 177, 181
Ballance, 54, 146
Ballantine, 178
Bamba, 119
Banda, 92, 93, 104, 226, 229
Bandi, 230
Bands, 157
Bangani, 138, 224
Bango, 102
Bangojena, 95
Banham, 133
Banister, 61, 82, 92
Banks, 150
Barber, 83, 169
Barbour, 59, 183, 206, 210, 219
Barclays, 176
Bardsley, 206
Bardwell, 214
Bare, 87

Barfoot, 21, 88, 210
Barham, 34, 216
Baring, 145, 188
Barker, 41, 133, 138, 145, 173
Barkess, 52
Barkhuizen, 194
Barkley, 129
Barkus, 165
Barley, 161
Barlow, 53, 77, 78, 122, 136, 206, 209
Barnabas, 96
Barnard, 33, 46, 66, 80, 123, 134, 167, 173, 195, 217
Barnell, 195
Barnes, 128, 150, 171, 174, 197, 210, 217
Barnett, 65, 155, 191, 236
Barnfield, 90
Barr, 103
Barratt, 218
Barrett, 32, 39, 56, 129, 173, 177, 195
Barrie, 195
Barritt, 164
Barron, 83
Barry, 104, 144, 169, 181, 215, 224
Barter, 143
Bartholomew, 173
Bartlett, 65, 72, 129, 159, 164, 191
Barton, 59, 89, 148, 150, 178, 179
Basiket, 231
Bassett, 55, 179, 220

Basson, 25, 156, 167
Bastin, 140
Batangi, 103
Batata, 193
Batcheller, 55
Bate, 39, 131, 219
Bates, 178
Bathe, 202
Bather, 69, 140
Bathgate, 38
Batshona, 110
Batte, 173
Battershill, 166
Baty, 57, 59, 147, 199
Bauer, 217
Baum, 172
Baverstock, 56, 66
Bawden, 152, 153
Bax, 73
Baxter, 136, 200, 210
Baye, 225
Bayley, 57
Baynham, 66, 73, 147
Bazley, 187
Beach, 156
Beaglehole, 226
Beak, 25
Beamish, 76, 178
Bean, 135, 181, 199
Beattie, 35, 222
Beaumont, 49
Beaver, 75, 82
Beavon, 176
Beck, 31, 67, 143
Beckett, 145, 147, 148, 182
Becking, 187

241

Index

Beckingsale, 152, 185
Beckinsale, 190
Beckley, 175
Bedford, 34, 80, 132
Bedingham, 117
Bee, 122
Beech, 74
Beecham, 172
Beer, 156
Beets, 160
Begg, 105
Beghin, 147
Begley, 35
Behenna, 63, 145, 183
Behr, 179
Bekitala, 229
Bekitemba, 126
Bekker, 49, 125, 147, 153, 197
Bell, 63, 65, 69, 77, 83, 123, 128, 129, 132, 143, 144, 159, 160, 174, 178, 183, 193, 199, 212, 214, 224
Bellamy, 45, 89
Bellasis, 36
Bellingham, 96, 114
Bellringer, 215
Belstead, 211
Belton, 37
Bembridge, 91, 153
Ben, 113
Benade, 144
Benatar, 52
Benbow, 172
Bendick, 113, 137
Benecke, 28, 46, 213
Benes, 97, 115
Beni, 141
Benias, 114
Benic, 201
Beningfield, 148, 194
Beniston, 197
Benjamin, 49, 94, 108, 118, 137, 142
Bennati, 80
Bennett, 54, 56, 135, 159, 167, 176, 181, 199, 201, 210, 217
Bennetts, 195
Benney, 56
Bennie, 46, 189
Bennison, 38, 45, 61, 82, 97, 109
Benseni, 226
Benson, 31, 192
Bentley, 22, 148, 178, 189
Benura, 57
Benzon, 150, 153
Berejena, 119
Beresford, 165, 210
Beretta, 153
Berette, 195
Berger, 171, 199
Bergoff, 132
Berkau, 199
Berkhout, 57, 158
Berkout, 191
Berman, 75
Bernade, 226
Bernard, 141
Bernstein, 169
Berry, 37, 44, 52, 79, 89, 136, 165, 172, 193, 198
Beru, 224
Besah, 91
Best, 61, 82, 99, 111
Bester, 89, 155, 169, 174, 183, 184
Beswetherick, 168
Beta, 226
Bethell, 187
Bethune, 165
Betts, 110
Beveridge, 49, 148
Beverley, 149, 154, 235
Bezuidenhout, 22, 138, 140, 146, 151, 160, 174, 176, 190, 201, 215, 217, 223
Bhamjee, 79
Bharara, 135
Bhebe, 122
Bhenyu, 136
Bhepe, 102
Bhunu, 104
Bibby, 175
Bichard, 44, 213
Bickersteth, 36, 180
Bickes, 94, 114
Bickle, 59, 179
Biffen, 165
Bigg, 116
Bikkers, 196
Biljon, 149
Billie, 63, 85, 101, 114, 229
Bina, 118
Binda, 77

Index

Bindu, 85
Binge, 159
Binion, 44
Binns, 94, 184
Binoni, 116
Birch, 34, 37, 95, 145, 147
Bird, 148, 235
Birdle, 209
Birdwood, 176
Birkett, 112
Birnie, 54
Bishop, 53, 170, 182, 214
Bishton, 185
Bismark, 67
Bisset, 36, 154
Bissett, 75, 205
Biton, 95, 111
Biyasi, 191
Bizaliel, 192
Bizeke, 226
Bizeki, 226
Biziaco, 173
Black, 162, 170
Blackburn, 169
Blacker, 64, 100
Blackett, 179, 209
Blackie, 79
Blackmore, 79, 204, 209, 215
Blackshaw, 128
Blackwell, 79
Blacky, 73
Blair, 62, 82, 103
Blake, 147, 163, 203, 204, 214, 218
Blamey, 110
Blanchard, 181
Blatch, 204, 209

Blazey, 194
Bleasdale, 182, 186
Bleeker, 191
Blessing, 120
Blignaut, 160, 199, 201, 216
Blithenhall, 198
Block, 37
Bloem, 224
Bloomfield, 22
Blowers, 34, 88
Blumeris, 66
Blundell, 154
Blyth, 189, 193
Blythe, 43
Boaler, 158, 166, 194
Boardman, 136
Bobo, 116
Boden, 73, 145, 196
Bodington, 150
Boer, 160
Boesen, 189
Boise, 164
Bolton, 76, 91
Boltt, 58, 149, 152, 177, 235
Bombe, 54
Bond, 30
Bondi, 162, 194
Bone, 79, 170, 214
Bongozozo, 230
Boniface, 121, 181, 229
Bonjisi, 139
Bonner, 54
Bonthuys, 163
Bonwell, 99
Bonynge, 147
Bonzo, 227

Booker, 140
Boorgertman, 161
Booth, 95, 135, 157, 180, 198
Booyse, 78, 126
Borlace, 28
Borland, 52
Borphy, 79
Borra, 178, 183
Bosch, 31, 159, 172, 189
Boschin, 75
Boscombe, 158
Bosewell, 128
Boshof, 184
Boshoff, 73, 212
Bosley, 61, 89
Bosman, 19, 21, 176, 197
Bossard, 171
Bossert, 171
Botes, 149
Botha, 57, 74, 101, 144, 164, 168, 172, 175
Bothwell, 112, 236
Bott, 30
Bottger, 208, 214
Bottoman, 129
Bottomley, 69, 139
Botwright, 179
Bouch, 48, 56
Bouchet, 193
Boulter, 131
Boultwood, 188
Bourhill, 74, 169
Bourne, 80, 135
Bowas, 67
Bowasi, 130

243

Index

Bowen, 55, 114, 143, 164, 166, 169, 187, 216
Bower, 48, 80, 164, 190, 213
Bowers, 101
Bowes, 175, 188, 217
Bowie, 60, 189
Bowker, 159, 167
Bowl, 56
Bowler, 83
Bowley, 67, 131, 167
Bowman, 134
Bownes, 154
Bowness, 36
Bowyer, 38, 46, 72, 128, 178
Boxall, 79, 203, 206, 220
Boy, 57
Boyce, 161
Boyd, 37, 38, 40, 65, 72, 135, 227
Boyi, 42, 193
Boyiso, 227
Boyle, 169
Boyman, 160
Boynton, 79
Boyomu, 104
Bozi, 224
Brada, 140
Bradbury, 30
Bradfield, 45, 61, 82, 101, 158
Bradley, 52, 158, 198
Bradnick, 75, 125
Brads, 69

Bradshaw, 32, 59, 92, 123, 175, 178, 207, 217
Braes, 45, 82
Bragge, 33, 153, 177, 211
Braham, 170
Braidwood, 62, 95, 113
Brakspear, 159, 192
Brammer, 211
Bramsen, 162
Bramston, 152
Bramwell, 76
Brand, 21, 67, 74, 129
Brandl, 196
Brandt, 57, 158, 201, 222
Branfield, 222, 223
Brans, 214
Bratton, 67, 132
Braun, 75, 157
Bray, 35, 96, 165
Braybrooke, 187
Breaks, 149, 182
Breakwell, 77
Breare, 207, 219
Brebner, 216
Bredenkamp, 41
Breedt, 76
Breen, 145
Bremner, 89, 148
Brenchley, 65, 123
Brendon, 22
Brennan, 160
Brent, 36, 67, 124, 143
Brereton, 167
Bresciani, 35

Bresler, 160
Brestler, 202
Brett, 103
Breytenbach, 74
Brian, 201
Briault, 61, 89
Brice, 22, 212
Brickell, 195
Bridges, 34, 177
Briedenhann, 224
Briel, 164
Brierley, 56
Brink, 157, 167, 176, 187
Brinsley, 35
Bristow, 25, 45, 82
Britland, 104
Brits, 164, 197
Britter, 200
Brittlebank, 236
Britton, 73
Britz, 182
Broad, 222, 223
Broadbent, 73, 219
Brobler, 199
Brock, 53, 216, 219
Brockwell, 155
Brodrick, 64, 150
Broli, 229
Bromley, 170, 171, 190
Bromwich, 72
Bron, 169
Bronkhorst, 54
Broodryk, 136
Brook, 162
Brooke, 149
Brooker, 175
Brookes, 54
Brooking, 149

244

Index

Brooks, 55, 59, 84, 159, 194, 195
Broomberg, 35, 59
Brosgarth, 156
Brough, 83
Brown, 22, 43, 52, 55, 65, 67, 75, 76, 83, 104, 135, 143, 144, 145, 146, 148, 151, 154, 155, 159, 163, 169, 173, 175, 181, 182, 184, 189, 192, 193, 194, 196, 199, 200, 203, 208, 211, 213, 215, 216, 217, 219, 220
Browne, 32, 57, 58, 77, 164, 206, 209
Browning, 59, 62, 94, 111, 200
Brownlee, 172
Brownless, 179
Brownlow, 119, 128
Brownstar, 86, 103
Bruce, 19, 21, 46, 74, 89, 135, 143
Bruford, 151
Brunette, 35, 144, 166, 169
Brunton, 129
Bryan, 22, 149, 197
Bryden, 216
Bryer, 31
Bryson, 152, 188
Buch, 22
Buchan, 34, 131, 154

Buchanan, 61, 82, 97, 147, 194, 196, 217
Buckle, 78, 147
Buckley, 35
Budd, 163
Bude, 107
Bugler, 79
Buhera, 92, 148
Buitendag, 145, 184, 191, 193
Buka, 110
Bull, 60, 78, 94, 150, 164, 165, 213
Bulley, 91
Bullinger, 158
Bullmore, 120
Bulloch, 175
Bully, 235
Bulman, 83
Bumhira, 116
Buncker, 153
Bundock, 35
Bunga, 186
Burden, 37
Burford, 39
Burgan, 171
Burger, 162, 168, 179, 236
Burgess, 132, 156, 215
Burke, 35, 60, 165, 180
Burki, 191
Burl, 186
Burleigh, 156
Burlin, 134
Burmeister, 67
Burne, 204

Burnett, 56, 102, 159, 162
Burns, 66, 95, 114, 128, 205
Burrell, 31, 62, 82, 105, 149
Burrill, 179
Burroughs, 216, 221
Burrows, 160, 183
Bursey, 176
Burt, 36, 92, 205, 214
Burton, 131, 154, 165, 190
Bururu, 97
Busby, 130
Busschau, 163
Butcher, 77, 149, 155, 198, 204, 216, 217
Butete, 113
Butler, 83, 123, 124, 156, 176, 181, 184
Butters, 187
Buward, 186
Buxton, 144
Buyotsi, 54
Buys, 223
Bvudzi, 66
Bvumbi, 61, 93
Bvunzani, 226
Bvute, 97, 227
Bwititi, 61, 93, 227
Byars, 135
Bye, 100, 121
Byng, 66
Bysoni, 54
Caborn, 52
Cadiz, 164
Cahi, 36

245

Cahill, 48
Cain, 54
Caine, 65, 122
Cakl, 37
Calasse, 190
Calcutt, 66
Calder, 25, 155, 180, 210
Caldwell, 74
Caley, 34, 187
Calheiros, 73
Callaghan, 129
Callon, 154
Callow, 61, 82, 92, 114
Calmeyer, 30
Cambitizis, 19
Cambitzis, 24
Cameron, 22, 25, 127, 161, 194, 213, 220
Campbell, 33, 54, 76, 79, 134, 152, 155, 158, 161, 162, 164, 167, 170, 188, 189, 197, 200, 204, 207, 208, 211, 213, 214, 220, 225
Campbell-Watt, 202
Campion, 65
Campling, 46, 123, 131
Canaan, 109
Cane, 191
Cannell, 36
Cant, 144
Capell, 164
Caple, 204

Capper, 63, 106
Capsopoulos, 213
Carbutt, 169, 178
Carcary, 214
Cardozo, 230
Cardwell, 196
Carew, 158, 176
Carey, 57, 60, 159, 184, 213
Carle, 189
Carli, 170
Carloni, 43
Carlsson, 52, 218
Carlton, 184
Carmichael, 130, 131
Carnegie, 188, 204
Carnie, 161, 182
Carpenter, 44, 77, 194, 197
Carr, 36, 66, 97, 133, 167
Carrier, 182
Carroll, 109
Carruthers, 49
Carse, 95, 112
Carshalton, 36, 173, 180
Carson, 150
Carstens, 150, 161
Carswell, 134
Carter, 116, 146, 175, 194, 210
Cartwright, 189, 213
Carver, 96, 145
Cary, 22, 54, 136, 160, 163, 173, 187
Case, 123
Casey, 75, 175

Cason, 145, 212
Cassiano, 108
Cassidy, 115
Cassim, 222, 223
Castle, 128
Castling, 186
Catherall, 182
Cathro, 214
Caton, 127
Cattelino, 184
Catteral, 219
Cattermole, 52
Cattle, 22, 25
Cave, 184
Cawood, 22, 25, 131, 152, 154, 164, 169, 198
Cephas, 91
Cerff, 143
Chaba, 49
Chabarwa, 90, 93, 225
Chabata, 42
Chabika, 107
Chabuka, 86, 102, 103
Chabvuta, 86
Chadbourne, 218
Chadehumbe, 88, 106, 115
Chadula, 186
Chadwick, 146
Chagonda, 57
Chait, 39
Chaitezwi, 85, 99, 229
Chaka, 235
Chakabuda, 106
Chakadayi, 91
Chakadenga, 138

Index

Chakadungwa, 141
Chakanetsa, 86,
  113, 138, 141, 227
Chakanyuka, 101,
  103, 185
Chakanza, 231
Chakarisa, 101
Chakauya, 108
Chakombera, 134
Chalk, 82
Chalmers, 34, 198,
  213
Chamanga, 230
Chamara, 91
Chambe, 226
Chamberlain, 162
Chambers, 59, 162
Chamboko, 113
Chaminuka, 87
Chamirayi, 171
Chamisa, 57
Chamonorwa, 79
Champken, 52, 126
Chamunogwa, 116
Chamunorgwa, 63,
  85, 99, 169, 226
Chamunorwa, 121
Chamusingarevi,
  87
Chamutinya, 226
Chanayiwa, 224
Chance, 35, 176,
  184
Chandafira, 100
Chandler, 22
Chanetsa, 90
Changamire, 87
Changwesha, 120
Chaparadza, 88
Chaperon, 216

Chapfunga, 86
Chapita, 226
Chapman, 36, 155,
  189, 193, 194,
  196, 197, 227
Chapocho, 186
Chappe, 58, 171
Chapple, 208
Chapu, 136
Chapxanya, 85
Charakupa, 103,
  222
Charamba, 76
Chard, 63, 160
Charewea, 106
Charinga, 113
Charles, 118, 194
Charlesworth, 83
Charnley, 172
Charosu, 138
Charsley, 111, 152,
  174, 212, 215
Charters, 175
Charumbira, 88,
  186
Chatambudza, 140
Chatepwa, 226
Chatham, 157, 162
Chatiza, 102, 120
Chatizembgwa, 88
Chauke, 229
Chaumba, 88
Chaunda, 185
Chavuraya, 226
Chawasarira, 64
Chawora, 62, 85,
  115
Chayendera, 88
Chayerera, 87, 119
Cheesman, 152

Chegore, 102
Chekenyika, 192
Chekure, 99
Chemere, 84, 121
Chendisayita, 185
Cheney, 149
Chenjera, 121
Chenjerayi, 126
Chennells, 172
Chennels, 162
Cheruwa, 117
Chesango, 87
Chibava, 86
Chibaya, 105, 236
Chibi, 85, 98
Chibika, 230
Chibowora, 87
Chibuye, 169
Chicheko, 132
Chickson, 222, 223
Chida, 87, 138
Chidadure, 140
Chidaguro, 107
Chidamahiya, 139
Chidavaenzi, 111
Chidawanyika, 111
Chidembo, 137
Chidizingwa, 75
Chidomaya, 91
Chiduku, 66
Chiduwa, 98
Chiduza, 61, 92,
  111
Chidzambga, 99
Chidzedzedze, 230
Chidziwa, 61, 93
Chifamba, 86
Chifodya, 231
Chigara, 235
Chigariro, 104

247

Index

Chigerwe, 62, 86, 103
Chigona, 120
Chigonda, 99
Chigondo, 69, 142
Chigowe, 99
Chigubu, 117
Chigudu, 42, 76, 95
Chiguma, 96, 223
Chigumira, 85
Chigwagwa, 52
Chigwana, 102
Chigwida, 90
Chigwonde, 91
Chihanga, 227
Chihota, 119, 120
Chihuri, 226
Chikafu, 116, 229
Chikanza, 53
Chikara, 130
Chikarakara, 90
Chikati, 104
Chikobvu, 100
Chikondowa, 53
Chikonzi, 227
Chikore, 227
Chikovi, 107
Chikovore, 117
Chikowore, 71
Chiku, 171
Chikwaka, 70
Chikwana, 137
Chikwanda, 129
Chikwavira, 141
Chikwekwete, 95
Child, 31
Chilton, 153, 173
Chilumbu, 113
Chimanga, 93

Chimangah, 98, 117, 230
Chimanikire, 44, 86, 103
Chimbamu, 48
Chimbiya, 169
Chimedza, 52, 54, 61, 94, 102
Chimemena, 192
Chimhandamba, 108
Chimidza, 91
Chimo, 63
Chimombe, 87, 124
Chimuka, 224
Chimuti, 40, 136
China, 113
Chinamhora, 91
Chindawi, 115
Chindedza, 88
Chinembiri, 85, 104, 111, 117, 230
Chinengundu, 88
Chinganga, 121
Chingobo, 88
Chingoka, 93
Chingombe, 75, 100
Chingonzoh, 102
Chingosho, 118
Chingwe, 109
Chinherera, 112
Chinjeke, 63, 87
Chino, 95
Chinogaramombe, 90
Chinoto, 131
Chinouya, 118
Chinwadzimba, 104
Chinyani, 91, 109

Chinyanoura, 117
Chinyenze, 65
Chinyere, 9, 136
Chinyuku, 107
Chinze, 96
Chinzou, 114
Chiota, 22
Chipanera, 137, 171
Chipanga, 87
Chipango, 116
Chipare, 229
Chipendo, 230, 231
Chipengo, 117
Chipfumbu, 85
Chipoka, 90
Chiponde, 227
Chipondoro, 52
Chipongo, 226
Chipoyera, 102
Chipperfield, 122
Chipuriro, 70
Chipurura, 52
Chiradza, 114
Chiramba, 49, 113
Chirambadare, 107
Chirambaguwa, 118
Chirau, 22
Chirawa, 226
Chiremba, 114
Chiri, 94
Chirimba, 100
Chirimuta, 225
Chiripanyanga, 235
Chirisa, 61, 93
Chiromo, 117, 226, 227
Chirowodza, 109, 120, 229

Chirume, 84, 98, 111, 140
Chirundikwa, 69, 137, 138
Chirwa, 227
Chisadza, 236
Chisadzah, 101
Chisango, 86
Chisenwa, 62, 99, 119
Chisese, 95, 110
Chishanu, 177
Chisholm, 34, 130
Chisnall, 38, 59, 79, 151, 152, 200, 210
Chiswuvure, 140
Chitando, 85
Chitanga, 22, 70
Chiteka, 61
Chitekwe, 227
Chitereka, 66, 129
Chitiga, 224
Chitongo, 61
Chitowa, 229
Chitowodza, 223
Chitsa, 106
Chitsaka, 96
Chitsatso, 61, 93, 98
Chitsike, 108, 132
Chittenden, 57, 166, 194, 218
Chiunye, 119
Chiuta, 108
Chiutsi, 85
Chivanga, 226
Chivasa, 134
Chivero, 22
Chivete, 104
Chiwambwa, 192
Chiwanza, 86
Chiwapu, 86
Chiwara, 52, 102, 114, 116
Chiware, 85
Chiwashira, 109, 111
Chiwekwe, 107
Chiweshe, 63, 86, 96, 109, 112, 119
Chiwesho, 103
Chiwire, 230
Chiwocha, 88, 107
Chiwona, 100
Chiwora, 99, 235
Chiwundura, 22, 70
Chiwungwe, 177
Chiyaka, 40, 42
Chiyangwa, 109, 133, 231
Chiyona, 226
Chizema, 119
Chizivano, 121
Chogah, 111
Chomunorgwa, 87
Chonzi, 171
Choruwa, 85
Chovuchovu, 229
Chozarira, 104
Christanakis, 184
Christensen, 144
Christian, 220
Christie, 22, 31, 75, 134, 150, 206, 209, 220
Christophides, 196
Christou, 185
Chubb, 31
Chulu, 131
Chunga, 227
Chunguni, 114
Cilliers, 155, 205
Civonamba, 84, 98
Ciweshe, 85
Claassen, 57
Clack, 140, 225
Clampit, 93
Clapham, 60, 168
Clapman, 201
Clapperton, 235
Clarence, 165
Claridge, 151
Clark, 22, 36, 54, 67, 75, 76, 83, 112, 124, 164, 166, 168, 169, 174, 191, 198, 199, 220, 235
Clarke, 21, 34, 80, 115, 119, 123, 130, 132, 136, 160, 177, 187, 200, 205, 207, 215, 216, 217
Classen, 207
Clatworthy, 184
Claxton, 176
Clay, 55, 153
Claypole, 22
Clayton, 165
Cleak, 187
Clemence, 48
Clement, 104, 115
Clements, 92, 110, 116, 202
Cleminshaw, 208
Clemo, 133
Cleveland, 60, 166, 169
Clifford, 120
Clifton, 222

Index

Clinker, 191
Clipston, 78, 204
Clittos, 107
Cloete, 49, 74, 100, 146, 147, 165
Clotworthy, 191
Clough, 191, 216
Cluer, 213
Coast, 28, 37, 197
Coaton, 77
Cobban, 155
Cobbett, 67, 134
Cobbold, 149
Cochran, 196
Cochrane, 58, 78, 155, 197, 207, 211, 219
Cockburn, 155
Cockcroft, 112, 168
Cocking, 37
Cockle, 125
Cocksedge, 203, 217, 218
Codd, 162
Codron, 150
Coelho, 54
Coert, 229
Coetsee, 48
Coetzee, 59, 152, 153, 160, 173, 182, 185, 186, 194, 195, 199
Coetzer, 83
Coffin, 60
Cohen, 53
Coke, 170, 182
Colbourne, 89
Colclough, 166
Cole, 37, 67, 125, 175, 187, 205

Coleman, 22, 67, 77, 116, 123, 162, 180, 181, 184, 193, 208, 211
Coleridge, 49, 172
Coles, 178
Coleshaw, 36, 191
Collen, 37, 219
Collett, 28, 36, 73, 165
Collier, 61, 89, 92
Collins, 49, 62, 82, 97, 143, 151, 154, 159, 160, 186, 193
Collocott, 73
Collyer, 122
Colman, 54
Colquhoun, 84
Coltman, 151, 218
Combe, 166
Combes, 118
Combrink, 197
Compton, 75, 220
Condon, 119
Condy, 59
Conjwayo, 92, 108
Conn, 40, 41
Connear, 161
Connelly, 199
Connolly, 31, 80, 235
Connor, 60, 175, 202, 206
Conolly, 36, 175
Conradie, 176
Constable, 158
Conway, 42, 58, 150
Cook, 28, 63, 77, 84, 105, 106, 127, 159, 181, 216

Cooke, 22, 25, 65, 79, 115, 122, 123, 136
Coolican, 54
Coom, 170, 172
Coombes, 153
Coombs, 156
Coomer, 178, 199
Cooper, 36, 60, 67, 78, 80, 89, 109, 145, 146, 154, 155, 176, 189, 193, 195, 215, 219, 220
Copeland, 40, 158
Copeman, 190
Copley, 101
Corbett, 164
Corbishley, 59, 78, 205, 215
Corken, 158
Cornelious, 96
Cornelius, 21, 115, 224
Cornish, 67, 173, 189, 210, 211
Corp, 43, 152, 211, 217
Corr, 147
Corrans, 128
Corson, 217
Cosgrave, 79, 203, 210
Cossey, 144
Costa, 115, 132
Costello, 181
Coster, 22, 122
Cottam, 159
Coubrough, 36
Coulson, 37

250

Index

Coupar, 148, 196
Couper, 170, 182
Court, 116
Courtney, 143, 201
Courts, 95
Cousins, 211
Coutlakis, 204, 206
Coventry, 31, 38, 146, 196
Cowan, 58, 67, 129, 158, 166, 174, 219
Cowap, 200
Cowie, 150, 180
Cowl, 153
Cowley, 54, 192
Cowling, 152
Cox, 62, 83, 94, 98, 150, 185, 199, 219
Coxell, 166
Coyte, 190
Crabtree, 30, 45, 88, 214
Cracknell, 67, 157
Craddock, 175
Crago, 210
Crahart, 92
Craig, 67, 123, 127, 154, 155
Craigie, 94, 111
Cramp, 79, 203
Cran, 172
Cranswick, 189, 206
Crause, 165
Craven, 89, 157, 218
Crawford, 24, 158, 183, 192, 215
Creigh, 157, 180
Cremer, 207
Cresswell, 181
Crichton, 179, 214

Cripps, 146
Cripwell, 159, 189
Crispen, 139
Crivellari, 76
Croasdell, 118
Cromar, 78, 214
Crompton, 218
Crone, 117
Cronin, 74
Cronje, 143
Cronjé, 215
Cronshaw, 74, 135
Crosbie, 143, 179
Cross, 120, 151, 162, 170, 197, 227
Crossan, 62, 91
Crossley, 109
Crossmith, 152
Crostwaite, 159
Crostwaite-Eyre, 159
Crouch, 148, 165
Croukamp, 42
Crow, 35
Crowe, 103
Crowley, 195
Crowther, 171
Croxford, 34, 186
Cruger, 177, 182, 201
Cruickshank, 136, 207, 212
Cruickshanks, 178
Cryer, 190
Cubitt, 38, 231
Cuddington, 149
Cuerden, 104
Culbert, 123, 126
Cullen, 209
Cullinan, 156

Cullis, 184
Culpan, 79
Culverwell, 39, 206, 209
Cumming, 103, 126, 172, 188, 216
Cummings, 22, 148
Cumper, 54
Cunningham, 80, 108, 133, 186, 210, 215
Curle, 49
Curnow, 216
Curran, 173
Currie, 146, 193, 217
Currin, 39, 206, 210
Curry, 175
Curtin, 67, 133
Curtis, 57, 83, 178
Cusack, 37
Custon, 117
Cuthbert, 205
Cuthbertson, 217
Cutler, 101
Cutter, 79
Cuttler, 65, 122
Cyril, 139
d'Almaine, 53
d'Almeida, 223
d'Hotman, 66
da Silva, 73, 210
da Silveira, 75
Dabengwa, 101
Dace, 66, 133
Dacomb, 197
Dahmer, 31
Daines, 123
Daizo, 226
Daka, 87

Dakin, 178
Dakyns, 128
Dale, 58, 156, 164, 196, 197, 204
Daleymont, 158
Dalkin, 201
Dalton, 33, 174
Daly, 73
Dam, 57
Dambgwa, 127
Dambi, 231
Dames, 132
Dams, 33, 123, 134
Danby, 147, 180
Dancer, 84
Danda, 88, 107, 110
Dando, 150
Dane, 53, 55
Dangayiso, 90
Danger, 117
Dangers, 122
Daniel, 81, 112, 117, 225
Daniels, 56, 164, 201
Danielz, 60
Danker, 151
Daquino, 187
Darby, 152, 162
Dare, 217
Darikeni, 192
Darling, 83
Darlington, 224
Darney, 138
Darroll, 154
Dartnall, 66
Date, 49
Dauberman, 217
Dauncey, 124, 135
Dauzeni, 96

Davel, 57, 166, 197
Davenport, 60
Daveti, 102
Davey, 34, 37, 89, 116, 166, 169
David, 71, 85, 99, 100, 105, 113, 119, 186
Davidovics, 91, 154
Davids, 59
Davidson, 66, 126, 129, 143, 198, 222
Davie, 178
Davies, 22, 34, 53, 55, 107, 115, 123, 127, 131, 146, 152, 155, 157, 160, 168, 172, 180, 184, 185, 194, 196, 203, 208, 220
Davis, 36, 112, 122, 148, 150, 164, 171, 211, 218
Davison, 77, 182, 206
Davy, 104, 193
Dawes, 148
Dawson, 75, 106, 112, 123, 144, 157, 179, 180, 190, 194, 197, 234, 235
Dax, 59, 151
Day, 63, 64, 83, 92, 110, 170
Daynes, 172
de Beer, 42, 48, 72, 154, 176
De Bruyne, 212

de Chalain, 186
de Clercq, 166
de Clerk, 183
De Courcy, 59
De Courpalay, 89
de Freitas, 74
de Gruchy, 217
de Haas, 190
de Haast, 37, 123
de Jager, 67, 126
de Jong, 187, 188
de Klerk, 154, 168, 169, 170, 179, 182
De Klerk, 193
de Kock, 22, 52, 66, 127
de Kok, 181
de la Fargue, 59, 181
de la Mare, 133
de la Rosa, 188
de la Rue, 38, 148
de Lange, 118, 169, 176, 183
de Milita, 60, 162
de Paauw, 170
de Robillard, 41
de Smidt, 157
de Souza, 218
de Villiers, 132, 164, 181, 219
de Wet, 167, 168, 169, 173
De Wet, 176
de Wijze, 171
De Wit, 114
de Witt, 172, 201
Deall, 32, 38, 52, 124
Dean, 183

Index

Dearlove, 168
Dearmer, 145, 188
Deary, 59, 159, 194
Deasy, 62, 96
Decie, 168
Dee, 153
Deere, 35, 173
Deetlefs, 178, 211
Delarre, 165
Delekani, 178
Dell, 22, 37, 149, 183
Delport, 73, 74, 170
Demaine, 166
Demba, 231
Dembedza, 85
Demblon, 200
Demeta, 223
Demetriou, 156
Demo, 120
Dendere, 114
Denga, 112
Denhere, 110
Denholm, 219
Denias, 118
Denley, 31, 45, 82, 97, 109
Dennis, 94
Dennison, 39, 43, 74
Dent, 76, 126, 220
Denton, 176
Denyer, 150
Depi, 91
Dereham, 189
Derry, 163
Derwig, 57
Des Fountain, 133
Desfountain, 78
Deshe, 140

Dete, 67
Devine, 235
Devittie, 224
Dewa, 104, 105
Dewah, 87, 106
Dewar, 151, 216
Dewdney, 157
Dewe, 49
Dewsbury, 78
Dex, 194
Deysel, 182
Dhlamini, 56, 103, 107
Dhliwayo, 98, 117
Dhundundu, 230
di Perna, 37
Diaga, 140
Dibble, 170
Dick, 62, 92, 120
Dickenson, 22, 31
Dicker, 144
Dickinson, 72, 74, 118, 128, 196
Dicks, 147, 213, 216
Dickson, 56, 86, 90, 106
Diedrichs, 128
Diedricks, 122, 182
Diesel, 162
Dietrechsen, 216
Digby, 66, 124
Digges, 89
Diggory, 155
Dighton, 35
Digweed, 230
Dillon, 21
Dilmitis, 157
Dina, 140
Dingiswayo, 110
Dinsdale, 207

Diplock, 207
Dippenaar, 133, 215
Dipper, 165
Dirwai, 229
Diss, 178
Ditcham, 145, 196
Divaris, 22, 31
Dives, 75
Divett, 25
Dix, 184, 185
Dixon, 46, 72, 135, 187, 210
Dobbs, 212
Dobropolous, 209, 213
Dobson, 188
Dodd, 83, 105, 165, 206, 236
Dods, 195
Doha, 91
Doherty, 132
Doig, 202
Dold, 144
Dollar, 201
Dolleman, 200
Domboh, 113
Dominy, 211
Domoney, 160
Don, 59, 153
Donald, 53, 73, 173, 181, 209
Donaldson, 55, 59, 114, 184, 218
Dondo, 227, 230, 231
Dongo, 108
Donkin, 164
Donnelly, 180, 215
Doorly, 144
Dore, 184

253

Doré, 185
Dotito, 70
Dott, 186
Douglas, 52, 93, 98, 133, 169, 177, 185, 186, 209, 211
Douse, 185
Dove, 65, 204
Dowden, 123
Dowding, 176
Dower, 163
Downes, 37, 58, 181
Downham, 61, 89
Downing, 171
Drake, 37, 39, 130, 154
Drakes, 156
Drewe, 151
Drewett, 56
Dreyer, 167
Driver, 174, 192
Dron, 166
Drummond, 32, 123, 153, 163
Drysdale, 158
du Boil, 147
du Bois, 67
du Plessis, 54, 56, 80, 124, 144, 177, 178, 181, 184, 186, 197, 216
Du Plessis, 180
du Plooy, 36, 143, 146, 152, 162
du Preez, 44, 56, 66, 78, 149, 150, 169, 175, 176, 181, 190, 192, 195, 197, 206, 225, 236

du Rand, 39, 77, 126, 138, 201
du Toit, 34, 49, 131, 146, 168, 171, 173, 174, 175, 177, 191, 195, 208, 220
Du Toit, 75, 161
Dube, 37, 67, 84, 86, 94, 95, 96, 97, 103, 108, 109, 110, 112, 118, 130, 131, 227, 230, 234, 235
Ducker, 187
Duckworth, 56, 163
Dudden, 123
Dudney, 166, 169
Dudzai, 224
Duff, 151, 212, 214
Duggie, 53, 167
Duke, 35
Dumas, 31
Dumont de Chassart, 162
Duncan, 35, 39, 48, 96, 127, 139, 164
Dunkerley, 162
Dunley, 208
Dunlop, 21, 218
Dunn, 31, 39, 82, 102, 177, 189, 212
Dunwell, 133
Dupont, 18, 21
Durand, 131, 170
Durbin, 155
Durrant, 177
Duthie, 72, 157, 214
Duvenage, 59, 168, 234

Duxbury, 185, 207
Dyer, 65, 66, 83, 108, 123, 134
Dyke, 101
Dzakayi, 174
Dzama, 94
Dzapasi, 85, 99
Dzene, 174
Dzere, 117
Dzikamayi, 88
Dzimbanete, 97
Dzingai, 111, 118
Dzingayi, 120, 132, 140
Dzingirayi, 87, 226
Dzingire, 120
Dzinomurumbi, 135
Dzinoreva, 104
Dzinotyiwei, 112
Dziradzargwo, 85
Dzovani, 166
Dzwaka, 85, 108
Dzwake, 101
Dzwowa, 104
Eadie, 204, 220
Eames, 45, 61, 82, 96, 109
Eardley, 163
Eastes, 166, 194
Easton, 190
Eastwood, 22, 130, 146, 155, 230
Eaton, 123
Eatough, 123
Eburne, 162
Eccles, 30, 138, 196
Echardt, 161
Eck, 100
Eckard, 147

Index

Eckstein, 216
Eddeger, 119
Edden, 63, 83
Eddie, 236
Edgar, 188
Edge, 146, 235
Edkins, 183
Edley, 194, 203, 219
Edmeades, 37
Edmond, 94
Edmondstone, 214
Edmonstone, 210
Edridge, 190
Edward, 120, 121, 126, 127, 140, 200
Edwards, 27, 38, 59, 66, 83, 84, 88, 103, 119, 123, 129, 137, 144, 148, 151, 193, 202, 207, 210, 215, 220, 222
Edwin, 97, 116, 142, 231
Edyvean, 162
Efurati, 94
Eggersglusz, 197
Eggerslusz, 211
Egleton, 61, 82, 94
Ehrenfeld, 22
Einhorn, 157
Eksteen, 177, 181
Elcombe, 170
Elder, 237
Eldridge, 58, 136, 202
Eleftheriades, 154
Elford, 22
Elias, 91, 105, 111, 122, 139, 178, 236

Elikana, 90
Eliphas, 114
Elisha, 94
Elishah, 116
Eliveni, 100
Elkington, 165
Elladio, 142
Ellerman, 217
Elliot, 168, 169, 180
Elliott, 37, 54, 145, 154, 156, 160, 198, 200, 231
Ellis, 149, 180, 203, 216, 220, 226
Ellison, 22
Ellman, 22, 155, 211
Ellman-Brown, 22
Ellmann, 67
Ellway, 63, 82
Els, 123, 143
Elsmore, 163, 173, 219
Elsworth, 179
Eltingham, 158
Elton, 154, 201
Eltringham, 203
Eltze, 216
Ely, 80, 133
Emerick, 190
Emmerson, 80, 184
Empson, 141
Encarnação, 48, 54
Engela, 122
Engelbert, 226
Engelbrecht, 57, 147, 161, 194, 197, 215
Engels, 165
Engese, 228
Engesu, 185

England, 155
Englebrecht, 143
Engles, 202
English, 148
Ennis, 63, 92, 109
Enoch, 86, 93, 223
Enock, 48
Enslin, 67, 190, 209
Ephrem, 139
Eppel, 163
Erasmus, 151, 164, 172, 182, 186, 197, 199, 217
Erengai, 225
Erick, 98
Eriya, 128
Ernest, 91, 93, 109, 117, 236
Errington, 152
Ervine, 59, 178
Esler, 63, 103
Espach, 30
Esson, 219
Esterhuizen, 49, 125, 151, 217
Esther, 138
Estias, 118
Estment, 153
Etheredge, 60, 175
Etias, 112
Evans, 32, 34, 54, 57, 63, 74, 94, 106, 111, 133, 162, 175, 177, 190, 214
Everard, 19, 22
Everington, 34
Evers, 180
Ewart, 178

Index

Ewing, 52, 78, 204, 205
Exavero, 225
Eyett, 30
Eyre, 162
Faber, 174
Fada, 100
Fahazi, 100
Fainsford, 199
Fairfax, 89
Fairlamb, 149
Fairlie, 143
Fakazi, 85
Fallon, 181
Fambirayi, 138, 235
Fana, 104
Fani, 90, 97, 129, 139, 141, 225
Fanwell, 140
Farai, 141
Faranando, 229
Farando, 171
Farayi, 129
Fardell, 186
Farirepi, 94
Farisai, 95
Farmer, 155
Farmerey, 219
Farndell, 74
Faro, 98, 106, 140
Farquhar, 80, 167
Farr, 224
Farrell, 36, 67, 73, 105, 150
Fastino, 139
Fati, 84
Fato, 225
Faulkner, 55
Fawcett, 22, 32, 42, 74

Fawcett Phillips, 22
Fawns, 67, 129
Fayavo, 99
Fayd'Herbe, 186
Faydherbe, 202
Fazilahmed, 53
Felix, 105, 106
Fellowes, 204, 213
Fenn, 77, 204, 206
Fennell, 157
Fenton, 59, 78, 128, 155, 218
Feresi, 54
Ferguson, 56, 66, 101, 116, 131, 153, 170, 183, 205, 212
Fernandes, 200, 202
Ferrao, 88, 106
Ferreira, 52, 56, 80, 115, 147, 150, 152, 153, 160, 162, 164, 168, 177, 179, 181, 183, 186, 189, 201, 212, 213, 214
Ferris, 32
Feuilherade, 172
Few, 156, 179
Fibiyano, 87
Fick, 145
Field, 38, 175, 186, 194, 214, 217
Fielder, 198
Fielding, 79, 131
Filimoni, 138
Filisi, 102
Filmalter, 222
Filmer, 158, 194
Finaughty, 190

Finch, 108, 209, 211, 220
Fincham, 183
Findlay, 22, 35
Findley, 52
Finias, 120
Finiyasi, 90
Finlayson, 65, 126
Finn, 119
Finnie, 39, 156
Finnigan, 106
Finniss, 133
Firks, 152
Fischer, 180
Fish, 22, 70
Fisher, 40, 44, 89, 167, 172, 183, 184
Fitt, 143, 168
Fitzgerald, 83, 106, 122, 125, 209
Fitzhenry, 172
Fitzpatrick, 76
Fitzroy, 215
Fitzsimmons, 32
Fiva, 171
Flanagan, 59, 146, 152, 167, 184, 198, 217
Flannagan, 39
Flavell, 59, 162
Flawn, 126
Flaxman, 164
Flegg, 229
Fleming, 30, 54, 74
Fletcher, 31, 43, 63, 83, 125, 136, 146, 158, 169
Flight, 151
Flower, 19, 21, 88, 219

256

Index

Flowerday, 157
Floyd, 112
Fodish, 204
Folkertsen, 183
Follett, 210
Follows, 37
Follwell, 211
Fombe, 231
Forbes, 38, 43, 54, 123, 148, 151, 184, 216, 220
Ford, 35, 36, 52, 119, 174, 187, 206, 226
Fordam, 80
Forder, 204, 208
Foreman, 162
Forman, 179
Forrest, 89, 119
Forrester, 136
Forster, 214, 231
Forster-Jones, 199
Forsyth, 42
Foskett, 62, 93
Foster, 34, 75, 115, 159
Fotheringham, 150, 171, 212
Foto, 93, 99
Fouche, 42
Fouché, 57
Foulds, 146, 191
Foulkes, 134
Foulstone, 57, 170
Fourie, 5, 43, 49, 77, 119, 153, 190
Fowler, 67, 134, 143, 163, 165
Fox, 168, 204, 215
Foxcroft, 89

Frame, 156
France, 225
Francey, 37
Franceys, 212
Francis, 87, 113, 124, 149, 168, 180, 198, 224
Francisco, 171
Frank, 101
Franklin, 28, 89, 166, 208, 213
Franks, 170
Franzel, 150
Fraser, 30, 36, 57, 65, 67, 79, 109, 127, 133, 134, 135, 152, 158, 160, 172, 186, 204, 218, 224
Freddy, 117
Fredericks, 192
Fredman, 224
Fredson, 105
Freeland, 173
Freeman, 24, 61, 84, 162, 212
Freemantle, 62, 82, 92
French, 33, 35, 52, 78, 203
Friday, 230
Friend, 54, 165, 179
Friendson, 109, 235
Friis, 160
Fritz, 168
Froggatt, 196
Frost, 22, 35, 39, 115, 145, 153, 154, 157, 162, 171, 208, 213, 218

Fuchs, 187
Fuller, 153, 182
Fulton, 126, 212, 216
Fundikai, 87
Funds, 141
Funks, 163
Funnekotter, 197
Furber, 171
Fureza, 117
Furusa, 229
Fussell, 52, 151, 168
Futter, 144, 206, 210, 213
Fuyane, 88
Fyfe, 49
Fynes, 36, 144
Fynes-Clinton, 36, 144
Fynn, 48, 57, 74, 149, 155, 157, 168
Gabell, 154
Gace, 185
Gaddie, 156
Gael, 177
Gahadzikwa, 228
Gaines, 179
Gainford, 222
Gaitens, 65
Gaitskell, 45, 89, 220
Gale, 22, 89
Gale-Langford, 22
Gallacher, 163
Gallagher, 84, 89, 204
Galletly, 32
Gallias, 73
Gallon, 158
Gallow, 203

257

Index

Galloway, 43, 48, 56, 128, 181, 209
Galvin, 79, 131
Gamanya, 109
Gambiers, 187
Gambiza, 61, 93, 94
Gamble, 152, 186
Gammon, 198
Ganda, 140
Gandanzara, 226
Gandawa, 54
Gande, 111
Gandhlazi, 231
Gangata, 119
Gangayi, 102
Ganjani, 113
Gannon, 221
Gantlay, 149
Garamukanwa, 116
Garawaziva, 119
Garbett, 193
Gard, 195
Garde, 59, 151
Gardener, 56
Gardiner, 109
Gardini, 197
Gardner, 32, 37, 38, 45, 62, 82, 189, 212, 213
Gargan, 37, 53, 117
Garikayi, 57, 88, 105, 113, 141, 228
Gariromo, 87
Garisi, 22
Gariyaki, 231
Garland, 94
Garman, 96
Garmany, 25, 60, 176, 185
Garner, 57, 163, 184, 188
Garnett, 25, 55, 74, 134, 153, 180, 189
Garrett, 131, 180
Garrioch, 208
Garriock, 203
Garrod, 89
Gartland, 222
Garton, 230
Garvin, 22, 167
Gass, 172
Gatawa, 229
Gate, 94
Gaunt, 22, 127
Gava, 112, 119
Gawler, 49, 60, 202
Gaydon, 37
Gaylard, 19, 189
Gayon, 42
Geach, 44
Geake, 155
Gearing, 82, 99
Gebeni, 88, 105
Geddes, 66, 126, 157, 184, 208
Gedemu, 141
Gedye, 123
Gee, 170
Geel, 36
Geer, 148
Geeringh, 123
Geja, 138, 140
Geldart, 190
Geldenhuys, 55, 135, 146, 151, 179
Gelman, 153, 193
Genari, 59, 218
Genesis, 53
Genet, 162
Genti, 230
Gentleman, 65, 206
George, 90, 97, 111, 118, 119, 124, 137, 138, 139, 185, 203, 223, 228, 235
Georgeou, 207, 212
Georgiou, 163
Gerber, 52
Gethen, 59, 164
Gettliffe, 67
Getty, 56, 175
Gibb, 217
Gibbens, 55
Gibbings, 57
Gibbon, 181
Gibbons, 89
Gibbs, 165
Gibhard, 217
Gibson, 42, 44, 57, 91, 97, 111, 114, 115, 118, 159, 161, 197, 217
Gidion, 99
Gidiyoni, 138
Gifford, 79, 144, 182, 197, 203, 209, 213
Gift, 116
Gijima, 118
Gilbert, 93, 97, 98, 100, 116, 120, 132, 177, 224, 231
Giles, 108
Gilfillan, 164
Gill, 56, 171
Gillespie, 78
Gillett, 93, 110
Gillgower, 222, 223

Index

Gilling, 177
Gillman, 170
Gillson, 130
Gillwald, 168, 181
Gilmore, 182, 185, 193
Gilmour, 89, 90, 147, 176
Gilpin, 159, 195
Gimbel, 55
Gipson, 65
Gird, 178
Girdlestone, 178, 189
Glanley, 155
Glass, 189
Gledall, 208
Gledhill, 205, 219
Glenny, 163
Glenshaw, 205, 210
Glover, 57, 144
Glynn, 55, 153, 154
Gobeza, 90
Goble, 210
Gochera, 110
Goddard, 138, 152, 169
Godfrey, 89, 110
Godhlo, 135
Godley, 35
Godsmark, 168, 215
Godwin, 33, 45, 65, 89, 123, 169, 235
Goff, 156
Gohgo, 79, 134
Gohwa, 116
Goldhawk, 213
Goldie, 83, 102, 215
Goldin, 31

Goldsmith, 55, 166, 180
Goliath, 130
Golightly, 134
Gomba, 120
Gomwe, 94
Gondo, 105, 228
Gonga, 85, 99
Gono, 226, 230
Gonoh, 86
Gonthi, 200
Gonyora, 110
Good, 182
Goodall, 183
Goodey, 219
Goodhead, 96
Goodison, 79, 204, 206
Goodman, 178
Goodwin, 22, 37, 134, 187, 189, 205, 213
Goodyear, 131
Goomer, 200
Goosen, 161, 184, 198, 209
Gora, 72, 108
Gorah, 130
Gordon, 34, 57, 77, 100, 153, 159, 190, 214
Goreradze, 137, 140
Gorman, 215
Gorodeni, 54
Gorokotah, 99
Goss, 55
Gostick, 155
Gough, 33
Gould, 145, 188
Gouws, 181

Govanayi, 112
Gover, 148
Govere, 92
Govern, 55
Gowen, 103
Gowera, 228
Gowora, 61, 92, 95
Gozhora, 229
Graaff, 75, 79
Grace, 76, 128, 146, 205, 209, 216
Graham, 21, 35, 38, 56, 83, 131, 161, 176, 187, 189, 195
Granger, 36
Grant, 22, 52, 78, 184, 187, 200, 203, 204, 206, 211
Grantham, 186
Grassie, 222
Graves, 176
Gray, 37, 38, 77, 80, 96, 125, 135, 151, 158, 162, 178, 211, 214
Graydon, 72
Graylin, 22
Grayson, 192
Greager, 30
Greathead, 31
Greaves, 163, 190
Greebe, 200
Greeff, 119, 144, 150, 157
Green, 52, 55, 63, 78, 79, 83, 109, 136, 141, 144, 165, 172, 191, 224
Greenaway, 181, 192

Index

Greene, 204, 206
Greenfield, 21, 36, 58
Greenhalgh, 76
Greenland, 56
Greenway, 53, 189
Greenword, 212
Gregg, 145, 149, 152
Gregory, 30, 157, 195, 211, 220
Gresham, 38, 177
Gressie, 222
Gresty, 174
Grewe, 222
Grey, 60, 117
Greyling, 171, 191
Greyvenstein, 166
Grice, 113
Grier, 72, 125
Grierson, 105
Griffin, 116, 179, 185
Griffith, 22
Griffiths, 46, 55, 131, 133, 159, 193
Griggs, 31, 158
Grimes, 131, 169, 224
Grimmett, 122
Grindley, 130
Grindrod, 131
Grinham, 165
Grist, 108
Grobbelaar, 126, 156, 176
Grobler, 136, 149, 151, 152, 172, 178, 200, 208
Groen, 165

Groenewald, 55, 179, 181, 186
Groot, 181
Grossberg, 206, 214
Grossmith, 60
Grove, 217
Groves, 60, 117
Grubb, 57
Grundy, 150
Gudo, 98, 118
Guernier, 212
Guest, 38
Guild, 37, 200
Guimbeau, 202
Gull, 218
Gullick, 187
Gulver, 187
Gumbo, 85, 88, 111
Gume, 186
Gumunyu, 225
Gunda, 121
Gundas, 236
Gundu, 138
Gunning, 162
Gupo, 136
Gurney, 38, 206
Gurr, 210
Guru, 112
Gurupira, 225
Gurure, 57
Gush, 144
Gusha, 92
Gushu, 118
Guthrie, 37, 167, 200
Gutsa, 110
Guttridge, 172
Gutu, 96
Guwuriro, 87
Guyo, 114

Gwambe, 109
Gwanzura, 104
Gwari, 236
Gwashure, 96, 231
Gwati, 90, 91
Gwatimba, 76
Gwatirera, 138, 169
Gwatirisa, 230
Gwawuya, 169
Gwaze, 69
Gwebu, 70
Gwekwerere, 88, 93, 99
Gwena, 95, 118
Gwenzi, 90
Gwese, 61, 84, 98, 111
Gwevo, 141
Gwilliam, 196
Gwinyayi, 102
Gwyther, 186
Haakonsen, 76
Haarhoff, 36, 188
Haasbroek, 145, 158, 179
Hack, 35, 79
Hacker, 184
Hacking, 30, 35, 144, 173, 188, 193
Hackwill, 60
Hadden, 213
Haddon, 129, 193, 209, 221
Hadfield, 145
Hadingham, 159, 195
Hadjiconstantinou, 198
Hagelthorn, 22, 53, 218

Index

Haggai, 95, 112
Haggart, 101
Hagger, 146, 194
Hahn, 160, 184
Haigh, 73
Haines, 188
Hakudzingwi, 105
Hakuna, 98
Halder, 156, 190, 195, 201, 224
Hale, 187, 217, 218
Hales, 66, 124
Haliburton, 185
Halkier, 106, 201
Hall, 36, 47, 54, 56, 60, 93, 130, 132, 141, 145, 147, 149, 166, 188, 199, 201, 218
Hallack, 39, 208
Hallam, 144
Hallamore, 39, 133
Halls, 52, 136
Hallward, 83
Halsted, 22, 66, 208
Hamadziripi, 91
Hamandawana, 90
Hamandishe, 73, 129
Hamandisne, 67
Hambrook, 215
Hamer, 209
Hamill, 172
Hamilton, 22, 32, 53, 59, 95, 112, 129, 151, 152, 158, 178, 212, 214, 235
Hamilton Ritchie, 22

Hamley, 110
Hamman, 151
Hammence, 126
Hammon, 164
Hammond, 30, 132, 147, 170, 181
Hampson, 170, 175
Hampton, 216
Hamunyari, 107
Hancock, 60, 89, 94, 198, 214
Handirayi, 185
Handover, 30
Handuru, 141
Hanekom, 159
Hanisi, 141
Hankinson, 103
Hanly, 159
Hannam, 173
Hannock, 112
Hansen, 201
Hanson, 162, 194
Hanyani, 108
Hapagargwi, 114
Hapelt, 147, 156, 187
Hardie, 82
Harding, 44, 160, 172, 197
Hardy, 32, 79, 92, 126, 155, 189
Hariori, 28
Harland, 190
Harley, 54, 159, 175
Harman, 65, 126
Harmer, 222, 226
Harper, 53, 153, 213
Harpur, 37
Harries, 22, 88
Harrington, 178

Harris, 22, 38, 49, 95, 144, 146, 151, 158, 165, 172, 174, 180, 202, 204, 211, 212, 216, 217
Harrison, 52, 84, 95, 123, 136, 211, 214, 217
Harrold, 154, 173, 188
Harry, 229
Hart, 105, 115, 167
Hartel, 211
Hartell, 143, 190
Hartley, 19, 22, 117, 146, 147, 148, 191, 217
Hartman, 56, 191
Hartmann, 134
Hartry, 126
Harunashe, 120
Harvey, 22, 35, 49, 65, 74, 77, 89, 102, 109, 134, 147, 161, 170, 177, 181, 184, 192, 199, 206, 210, 215, 216
Harwood, 119
Haselhurst, 69, 138
Haskins, 134
Haslam, 56
Hasson, 199
Hastings, 48, 181
Hatendi, 225
Hatfield, 75
Hatikuri, 100
Hatityi, 113
Hativagoru, 86

Index

Hattingh, 49, 171
Hattle, 172
Hatton, 31, 146
Hatty, 211
Hauptfleisch, 206
Havill, 236
Hawgood, 159, 191
Hawker, 161
Hawkes, 156
Hawkey, 145, 201
Hawkins, 19, 22, 160
Hawksley, 190
Hawthorn, 128
Hawtrey, 39, 205
Hay, 49
Hayden, 77, 125, 136, 208
Hayes, 23, 37, 52, 57, 93, 150, 170, 199, 216
Hayman, 159
Haynes, 134
Hayter, 38
Hayward, 172, 220
Haywood, 160
Hayworth, 207
Hayzen, 145
Head, 203
Headicar, 197
Headman, 71, 130
Healy, 235
Heaney, 185
Heasman, 35, 171
Heathcote, 171, 183
Heaversedge, 210
Hebeti, 141
Hedge, 38, 45, 61, 82, 94, 106

Hedges, 62, 63, 82, 97, 116
Hega, 93
Hegarty, 186
Hein, 221
Helders, 206
Helliwell, 23
Hellmuth, 157
Hemmings, 93
Hempson, 187
Hemsley, 66, 124, 136
Henchie, 115
Henderson, 97, 155, 163, 165, 189, 200, 236
Hendricks, 191, 217
Hendrikz, 60
Hendry, 184
Henggeler, 166
Henning, 79, 186
Henry, 19, 114, 137, 139, 151
Henshall, 217
Hensley, 178
Hensman, 185, 203
Henson, 30, 33, 103, 171, 182, 187
Henwood, 31, 43, 190
Heppell, 202
Heppenstall, 5, 38, 122, 130
Hepple, 58, 144, 164
Herbert, 52, 107, 126, 151
Herbst, 143, 147, 157
Herd, 35

Hereld, 119
Herman, 209
Hermann, 162
Heron, 59, 134, 147, 199
Herran, 165
Herrer, 177
Herrington, 216
Herschel, 182, 183
Herschell, 211
Herselman, 183
Heuer, 185, 188, 215
Heurtley, 23
Hewat, 176
Hewitt, 41, 220
Heymans, 192
Heyns, 37, 60
Heyter, 168
Hibbert, 179
Hickman, 26, 32, 72, 122, 131, 196
Hicks, 97
Higgins, 67, 132, 178
Higginson, 209
Higgs, 79, 176, 207
Higham, 236
Hilary, 225
Hildebrand, 181
Hill, 30, 53, 60, 80, 84, 108, 126, 131, 148, 151, 155, 179, 180, 186, 194, 196, 198, 208, 211, 216, 222, 223
Hillis, 32
Hillman, 53, 174
Hilton, 169, 201

Hind, 198
Hinde, 159, 178
Hinds, 218
Hine, 203
Hinga, 86, 103
Hingle, 162
Hinrichs, 123
Hinton, 196
Hinwood, 144
Hipkin, 190
Hiscock, 146
Hitchman, 183
Hitschman, 145
Hlabo, 100
Hlamba, 228
Hlanganiso, 141
Hlasela, 166
Hletshana, 104
Hlomayi, 88, 105
Hlupo, 231
Hoar, 201, 213
Hobbs, 38, 60, 133, 144, 150, 154, 196
Hobley, 62, 82, 96, 109
Hockaday, 64, 160
Hockey, 23, 168
Hocking, 165, 210
Hodges, 163, 164, 182
Hodgkinson, 60, 137, 236
Hodgson, 43, 72, 74, 213
Hodkinson, 143
Hodnett, 214
Hodson, 30, 150
Hoets, 181
Hoffman, 151, 179, 193, 198

Hofmeyr, 79, 128
Hogan, 80, 84
Hogg, 36, 62, 99, 101, 119, 207, 220
Hoggarth, 102
Hogo, 107
Hoko, 228
Holand, 186
Holcroft, 206, 213
Holdcroft, 57
Holden, 35, 92, 124
Holderness, 170
Holding, 57
Holing, 168, 189
Holland, 32, 154, 160, 163, 170, 189
Hollaway, 182
Hollick, 215
Holliday, 125
Hollingworth, 37, 62, 83, 103, 115
Hollis, 83, 97
Holloway, 49, 154, 236
Holman, 156
Holmes, 158, 161, 162, 170, 178, 212, 215
Holroyde, 53
Holsey, 155
Holshausen, 130, 172
Holt, 91
Holton, 156, 202, 220
Holtshousen, 207
Holtzhausen, 186
Hombasha, 49
Hombe, 90
Hondo, 117

Hondong, 230
Honey, 210
Honeywill, 80, 201
Honman, 60, 198
Honye, 140
Hood, 49, 75, 193
Hook, 189
Hool, 37
Hoole, 147, 199
Hooper, 23, 203
Hooton, 219
Hope, 23, 114
Hope-Brown, 202
Hope-Hall, 23
Hopkins, 49, 54, 66, 102, 118, 133, 220, 229
Hopley, 179
Hore, 60, 172
Horn, 127, 130, 151, 213
Hornby, 34, 133
Horne, 122
Horner, 195, 216
Horney, 123
Horodyszoz, 53
Horsburgh, 79, 126
Horsfall, 200
Horsfield, 48, 53
Horsier, 181
Horsley, 173
Horsman, 174
Horton, 156
Horwood, 177
Hosack, 166, 190
Hosea, 86
Hosford, 83
Hosiah, 193
Hosie, 38

Hosking, 56, 125, 152, 170
Hoskins, 157, 180, 194
Hoskyns, 159
Hossack, 152, 164, 165
Hough, 192
Houghton, 62, 82, 100, 212
Houlton, 23
Housden, 31
Houston, 135, 147
Hove, 55, 87, 93, 95, 234, 235
How, 53, 150
Howard, 37, 49, 59, 62, 84, 105, 119, 147, 160, 171, 190, 205, 207, 222, 236
Howarth, 188
Howden, 124
Howe, 23, 25, 59, 78, 180, 205, 219
Howe-Ely, 23, 25
Howell, 154
Howells, 179
Howern, 117
Howes, 153, 178
Howitt, 236
Howlett, 215
Howman, 19, 21, 23, 31, 55
Howsley, 129
Howson, 31
Hoyes, 177
Hubbard, 82, 97, 130, 154, 174, 236
Hubert, 97

Huddy, 35, 177
Hudson, 31, 60, 79, 148, 153, 206, 211
Huggins, 174
Hughes, 34, 44, 52, 54, 56, 61, 68, 80, 84, 89, 112, 133, 172, 178, 196, 210, 214, 217
Hughson, 190
Hugo, 228
Hull, 55, 167
Hulley, 53, 66, 130, 158, 166, 173, 198
Hulme, 151, 174
Human, 168
Humberstone, 83, 101, 115
Hume, 178, 207
Humphrey, 38, 160
Humphreys, 61, 83, 89, 145, 153, 167, 180, 185, 186, 192, 235
Hundermark, 173
Hungwa, 95
Hungwe, 44, 87, 90
Huni, 105
Hunt, 25, 55, 69, 137, 140, 163, 170, 172, 211, 213
Hunter, 38, 164, 182, 187, 190, 211, 212
Huragu, 56
Hurley, 186, 194
Hurrell, 32, 147, 153
Huson, 103

Hustler, 62, 83, 97, 109
Hutcheson, 69, 139
Hutchison, 165
Hutson, 158, 161, 200
Hutt, 214
Hutton, 55, 67, 134, 189
Huxham, 190
Huxtable, 31
Huyser, 166
Hyde, 43, 185
Hywood, 178
Ibbitt, 108
Illman, 173
Imbayarwo, 175
Impey, 162
Imrie, 79
Ingham, 38, 217
Inglesby, 23
Ingram, 130, 157, 167
Inkson, 109
Innes, 155
Inos, 110
Inyambo, 192
Iredale, 117
Ireland, 155, 165
Irimayi, 132
Ironside, 166
Irvine, 19, 23, 67, 231
Irwin, 60, 152, 176
Isaac, 86, 96, 118, 120, 138, 139
Isaki, 116
Isaya, 97
Isemonger, 106
Ishewedu, 85, 99

Index

Israel, 140, 214
Issac, 105
Isselbacher, 56
Itayi, 94
Iversen, 219
Ives, 236
Ivey, 82
Izeki, 185
Jaaback, 65
Jabangwe, 96
Jack, 57, 70, 150
Jackman, 133
Jackson, 53, 58, 76, 97, 100, 124, 148, 161, 162, 178, 180, 186, 196, 197, 208, 224
Jacob, 183, 190
Jacobe, 78, 141
Jacobs, 31, 38, 76, 124, 184, 185
Jacobson, 30
Jacobsz, 153, 165, 190, 200
Jaffray, 37, 59, 170
Jafita, 84, 109
Jaime, 54
Jairos, 85, 101, 114, 140, 141
Jairosi, 225
Jaji, 53, 84, 120
Jakah, 61, 92
Jakata, 141
Jakoh, 97
Jala, 90
Jambwa, 193
James, 76, 95, 97, 101, 102, 108, 116, 117, 129, 150, 151, 153, 157, 163, 178, 186, 191, 200, 211, 217, 229, 230, 233
Jameson, 146, 168
Jamesons, 76
Jamieson, 34, 173, 180, 218, 222
Janeke, 66, 132
Janes, 159
Jannaway, 144
Janse, 60, 155
Jansen, 54, 119, 178, 219
Jape, 225
Jaratina, 106
Jaravaza, 88
Jardine, 23
Jaretti, 211
Jarrett, 89
Jarvie, 73
Jarvis, 79, 163, 170, 204, 209
Jayson, 106
Jeche, 98
Jecock, 92
Jefasi, 141
Jefferies, 114
Jeffery, 53, 131, 148
Jefferys, 145
Jeffries, 133
Jefure, 140
Jeki, 113
Jele, 44
Jelley, 65, 125
Jellicoe, 59
Jelliman, 151, 160
Jemisi, 138, 142
Jenjere, 131
Jenkins, 75
Jenkinson, 39, 164
Jennings, 101, 163
Jensen, 169
Jenvey, 191, 216
Jerah, 102
Jeremiah, 84, 85, 90, 101, 120, 142
Jerimiah, 200
Jerome, 148, 184
Jerrard, 220
Jervois, 128
Jessen, 184, 191
Jessop, 91
Jestinow, 55
Jew, 76
Jewell, 148
Jija, 93
Jiri, 108
Job, 90
Jocelyn, 153
Johane, 85, 100, 116
Johanies, 94
Johanne, 226
Johannes, 85, 193, 228
John, 93, 96, 103, 113, 114, 118, 121, 139, 140, 171, 175, 192, 226, 236
Johns, 58, 165
Johnsai, 124
Johnson, 35, 37, 43, 49, 53, 55, 57, 66, 69, 72, 80, 84, 93, 110, 115, 129, 136, 143, 145, 151, 152, 153, 165, 169, 174, 180, 181, 189,

265

Index

190, 203, 207, 208, 215, 223, 236
Johnston, 35, 38, 83, 123, 153, 165, 170, 173, 201, 213, 216
Johnstone, 35, 38, 42, 65, 67, 77, 132, 148, 189, 202, 212, 214
Joicey, 77, 205
Jokonia, 141
Jolly, 215
Jonah, 88, 110, 114, 115
Jonas, 114
Jonathan, 100, 107
Jones, 46, 54, 61, 63, 73, 76, 78, 79, 80, 89, 91, 100, 108, 116, 126, 128, 131, 136, 150, 155, 157, 172, 173, 191, 201, 203, 206, 210, 211, 212, 213, 219, 220, 229
Jonga, 102, 137
Jongwe, 224
Jonker, 174
Jonquiere, 188
Jonstone, 75
Jooste, 197, 219
Joosten, 57
Joramu, 98, 124
Jordaan, 79, 136, 148
Jordan, 74, 76, 170, 198, 209
Joromiah, 137

Jorry, 108
Josamu, 95
Josani, 224
Josaphat, 86
Joseph, 55, 56, 64, 86, 102, 103, 106, 108, 111, 112, 113, 196, 224
Joshua, 85, 90, 138, 225
Josia, 109
Josiah, 93, 96, 120
Josias, 88
Josphat, 120
Joss, 107, 136
Jotam, 117
Joubert, 76, 112, 150, 173, 180, 181, 190, 198, 200, 208
Joughin, 60
Jouning, 30, 45, 82, 92
Jowett, 151, 202
Jowini, 177
Jubane, 80
Juckes, 77
Judd, 99
Judge, 31, 212
Julius, 88
July, 170
June, 120
Junor, 211
Justice, 57
Justin, 113
Jutah, 104
Juwell, 110
Kabell, 36
Kaboko, 92
Kabonga, 229

Kachidza, 225, 231
Kadewere, 48
Kadhlela, 101
Kadira, 53
Kadzizi, 230
Kadzunge, 94, 110
Kagoga, 236
Kagoro, 226
Kaguru, 87
Kahari, 229
Kaidatzis, 220
Kajokote, 141
Kakono, 115
Kalk, 179
Kaloti, 171
Kama, 48
Kamato, 223
Kambanje, 52
Kambiro, 94
Kambula, 230
Kambule, 96
Kamchira, 130
Kamiyayo, 231
Kamota, 223
Kampaundi, 27
Kampirini, 229
Kamudzanga, 142
Kamurai, 86
Kamuriwo, 226
Kamusikiri, 88
Kamwaza, 139, 231
Kanda, 86, 106
Kandawasvika, 95, 105
Kandemiri, 117
Kandemiviri, 169
Kandenga, 118
Kandido, 53
Kane, 53

Index

Kanengoni, 102, 118
Kanhanga, 53
Kanicre, 85
Kanjakwa, 105
Kanjawa, 186
Kanonge, 228
Kanukayi, 125
Kanye, 76
Kanyenze, 56
Kanyile, 225
Kaondera, 101
Kaparura, 95
Kapesa, 226
Kapita, 138
Kapson, 230
Kapunyu, 73
Kapvumvuti, 228
Karaga, 120
Karageorgiades, 212
Karamba, 85, 101
Karambakuwa, 228
Karanga, 138
Karasau, 185
Karesa, 55
Karikoga, 94
Karombe, 78
Karombo, 225
Karonga, 140
Karura, 230
Kaseke, 100
Kashirikamambo, 225
Kasikayi, 225
Kasiya, 177, 192
Kataika, 230
Katanga, 192
Katara, 225
Katazo, 87

Katemba, 193
Katize, 99
Katonde, 226
Katsande, 228
Katsenga, 107
Katsigira, 137
Katsiru, 41
Katunga, 193
Kauzanani, 41
Kavalo, 57
Kavanagh, 172
Kavonic, 176
Kavu, 226
Kavumba, 175
Kavunika, 113
Kawondera, 132
Kawurayi, 110, 228
Kay, 56, 57, 172
Kaye, 236
Kayisa Ndiweni, 23
Kayitwi, 84
Kazai, 57
Kearney, 203, 206
Kechemu, 88
Keen, 217
Keene, 80, 155
Keens, 116
Keetch, 158
Keevil, 189
Kefasi, 126
Keightley, 75, 158
Keith, 151, 189
Kelham, 166
Kelland, 162
Kelly, 34, 110, 188, 219
Kemesi, 90
Kemp, 49, 211, 214
Kemple, 159, 184

Kemsley, 33, 123, 130
Kenani, 86, 141
Kenara, 225
Kenchington, 164
Kendal, 218
Kendall, 219
Kenedi, 103
Keni, 36, 53
Kennaird, 181, 191
Kennan, 147, 159, 185, 194, 196
Kennard, 186
Kennedy, 36, 37, 54, 55, 93, 167, 180, 215
Kennerley, 165
Kenneth, 109, 235
Kenny, 54, 91, 93
Kensett, 83
Kent, 89, 167, 180, 201
Keogh, 172
Kerr, 42, 44, 55, 149, 151, 158, 191, 214, 216
Kerrigan, 170
Kershaw, 181
Kerswell, 171
Kesari, 235
Kesby, 62, 143
Kessler, 175
Keth, 48, 188, 197
Kettle, 119
Keyi, 226
Keyser, 187, 216
Khama, 75
Kholi, 129
Khosa, 114
Khumalo, 70

267

Index

Kidd, 44
Kiddle, 147
Kidson, 76, 198
Kiggell, 56
Kilalea, 52
Kilborn, 64, 110
Kileff, 171, 200
Kiley, 133
Kille, 178
Killick, 78
Kilner, 54
Kimbini, 85
Kinch, 159
King, 53, 56, 57, 68, 79, 150, 151, 161, 175, 182, 196, 208, 210, 211
Kingcome, 164
Kingston, 113
Kingstone, 98
Kinleyside, 30
Kinnersley, 229
Kinsella, 53, 199
Kinsey, 129
Kirifi, 195
Kirinosi, 139
Kiripio, 130
Kirkham, 191
Kirkman, 161, 170, 176, 181, 197
Kirkpatrick, 43
Kirkwood, 58, 149
Kirrane, 67, 132
Kirstein, 60, 168, 178, 201
Kirton, 168
Kitt, 69, 141
Kitto, 34, 175, 217
Klein, 190
Klette, 31, 211

Kleynhans, 160
Klifborg, 153
Kloppers, 161, 166, 169, 173, 185, 201
Kluckow, 23, 122, 143, 192
Klug, 157
Klula, 129
Knapman, 34
Knight, 49, 74, 83, 144, 148, 149, 165, 191, 194, 198, 205, 212, 216, 220, 222, 235
Knill, 216
Knobel, 128
Knoesen, 163
Knollys, 112
Knott, 168
Knowles, 148, 154
Knox, 21, 25, 165
Koblenz, 219
Kodzwa, 91, 228
Koen, 55
Kogler, 17
Kohler, 164
Kok, 69, 144, 160, 161, 168, 173, 189
Kole, 130
Kolonel, 140
Kolpien, 64
Komboni, 226
Konala, 138
Konschel, 53, 154
Konschell, 202
Kontemeniotis, 217
Korb, 42, 72, 167
Korera, 69, 137
Koronel, 235
Koronelli, 102

Kosita, 192
Koti, 69, 98, 138, 142
Kotze, 144, 154, 173, 174, 175, 193
Koutouvidis, 214
Krahner, 176, 219
Krause, 43
Kretschmer, 166
Kriedemann, 215
Kriel, 33, 73, 197
Krige, 157, 198
Kristensen, 215
Kristiansen, 175
Krogh, 25
Kruger, 44, 75, 79, 106, 168, 176, 190, 195, 197, 209, 226, 236
Krull, 169
Krynauw, 154
Kubie, 56
Kuboya, 102
Kudita, 117
Kufa, 87
Kufabani, 111
Kufakunesu, 98, 104
Kuhn, 23, 151
Kulinga, 228
Kumalo, 95, 119, 192
Kumbukani, 228
Kumire, 97
Kumpika, 110
Kunaka, 53
Kundhlande, 57
Kundishora, 96
Kunhardt, 175
Kupara, 42, 90, 131

Index

Kupukai, 101
Kupurayi, 132
Kurayidi, 124
Kurebgwaseka, 87
Kurewa, 119
Kurima, 100
Kuririrayi, 66
Kurwara, 92
Kusarakweyi, 105
Kusaya, 228
Kutadzaushe, 226
Kutirayi, 171
Kutsirai, 90, 105
Kuttner, 115, 161
Kututeta, 193
Kuvarega, 104
Kuvawoga, 96
Kuwadza, 236
Kuwe, 101
Kuyengepi, 138
Kwangwa, 96
Kwaramba, 90, 138
Kwarayi, 224
Kwashira, 139
Kwashirayi, 61, 93
Kwayedza, 97
Kwayira, 55
Kwenda, 134
Kwindani, 130
Kwirirayi, 139
la Grange, 147, 201
Labrum, 199
Lacey, 179, 182
Lacy, 149
Ladley, 170, 188
Lafferty, 39
Lafisoni, 140
Lagesse-Labat, 172
Lahee, 42
Laidler, 34
Lailey, 41
Laing, 44, 55, 73, 107, 122, 159, 191
Laiton, 231
Lake, 63, 83, 154
Lakioni, 226
Lamb, 57, 75, 167, 184
Lambert, 39, 123, 135, 143, 149, 155, 169, 222
Lambeth, 145
Lameck, 140
Laming, 171
Lamond, 45, 82, 92
Lamont, 161
Lamport-Stokes, 23
Lamprecht, 56, 175, 233
Lancaster, 160
Landau, 37, 203, 210
Landman, 146
Landos, 156
Landrey, 157
Landsberg, 36
Lane, 61, 75, 83, 95, 108, 112, 168, 183
Laneck, 104
Lang, 125, 208, 219
Langdale, 67
Langham, 192
Langhan, 91
Langley, 154, 185
Langlois, 164
Langton, 88, 95, 107, 125, 177, 224
Lansdown, 157
Lapham, 219
Lardner-Burke, 19, 21
Larrett, 57
Larter, 155
Lashbrook, 219
Latham, 35, 163
Lathe, 101
Latter, 167
Laubscher, 162
Laughlan, 180
Laughton, 171
Launder, 176
Laundon, 124
Laurie, 180, 195
Lavender, 184
Laver, 53, 178, 197
Lavers, 146
Law, 65, 72, 189, 199, 231
Lawless, 28
Lawrence, 38, 44, 152, 158, 159, 170, 187, 222
Lawrie, 217
Lawry, 169
Lawson, 103, 127, 213
Lawton, 63, 84, 106
Lay, 83, 105, 166, 169
Layoni, 87
Lazaru, 91
Lazarus, 116
Lazell, 23
Lazurus, 108
le Clus, 167, 185, 217
le Cluse, 56
le Grange, 143, 177
Le Guern, 83

Index

le Patourel, 173
le Roith, 124
le Roux, 36, 122, 158, 171, 189
le Vieux, 190
Leach, 31, 100, 220
Leared, 167
Learmonth, 162
Leatham, 143, 175
Leaver, 24, 30, 134
Lee, 45, 89, 120, 162, 190
Leech, 62, 92, 103, 109, 157, 164
Leeman, 177
Leen, 65, 125
Lees, 114
Lefevre, 132
Leggatt, 166, 169
Leher, 222
Leigh, 225
Leighton, 122, 134, 181
Lemani, 191
Lemmer, 37, 176
Lemon, 173
Leonard, 86, 135, 152, 181
Leopold, 37, 120
Leppan, 63, 83, 103, 117
Leppert, 66
Lernard, 103
Leslie, 23, 59, 156, 194, 208
Lester, 76, 175
Letcher, 217
Levenderis, 208
Lever, 33
Levey, 165

Levin, 182
Levings, 162, 171
Levy, 55, 203
Lewis, 52, 69, 73, 75, 101, 108, 120, 126, 146, 203, 215, 223
Ley, 67
Lezemore, 187
Liddell, 149, 202
Liddle, 157, 217
Liebenberg, 149, 150
Lifi, 100
Light, 146, 152, 154, 159, 180
Lightbody, 197
Lilford, 19, 23
Lillywhite, 187
Limited, 166
Linda, 63, 87
Linden, 218
Lindley, 96
Lindner, 39
Lindquist, 192
Lindsay, 56, 149, 171, 175, 183
Lindsell, 197
Lindsey, 231
Lineham, 35
Linfield, 102, 197
Link, 58, 66
Linnell, 184, 192
Lipp, 122, 126
Lipscombe, 212
Lisoga, 230
Lister, 179, 192
Litson, 66, 72
Little, 34, 178, 182
Littleford, 215

Littlewood, 77, 203
Liverick, 76
Livison, 224
Lloyd, 23, 122, 132, 143, 156, 177
Lloyd-Roberts, 23
Lock, 156
Locke, 128
Lockhart, 152
Lockley, 39, 132
Lodge, 56, 187
Logan, 67, 180
Login, 149, 218
Lohan, 77
Lok, 182
Lolliot, 162
Lombard, 54, 56, 154, 155, 173, 186, 201, 202
London, 112, 236
Loney, 59, 155
Long, 82, 99, 137, 143, 209, 218
Longhurst, 188
Longmore, 171
Longuet, 67, 132
Looker, 84, 112
Loots, 66, 135
Lord, 21, 83, 146, 216
Lorimer, 143
Lorry, 94
Loti, 104, 113, 193
Lotter, 230
Loubser, 173
Louth, 208, 214
Louw, 35, 92, 111, 123, 148, 149, 178
Louwrens, 25, 143, 176, 236

Index

Lovell, 128
Lovemore, 30, 141
Lovett, 83, 107
Low, 216
Lowe, 134, 135, 199
Lowenthal, 178
Lowrie, 37, 223
Loxion, 198
Loxton, 162, 169
Lucas, 89, 154, 171, 179, 198, 209
Lucke, 188
Ludeke, 41
Ludgater, 34, 76, 152, 197
Ludik, 214
Lues, 197
Luff, 198
Luitinch, 144
Luitingh, 179, 196
Luka, 88, 102, 140
Luke, 92
Luker, 165
Lumholst, 150, 179
Lunga, 225
Lungisa, 231
Lunn, 162
Lunt, 46
Lurie, 171
Lushington, 159, 172
Luwizhi, 228
Lyes, 118
Lyle, 202
Lynas, 146, 198
Lynch, 74, 156, 204
Lynn, 116
Lynton, 220
Lyon, 152, 157, 182
Lywood, 174

M'Chemwa, 112
M'Loyie, 96
Maasdorp, 57, 68, 73, 80, 194, 196
Maaske, 131, 226
Mabachi, 120
Mabandah, 120
Mabandi, 90
Mabandla, 98
Mabanti, 132
Mabasa, 96, 105, 116
Mabau, 116
Mabenge, 229
Mabgwe, 138
Mabhula, 226
Mabigwa, 23
Mabika, 64, 70, 107
Mabikwa, 121
Mabuso, 55
Macadam, 56
MacArtney, 109
Macaskill, 53, 115
Macaulay, 100
MacBrayne, 157
MacCallum, 56, 114
Macdonald, 146, 223
MacDonald, 64, 65, 95, 101, 112, 140, 150, 154, 155, 158, 180, 191, 212, 213, 235
MacDougall, 103
Macfarlane, 210
MacFarlane, 129, 211
MacGregor, 130, 145
Machacha, 61

Machaka, 88
Machan, 107
Machate, 116
Machayasimbi, 118
Machazire, 231
Mache, 140
Macheka, 87
Machemwa, 138
Machingu, 69, 137, 139
Machingura, 95
Machingurah, 116
Machipisa, 111
Machiridza, 136
Machirobo, 117
Machiwona, 118
Machona, 102, 106
Machwell, 103
MacIlwaine, 174
Macintosh, 84
MacIntyre, 33, 46
MacIsaac, 105
Mack, 119
Mackay, 103, 115, 145, 146, 148, 174, 194
MacKay, 168, 183, 210
Mackenzie, 68, 189, 200, 202, 215, 224
MacKenzie, 28, 43, 62, 149, 165, 187
Mackie, 55, 67, 136, 149, 179
Mackinnon, 57
MacKinnon, 105
Mackintosh, 144, 182
Macklin, 217
Mackwell, 64

271

Index

Mackwenzie, 112
Maclachlan, 167
MacLachlan, 34, 151
MacLaughlin, 44, 65, 123
MacLaurin, 34, 168
Maclean, 33, 46, 55, 131
MacLean, 123, 150
Macleod, 199
MacLeod, 23, 210
Maclntyre, 125, 191
MacMillan, 83
MacNiven, 220
MacPhail, 236
Mactavish, 181
Madake, 112
Madamombe, 95, 109
Madanhire, 98
Madanire, 120
Madgen, 53
Madhlangove, 71
Madinu, 99
Madirao, 230
Madjgira, 137, 139
Madombgwe, 99
Madomombe, 91
Madonko, 226
Madono, 126
Madora, 86
Madore, 236
Maduveko, 104
Madvira, 85
Madzamba, 105, 120
Madzibanzira, 85, 101
Madzikanda, 120
Madzime, 108
Madzivadondo, 134
Madziwa, 226
Madzore, 117
Madzvova, 120
Madzwiko, 85
Maeresera, 105
Mafa, 108
Mafala, 23
Mafi, 62, 93
Mafinqana, 113
Mafion, 102
Mafu, 111
Mafuka, 102, 192, 228
Mafuku, 62
Mafundikwa, 226
Mafurirano, 131
Mafuta, 57
Magabo, 86
Magada, 130
Magagada, 226
Magagula, 225
Magaisa, 99, 119
Magama, 100, 107
Magamula, 49
Magara, 43, 131
Magaraca, 100
Magaya, 94, 230
Magee, 164
Mageean, 181
Mageza, 92, 94
Maggs, 186
Magidivana, 226
Magigwana, 87
Maginnis, 215
Magoronga, 87
Magoto, 229
Magowan, 23, 25, 63, 100
Maguire, 62, 83, 100, 115
Magunda, 87
Magunje, 114
Magura, 91, 228
Maguto, 118
Magutshwa, 90
Magwaba, 109
Magwaku, 120
Magwaza, 225
Magwenja, 137
Magwere, 226
Magweregwede, 135
Mahaboyo, 65
Mahachi, 62, 86, 103, 111, 118, 231
Mahando, 110
Mahaso, 88, 105
Mahere, 97, 113
Mahlangu, 56, 228
Mahlatini, 136
Mahoboti, 225
Mahoho, 106
Mahohoma, 228
Mahonde, 97
Mahone, 231
Mahoney, 122
Mahonga, 128
Mahushaya, 230
Maidwell, 145, 149, 195, 220
Maigurira, 99, 121
Maikaro, 225
Main, 160
Maine, 53, 169
Maisiri, 141
Maitland, 123, 189

Index

Maitland-Lauderdale, 197
Majaji, 230
Majasi, 120
Majaya, 95
Majongosi, 92
Majoni, 90, 105, 225
Majuda, 139
Maka, 85, 102
Makambe, 114
Makamure, 55
Makanani, 230
Makanga, 96, 107
Makanganise, 133
Makanja, 141
Makaure, 86
Makaza, 231
Makgatho, 57
Makhurame, 90
Makin, 141
Makiwa, 61, 92, 125
Makoli, 138, 140
Makombe, 85, 95, 98
Makondelwa, 57
Makone, 103
Makonese, 62, 98, 108, 116, 117, 139
Makoni, 87, 98, 101, 110, 226, 230, 236
Makore, 86
Makorti, 225
Makosa, 226
Makosi, 105
Makota, 88
Makoto, 118
Makotose, 86
Makoua, 236
Makuchete, 111
Makula, 171
Makumba, 137
Makumbe, 115
Makunere, 131
Makunga, 95, 112
Makurira, 74
Makusha, 62, 84, 97, 102, 104
Makuwa, 43
Makuzwa, 115
Makwananzi, 57
Makwanda, 56
Makwanga, 103
Makwanja, 185
Makwanva, 86
Makwarimba, 71
Makwayi, 124
Makwazwa, 229
Makwelo, 118
Malaba, 32, 90
Malabuka, 105
Malama, 95
Malambo, 126
Malan, 169, 196
Malandu, 94, 106
Malani, 98
Malcolm, 131, 168
Malembo, 132
Malima, 115
Malinga, 105
Malingwa, 132
Maliselo, 96
Maliswa, 94, 110
Mallet, 174
Malloch, 24, 25
Mallon, 82, 148
Malone, 128
Maloney, 76, 155
Maltas, 23, 210, 211
Malzer, 175
Mambo, 229
Mambure, 126
Mamombe, 64, 88, 107
Mamukwayi, 141
Mamushi, 193
Mamvacha, 90
Manasa, 86
Manda, 193
Mandaitana, 228
Mandambe, 231
Mandazah, 99
Mandeje, 229
Mandhla, 100
Mandibvira, 118
Mandigorah, 92
Mandingaisa, 226
Mandipira, 104
Mandishona, 69, 84, 99, 107, 139, 142
Mandizadza, 119
Mandizwidza, 109, 116, 122, 137
Mandongwe, 117
Mandu, 225
Manduru, 137
Mandy, 153, 219
Mangadza, 104
Manganhira, 171
Mangarayi, 87, 141
Mangauzani, 113
Mangena, 64, 88, 105
Manger, 37
Mangeze, 229
Mangisa, 137, 140
Mangle, 158
Mango, 231
Mangobe, 231
Mangoye, 95

273

Index

Mangozi, 62, 85, 100
Mangwadu, 112
Mangwende, 73
Mangwiro, 139, 228, 230
Manhanga, 126
Manheru, 114
Maninji, 140
Manjata, 230
Manley, 59, 154, 156, 194, 215
Mann, 80
Manning, 59, 74, 152, 155
Mannix, 147
Mano, 61, 93, 96, 229, 231
Manoah, 98
Manomano, 107
Manowa, 225
Mansill, 37, 61, 154
Manson, 53
Manton, 56
Mantula, 87
Manunganidzi, 118
Manunure, 65, 130
Manwere, 139, 226
Manyama, 231
Manyame, 99
Manyanga, 115, 140
Manyawu, 27
Manyengawana, 104
Manyeruke, 137
Manyika, 112
Manyonga, 91
Manyumbu, 86
Manzini, 88, 107
Maodwa, 226

Maon, 76
Mapaike, 226
Mapenzauswa, 116
Mapfumo, 65, 94, 115, 127, 226, 235
Mapfumoh, 115
Maphenduka, 100
Maphosa, 111
Mapira, 115
Mapiye, 129, 130, 139
Mapopa, 86
Maposa, 230
Mapungwana, 120
Mapwashike, 116
Mara, 226
Maradze, 94, 137, 138, 140
Maradzika, 231
Maraimu, 114
Marais, 56, 154, 156, 165, 173, 176, 191, 202
Marambe, 137
Marandu, 84
Marange, 138, 141
Maranke, 23, 236
Maratos, 157
Maravanyika, 130
Marayeni, 139
Marayini, 230
March, 83, 109
Marchant, 122, 187
Mare, 106, 224
Maregere, 106
Marera, 120
Maresera, 113
Marett, 92
Margerison, 150
Margesson, 173

Margolis, 23, 25
Margwa, 94
Marhangara, 86
Mari, 61, 84
Mariba, 141
Mariga, 228
Marikasi, 230
Marillier, 42, 59, 157, 164, 167, 176, 191, 201
Marima, 85, 117
Marimo, 86, 229
Marinda, 130
Maringa, 55
Maringanise, 117
Maringe, 228
Marira, 102
Maririmba, 100
Marisa, 132
Mark, 185
Markham, 56, 151
Markides, 167, 234
Marko, 96
Marlborough, 145
Marodza, 225
Marondedze, 106
Marondedzo, 86
Maronedze, 103
Marongedza, 95
Maroratsanga, 103
Marovatsanga, 62, 86, 102
Marozva, 117
Marples, 80, 126
Marques, 218
Marrigah, 101
Marriott, 54, 106, 202
Marsberg, 135
Marsden, 53

274

Index

Marsh, 23, 78, 165, 175, 211
Marshall, 41, 62, 101, 105, 110, 143, 155, 166, 177, 204, 206
Martens, 167
Martha, 94
Martin, 28, 30, 53, 82, 89, 104, 108, 116, 166, 167, 174, 180, 181, 191, 210, 213, 216, 218
Maru, 122
Marufu, 70, 88, 90, 97, 99, 102, 107, 111, 125, 126, 137, 140, 225, 234
Maruva, 73
Masaire, 61, 93, 98
Masaka, 230
Masakadza, 105
Masakwa, 41
Masama, 97
Masango, 118
Masaramusi, 87
Masarira, 136
Masawi, 96, 102, 104
Masayiti, 142
Masenda, 114
Masendeke, 86, 102
Mashaba, 111, 148
Mashambanhaka, 84, 98
Mashanda, 106
Mashandudze, 94, 110
Mashanga, 114
Mashangaidze, 130
Mashangidze, 53
Mashavani, 224
Mashavire, 136
Mashereni, 104
Mashingaidze, 88, 96
Mashiri, 72, 230
Mashita, 93, 97
Mashona, 43
Mashonga, 120
Mashonganyika, 94
Mashumba, 129
Masili, 108
Masimba, 116, 229
Masimbira, 118
Masita, 226
Masiye, 112
Maskell, 62, 74, 83, 98, 110, 132
Masocha, 226
Masolo, 226, 231
Mason, 25, 38, 89, 106, 147, 152, 161, 165, 173, 205, 211
Masonah, 226
Masoso, 63, 86, 119
Masotshwa, 193
Masson, 164, 178, 194
Massyn, 153
Masters, 56
Masuka, 113
Masuku, 93, 97, 111
Masukume, 51
Masula, 169
Masunda, 91, 99, 106
Maswera, 112
Maswere, 86, 102
Masweto, 228
Maswingise, 109
Mataba, 101
Matabire, 88, 106
Matabvu, 112
Matambanashe, 93
Matambi, 48
Matambo, 23, 28, 68, 96, 100, 166, 228
Matanda, 230
Matande, 127
Matanga, 114, 117
Matango, 100
Matanhire, 136
Matanjana, 88
Matara, 120
Matare, 104
Matariro, 142
Mataruse, 110, 111
Matashu, 75
Mataswa, 62, 93
Matavire, 99, 119, 230
Matchett, 63, 84
Mate, 61
Mateko, 106
Matema, 94
Matemadombo, 114
Matembira, 86
Matenda, 74
Matenga, 120, 129
Matenhese, 100
Mateu, 224
Matewa, 114
Mateyo, 84, 98
Mathanga, 225

Index

Mathew, 90, 137, 140
Mathews, 142
Mathieson, 114, 214, 215
Matibiri, 107
Matienga, 107, 131, 140
Matimba, 85
Matingimu, 174
Matinha, 117
Matiolangomi, 70
Matiro, 91
Mativenga, 140
Matkovich, 73
Mato, 115
Matongo, 85, 90, 112, 114
Matonhodze, 129
Matonsi, 133
Matopodzi, 84
Matova, 103
Matshipisa, 100
Matshudula, 228
Matsukis, 155
Matswetu, 53
Matthes, 38
Matthew, 138
Matthews, 41, 67, 77, 122, 160, 161, 176, 190, 204, 208, 218
Mattinson, 212
Mattison, 153
Maturure, 109
Matyszak, 198
Maude, 116
Maugham, 118
Maughan, 135, 218
Maunder, 210
Maunganidze, 93, 95
Maunze, 61
Mavava, 119
Mavende, 87
Maveneka, 106
Mavengere, 66, 133
Maver, 203, 208
Mavesere, 108
Mavure, 110
Mawadze, 231
Maware, 117
Mawarire, 78
Mawaya, 142
Mawdsley, 199, 236
Mawedzere, 76
Mawire, 44, 117, 118
Mawondo, 230
Mawoneyi, 116
Mawson, 161
Mawungwa, 102
Mawurukira, 108
Maxen, 72
May, 37, 61, 79, 82, 92, 94, 104, 108, 134, 214
Mayani, 193
Maycock, 113
Mayer, 161
Mayilo, 105
Mazambani, 87
Mazanembi, 84, 98
Mazango, 106
Mazarire, 27
Mazena, 114
Mazenda, 112
Mazhindu, 114
Mazhinye, 225
Mazibisa, 84
Mazille, 118
Mazingane, 42
Maziti, 86, 113, 117
Maziwanhanga, 92
Mazonde, 236
Mazungunye, 70
Mazuru, 131
Mazuva, 86
Mazuwo, 106
Mazvikeni, 117
Mazzella, 74
Mbalekelwa, 90
Mbanga, 92, 94
Mbangiwa, 86
Mbariro, 113
Mbaya, 122
Mbehane, 118
Mbendekwa, 85, 101
Mbengo, 84
Mberi, 96, 108, 125
Mbikwa, 223
Mbindawina, 95
Mbira, 105, 229
Mbirimi, 38, 97
Mbiriri, 95, 111
Mbizo, 98
Mbofana, 171
Mbokonhema, 116
Mbubuwa, 124
Mbulo, 85
Mbune, 225
Mbuvah, 95, 111
Mbuyelelwa, 93
Mbuyeyelwa, 100
Mbuyisa, 193
Mbvaimbwai, 234
McAdam, 220
McAlister, 163
McAplin, 162

Index

McArthur, 199, 201
McArthy, 144
McBean, 129
McBride, 83, 98, 186
McCabe, 66, 73, 219
McCallum, 59, 119, 153, 204, 218
McCanlis, 44
McCarroll, 135
McCarthy, 168, 212
McCay, 60, 179
McChlery, 145, 147, 176
McCleery, 140
McClurg, 68, 125
McCormack, 80, 129, 214
McCormick, 75, 76, 130, 153, 172
McCoy, 157
McCracken, 60, 183, 187
McCrorie, 118
McCrory, 83
McCulloch, 45, 62, 82, 99, 111, 190
McCurrie, 195
McCutcheon, 56
McDermid, 64, 106
McDiarmid, 146, 185, 192
McDonald, 30, 108, 125, 150, 204, 208, 210
McDulling, 76
McEachern, 181, 200
McEnery, 210
McEvoy, 84

McEwan, 214
McFadden, 54
McFadzean, 167
McFarland, 132
McFarlane, 205, 214
McGarrick, 156
McGhie, 176
McGill, 208
McGlone, 131
McGoey, 203, 215
McGorian, 221
McGrath, 167
McGregor, 46, 73, 166, 169
McGuinness, 31, 62, 94, 112
Mchabaiwa, 222
Mchenje, 226
Mchuchu, 109
Mcilo, 96
McIlwaine, 220
McIntosh, 43, 195, 199
McIntyre, 77, 153
McIver, 76
McKay, 61, 82, 94, 108, 159
McKee, 180
McKelvie, 28
McKenna, 134, 196
McKenzie, 67, 99, 127, 134, 149, 150, 218
McKersie, 155, 157, 163, 176
McKinney, 124, 135
McKrill, 218
McLachlan, 107
McLaren, 26, 32, 122, 125, 145

McLean, 21, 42, 54, 75, 161, 166, 174, 179, 188, 194, 211, 236
McLeod, 171, 206, 218
McLintock, 84
McLoughlin, 119
McMannon, 106
McMaster, 160, 167
McMillan, 105
McMurdo, 68, 79
McMurdon, 158, 202
McMurray, 168
McNally, 211
McNaughton, 52
McNeilage, 28, 191
McNulty, 145, 194
Mcoti, 55
McPhail, 103
McPhun, 211, 218
McQuarrie, 56
McRobb, 81
Mcupi, 105
McVey, 39, 128
Mdhluli, 120
Mdubiwa, 226
Mead, 65, 122, 161, 184, 185
Meadows, 236
Meaker, 57
Medcalf, 223
Medhurst, 56
Medziso, 111
Meecham, 80, 133, 135
Meekin, 101
Mehmel, 32

Index

Meikle, 74, 158, 167, 180, 217
Meintjes, 183
Meintjies, 52, 107, 167, 218
Meiring, 44, 212
Meldrum, 66
Mellon, 145
Melrose, 59, 173, 185, 197
Melton, 190
Melville, 149, 164
Memba, 110
Memo, 98
Mendes, 212
Mennie, 177
Mens, 135
Mephem, 143
Merber, 74
Mercer, 89
Merdjan, 219
Meredith, 153
Merrigan, 62, 94
Merrington, 39, 77, 205, 213, 216
Merritt, 54, 149
Mesley, 145, 213
Mesu, 171
Metelerkamp, 157, 177
Methew, 69
Methven, 163
Metz, 148
Meyer, 131, 132, 143, 148, 158, 164, 165, 176, 191, 201
Meyi, 86, 103
Mfanyana, 85
Mgeqwa, 62

Mgoywa, 93
Mgwala, 90
Mgwrati, 224
Mharadze, 130
Mharadzirwa, 230
Mhembere, 61
Mhike, 104, 235
Mhindu, 85, 99
Mhiripiri, 236
Mhizha, 136
Mhlanga, 53, 92, 95, 116, 120, 230
Mhlatshwa, 130
Mhlungula, 229
Mhonwa, 120
Mhungira, 119
Mhungu, 64
Miahliwe, 175
Michael, 77, 118, 223
Michell, 224
Michelson, 101
Michie, 19, 76
Micklem, 31, 180, 192
Micklesfield, 128, 148
Middleton, 192
Midzi, 86
Midziwa, 104
Mienie, 75, 77
Mikalas, 98
Mike, 104
Miles, 37, 49, 123, 208
Millan, 220
Millar, 23, 122, 152, 179, 182
Miller, 34, 57, 75, 92, 116, 117, 123, 127, 133, 144, 146, 159, 195, 207, 211, 233
Million, 107
Millis, 218
Mills, 23, 53
Milne, 122, 131, 161, 175, 206
Milner, 115
Minaar, 168
Mingard, 62, 83, 101
Mingay, 156
Minikin, 65, 126
Minnie, 212
Minter, 170
Minty, 211
Mirams, 35
Mirimi, 224
Mirtle, 208, 215
Mishack, 61, 93
Mishek, 99
Misheke, 86, 103
Misheki, 225
Mitchell, 23, 31, 34, 35, 125, 145, 146, 155, 160, 170, 188, 190, 201, 212
Mitchelmore, 218
Mitchley, 101
Mitton, 211
Mizha, 85, 99
Mjuza, 117
Mkabiwah, 118
Mkahlera, 87
Mkalipi, 225
Mkandhla, 41
Mkaronda, 99
Mkeswa, 228
Mkombo, 111

Index

Mkota, 224
Mkululi, 121
Mkulunywa, 91
Mkumba, 120
Mkunu, 111
Mkwananzi, 228
Mlambo, 225
Mlefu, 114
Mlindelwa, 110
Mlotshwa, 113
Mndembe, 116
Moerman, 179, 200
Moffat, 120, 141
Moffitt, 36, 160
Moger, 161
Mold, 56
Molyneux, 34
Momanus, 189
Momaster, 189
Momberg, 158
Mombeshora, 95
Mombwe, 226
Momsen, 157
Monaghan, 200
Mondiwa, 126, 225
Monga, 96, 230, 235
Monk, 72
Monson, 67, 131
Montague, 194
Montgomery, 160, 164
Montocchio, 171
Montshiwa, 103
Moodie, 132
Moody, 23, 204
Moolman, 151, 162, 173, 201
Moon, 79
Moonsammy, 223
Moor, 145

Moorcroft, 164
Moore, 34, 60, 68, 74, 78, 84, 112, 145, 173, 177, 190
Moores, 96, 99, 143, 177
Morant, 175
Moreton, 146
Morgan, 23, 63, 67, 75, 92, 113, 124, 136, 140, 170, 179, 186, 190, 202, 211, 216
Morkel, 157, 180, 182, 196
Morley, 171
Moroka, 120
Moros, 131
Morosoni, 191
Morreira, 184
Morris, 19, 21, 30, 67, 73, 96, 113, 120, 123, 129, 162, 163, 170, 179, 199, 200, 214
Morrison, 167, 188, 191, 211, 218
Morrosi, 69
Morton, 178, 216
Moseley, 30, 42
Moser, 48
Moses, 55, 81, 87, 106, 193
Mosi, 100
Moss, 32, 48, 73, 122, 133, 172, 227
Mossop, 175
Mostert, 197, 207, 213
Motsi, 48

Mott, 170
Moubray, 157
Mountain, 164
Mountford, 179
Mower, 100
Moxham, 118, 161, 218
Moyo, 50, 57, 61, 62, 64, 70, 87, 88, 93, 96, 98, 99, 106, 109, 224, 225, 228, 230, 231, 236
Mpandanyama, 97
Mpanduki, 84
Mpanhle, 226
Mpariwa, 63, 95, 110, 114
Mpini, 65
Mpofu, 28, 50, 62, 84, 87, 92, 93, 94, 97, 98, 104, 106, 111, 113, 225, 228
Mponda, 44
Mpuce, 130
Msafare, 111
Msana, 70, 226
Msapurgwa, 229
Msarurwa, 226
Msaziti, 103
Msekiwa, 93, 98
Msindo, 226, 228
Msipha, 231
Msiwa, 229
Msokosi, 110
Msongelwa, 113
Msoto, 99
Mtakwa, 224
Mtasa, 94
Mtashu, 71

Index

Mtau, 55
Mtawara, 229
Mtelo, 229
Mtema, 85, 118
Mtembo, 102
Mtemeri, 111
Mtero, 228
Mthekeli, 236
Mtiti, 108
Mtizwa, 84, 98
Mtoko, 70
Mtombeni, 108
Mtowo, 87, 119
Mtozima, 70
Mtshumael, 85, 115
Mtshumayeli, 90
Mtukwa, 57
Mtunga, 230
Mtutu, 92
Mubarwa, 57
Mubau, 110
Mubauh, 120
Mubayi, 96
Mubayiwa, 93, 138, 139
Mubika, 119
Mubisa, 234
Muchabayiwa, 87, 90
Muchadei, 226
Muchanyu, 74
Muchawayah, 119
Muchaziwepi, 87
Muchazowoneyi, 106
Muchemedzi, 88, 107
Muchemwa, 113, 228

Muchena, 91, 130, 136
Muchengadava, 63, 84, 109
Muchenje, 103, 142, 229
Mucheri, 141
Muchetu, 99, 119
Muchezi, 112
Muchina, 113
Muchinapaya, 101, 113
Muchine, 84
Muchineripi, 224
Muchinguri, 66
Muchirahondo, 226
Muchiwanyika, 222
Muchoni, 120
Mudadi, 84
Mudani, 87
Mudawarima, 91
Mudawini, 95, 112
Mudekunye, 116
Mudemeni, 139
Mudhliwa, 93
Mudimu, 101, 121, 226
Mudondo, 139
Mudoni, 228
Muducha, 134
Mudungwe, 86, 131
Muduri, 111
Muduzu, 113
Mudyiwa, 120, 228
Mudzingwa, 98, 99, 141, 171, 228, 230
Mudzomini, 121
Mudzuri, 85
Mufanebadza, 67
Mufuka, 111

Mufuratirwa, 119
Mufurirano, 228
Mugadza, 53, 85, 107
Mugandani, 42
Muganiwa, 104
Mugany, 49
Mugari, 120
Mugauri, 97
Mugaye, 88, 106
Mugford, 167
Mugodo, 226
Mugoni, 84, 97
Mugoyi, 69, 81, 137
Mugumuro, 93
Muguni, 87
Muguta, 74
Muguto, 98
Mugwagwa, 75, 226
Muhamadi, 197
Muhamba, 114
Muhondo, 113
Muil, 217
Muindisi, 90
Muir, 176, 181, 185
Muirhead, 212
Mujera, 87
Mujere, 76, 102, 140
Mujuru, 94, 101, 102
Mukadzewasha, 87
Mukananga, 224
Mukandiona, 230
Mukanganwe, 23
Mukarati, 108
Mukarkate, 71
Mukatimui, 192
Mukayi, 192
Mukazhi, 113

280

Index

Mukazi, 132
Muketiwa, 69, 115, 137, 140, 231
Mukiwa, 98
Mukobani, 97
Mukomeka, 236
Mukondo, 91
Mukoreka, 96
Mukosi, 87
Mukumbi, 193
Mukunguratse, 101
Mukunzwe, 101
Mukusha, 118
Mukutcha, 230
Mukuzwa, 61
Mukwakwa, 116
Mukwasi, 228
Mulamwa, 55
Mulasi, 236
Mulder, 177
Muldoon, 195
Mulima, 186
Mulingo, 85
Mullany, 198
Mullen, 191
Muller, 53, 165, 181, 190
Mulligan, 76
Mullin, 200, 217
Mullins, 182
Mulock, 189
Mumford, 135, 206, 213
Munamo, 104
Munangu, 230
Munangwa, 95, 106, 108
Munatsi, 229
Mundarwargwo, 115

Munday, 69, 219
Mundell, 167
Mundere, 88, 105
Munduru, 69, 137
Munemo, 110, 139, 141, 177, 226
Munene, 229
Munetsi, 57, 93, 95, 110, 112
Munford, 236
Mungle, 186
Mungofa, 53
Munhamo, 113
Munjanja, 126
Munn, 34
Munnik, 211, 212
Munodeyi, 91, 108
Munro, 65, 124, 149, 180, 202, 215
Munroe, 160
Munyaradzi, 108
Munyariwah, 102
Munyeketwa, 99
Munyikwa, 120
Munyimani, 86
Munyuki, 139
Munza, 111
Munzwerengwi, 102
Mupamba, 95
Muparadzi, 94
Mupariwa, 107
Mupati, 85, 99
Mupatsi, 115
Mupembi, 104
Mupereri, 90
Mupeta, 227
Mupinda, 91
Mupindura, 113
Mupondi, 104

Muradzikwa, 61, 84, 96, 108
Murahwi, 230
Muraka, 104
Murambi, 139
Murambiwa, 57, 95, 104, 112, 140, 141, 171
Muramwiwa, 112
Muranda, 95
Muranganwa, 85, 98, 101, 118
Murangwa, 85
Murapah, 100
Murashiki, 99, 116, 119, 227
Murauro, 85
Murawu, 88
Murayirwa, 228
Murdoch, 43, 127
Muremba, 110
Murewanhema, 105
Murgwira, 99, 119
Murima, 115
Murimira, 86
Murindagomba, 171
Muringani, 137, 139
Murisa, 225
Muromba, 102
Murombedzi, 110
Murombo, 61
Muroro, 84
Murphy, 64, 67, 75, 95, 111, 134, 204
Murray, 37, 38, 45, 53, 61, 74, 82, 100, 111, 143,

Index

145, 156, 186, 192, 194, 206, 209
Murrosi, 137
Murubi, 224
Murungu, 108
Muruta, 98
Murwira, 141
Murwisi, 236
Musabaike, 96
Musakwa, 116
Musama, 227
Musame, 95
Musamirapamwe, 61, 92, 96
Musarurwa, 93, 117
Musasa, 55, 127
Musavaya, 109, 177
Musavengana, 231
Musekiwa, 102, 103, 106, 139
Musekiwah, 101
Musemwa, 53
Musengezi, 231
Musengi, 63, 87, 94, 110
Musero, 98
Mushaatu, 222
Mushanga, 103
Mushaninga, 71
Mushati, 100, 119
Mushavatu, 96, 114
Mushawato, 79
Mushayabuvdzi, 186
Mushayi, 131
Mushikili, 69, 137
Mushingaidzwa, 192
Mushonga, 120, 137
Mushongah, 100
Mushore, 114
Mushoriwa, 110
Mushowe, 86
Mushure, 114
Musiiwa, 44
Musikiwa, 140
Musina, 107
Musinahama, 175
Musiyewa, 141
Musiyiwa, 91, 108, 130, 138, 225
Muskett, 171
Musodza, 113
Musoni, 23
Musonza, 120
Musopero, 107
Musoro, 118
Mussell, 26, 32, 123
Mussett, 19, 21
Mussiiwa, 132
Musson, 209
Musto, 163
Musuku, 137
Musundira, 66
Musweli, 224
Mutamba, 85, 88, 101, 105
Mutambiranwa, 175
Mutambisi, 101
Mutamiri, 62, 96, 113
Mutandagyi, 102
Mutandwa, 87, 93, 140
Mutangadura, 102, 128
Mutangidura, 66
Mutarah, 109
Mutaranganyi, 135
Mutare, 49, 113
Mutasa, 63, 88, 107, 127, 230
Mutch, 32, 123
Muteiwa, 116
Mutema, 113
Mutemachani, 109
Mutemererwa, 227
Mutendevudzi, 101
Mutengo, 93, 97
Mutepfa, 48
Mutero, 86, 101, 127, 131, 135, 138, 140, 141, 227
Muteto, 90, 114
Mutikani, 109
Mutima, 119
Mutimba, 141
Mutinhima, 106
Mutirivani, 236
Mutirori, 236
Mutizgwa, 115
Mutizwa, 91, 97, 100, 139
Mutomba, 135
Mutonga, 223
Mutongi, 102
Mutongo, 228
Mutsengi, 112, 116
Mutsindikwa, 90
Mutsokotwane, 223
Mutsuris, 172
Mutswagiwa, 227
Mutswanga, 227
Mutter, 208
Mutubuki, 106
Mutumhe, 236
Mutunda, 231
Mutunhuwashata, 115

Mutuswu, 102
Mututu, 61
Muvavarirwa, 120
Muvirimi, 138
Muvududu, 94
Muvuyah, 96
Muwandi, 129
Muwayo, 129
Muwirimi, 63, 90
Muwiwimi, 87
Muwungani, 115
Muwurawa, 87
Muwuyundiani, 70
Muyambi, 229
Muyamuri, 102
Muyengwa, 139, 229
Muyoyiso, 229
Muzah, 111
Muzanenamo, 84, 228
Muzara, 80
Muzembe, 228
Muzenga, 85
Muzinda, 229
Muzirecho, 231
Muziro, 135
Muziya, 114
Muzondida, 39
Muzondiwa, 116, 137
Muzondo, 106, 236
Muzoreyani, 231
Muzoriwa, 101
Muzuba, 137
Muzuva, 138, 142
Muzuwa, 91
Muzvarwi, 113
Mvangeli, 109
Mvona, 55

Mvono, 228
Mvududu, 98
Mwaburira, 138
Mwadiwa, 113
Mwagara, 229
Mwala, 193
Mwalo, 227, 230
Mwanandimai, 91, 109
Mwandiambira, 225
Mwanyangadza, 228
Mwase, 92
Mwayenga, 228
Mwayi, 84, 98, 110
Mwazunza, 137
Mwendesi, 87
Mwenyasakula, 138
Mwenyasukula, 69
Mwenyasukulu, 139
Mwoyowehama, 109
Myburgh, 25
Myers, 35, 110, 182, 198
Myinga, 23
Mylne, 155
Mzezethure, 120
Mzila, 125
Mzimuni, 21
Mzinda, 43
Mzitshwa, 227
Mzvondiwa, 116
Naidoo, 222, 223
Naisbett, 57
Naisby, 63, 96, 114
Naison, 55, 141, 171

Namuneso, 140
Napier, 152, 181, 193
Naryshkine, 164
Nash, 53, 184
Nathan, 98, 106
Naude, 36, 52, 53, 104, 109, 179, 183, 209, 213, 219
Naudé, 201
Nawu, 102
Ncqobi, 227
Ncube, 41, 44, 50, 54, 56, 57, 63, 66, 75, 86, 96, 103, 107, 115, 118, 129, 142, 169, 193, 230, 236
Ndaba, 103, 137
Ndalimani, 224
Ndambi, 196
Ndaneta, 113
Ndanga, 23
Ndaniso, 107
Ndaramachi, 137
Ndebele, 108
Ndele, 236
Ndema, 61
Ndenga, 231
Ndhlamini, 225
Ndhlovu, 44, 70, 107, 111, 225, 228, 231, 234
Ndimande, 106
Ndlovu, 114, 121, 236
Ndondo, 110, 224
Ndongwe, 229
Ndoro, 85, 101, 131
Ndove, 110

Index

Ndumela, 140
Nduna, 110, 129
Ndunyana, 61
Ndwangu, 85
Neale, 89, 91, 138, 209
Neaves, 149
Nechironga, 66
Needham, 214
Neethling, 180
Negobe, 100
Negri, 174
Nehemiah, 131
Nehumba, 96
Neil, 216
Neild, 156
Neill, 196
Neilson, 179
Nekati, 227
Nekuda, 192
Nel, 35, 39, 43, 48, 49, 79, 133, 144, 146, 153, 154, 161, 178, 181, 187, 188, 190, 195, 198, 201, 216
Nell, 49, 213
Nelmes, 79
Nelomwe, 131
Nelson, 160, 183, 193, 228, 229
Nema, 23
Nemaire, 229
Nemasasi, 84, 98
Nembire, 116
Nengomasha, 228
Nepara, 171
Nerera, 69, 137, 139, 142
Nero, 118

Nerwande, 120
Nesbit, 133
Nesbitt, 216
Net, 156, 179
Nethercott, 149, 199
Nethersole, 181
Neville, 56
Newbold, 183
Newell, 128
Newett, 96, 176
Neweyembgwa, 71
Newham, 218
Newington, 23
Newland, 174
Newlands, 152
Newman, 34, 66, 140, 141, 155, 158, 168, 210
Newmarch, 147
Newsome, 170
Newton, 105, 183, 228
Ngadya, 95
Ngairongwe, 56
Ngaliwah, 117
Ngandu, 96, 97, 115, 169
Ngarakana, 95
Ngazi, 86
Ngazimbi, 95, 110
Ngeze, 113
Ngilazi, 137
Ngoma, 137
Ngomakuya, 52
Ngoni, 69, 86, 90, 138
Ngoniye, 117
Ngorima, 23, 57
Ngoshi, 49
Ngulu, 78

Ngulube, 225, 230
Ngungu, 94
Ngungumbane, 23
Nguruve, 62, 111
Ngutshwa, 104
Ngwadzayi, 227
Ngwane, 105
Ngwarayi, 90, 130
Ngwenya, 56, 88, 107, 130
Ngwerume, 88, 108
Nhakwi, 119
Nhamburo, 97, 230
Nhamo, 137
Nhara, 102
Nharaunda, 107
Nharo, 104
Nhau, 228
Nhemachena, 115
Nhidza, 132
Nhikah, 108
Nhlakanyana, 103
Nhokwara, 95
Nhunge, 109
Nichol, 56, 127
Nicholas, 218
Nicholls, 68, 72, 124, 132, 205
Nicholson, 116, 160
Nickson, 98
Nicol, 180, 222, 223
Nicoll, 56
Nicolle, 19, 21, 31, 163, 167
Nicolson, 53, 144, 192, 196, 225
Niehaus, 173, 182, 189
Nielson, 177
Niemandt, 159, 201

284

Index

Nieuwehuizen, 158
Nieuwoudt, 180
Niewenhuizen, 150, 152
Niewoudt, 151
Nigadzino, 39
Nightingale, 94, 112
Nikirasi, 88, 105
Nilson, 23, 151, 152, 163
Nimmo, 56, 74, 195
Nimoti, 102
Nimrod, 114
Niniva, 131
Nisbet, 65, 74, 80, 124, 134
Nisbett, 139
Nish, 207
Niven, 37
Nix, 152
Njagu, 63, 94, 107
Njani, 224
Njanji, 102, 117
Njilayakonda, 192
Njinga, 231
Njiri, 128
Njitimani, 90
Njodzi, 109, 114
Njovo, 75
Njowa, 135
Nkala, 86, 136
Nkiwane, 231
Nkleva, 52
Nkomo, 74, 90, 95, 108, 130, 225, 227
Nkonde, 140, 225, 228
Nkondo, 55
Nkosana, 102

Nkulumo, 115
Nkunda, 225
Noah, 51, 81, 86, 107
Noble, 163, 178, 190
Noel, 148
Noko, 230
Nokwara, 73
Nolan, 146, 194
Noot, 212
Norman, 66, 150, 159, 163, 171
Norris, 100, 182
Northcroft, 157
Nortier, 76
Nortje, 54, 163, 191, 202
Norton, 146, 147, 151, 163, 166, 169, 172
Norvall, 179, 191, 208
Nothnagel, 182
Notman, 182
Nourse, 210
Nowa, 227
Nowell, 111
Nsokosi, 93
Ntakwesi, 231
Ntando, 102
Ntazungunye, 64
Ntini, 85
Nugent, 192
Nurse, 187
Nussey, 199
Nutt, 199
Nuttall-Smith, 201
Nvikadzino, 85
Nxedhlana, 88, 107
Nyabani, 120

Nyabengo, 178
Nyabeze, 120
Nyachowe, 87
Nyacowe, 87
Nyagato, 186
Nyagomo, 231
Nyagumbo, 130
Nyaguti, 112
Nyagwaya, 93
Nyajina, 70
Nyakata, 120
Nyakudya, 230
Nyakura, 62, 92, 110
Nyama, 138
Nyamadzawo, 138, 140
Nyamajiya, 118
Nyamajiyah, 58
Nyamande, 113
Nyamandenga, 139, 140
Nyamatansa, 177
Nyamayaro, 88
Nyambe, 193
Nyambiray, 229
Nyambiro, 98
Nyambo, 111
Nyamkoho, 70
Nyamutsika, 109
Nyamutumbu, 102
Nyandoro, 58, 85, 88, 92, 99, 100
Nyangumbo, 66
Nyanyiwa, 36
Nyaondora, 193
Nyarubiro, 93
Nyaruwo, 91
Nyasango, 228
Nyasha, 227

Index

Nyashanu, 118, 228
Nyathi, 114
Nyati, 87, 95, 235
Nyatsanza, 97, 118
Nyatwa, 90
Nyauta, 229
Nyekete, 134
Nyembi, 107
Nyengedza, 131
Nyenya, 113
Nyika, 84, 92, 99, 108
Nyikadzanza, 85
Nyikadzino, 88, 90, 98, 100, 108, 137, 138, 140, 141
Nyikai, 227
Nyirenda, 52, 232
Nyoka, 90, 228
Nyoni, 54, 62, 93, 102, 109, 133
Nysschen, 178
Nzangane, 61
Nzanza, 112
Nzere, 137
Nzombe, 114
O'Brien, 27, 76, 175, 182
O'Connell, 188
O'Connor, 34, 123, 136, 150
O'Donnell, 23
O'Donoghue, 155, 158
O'Donovan, 183
O'Hanlon, 69, 138
O'Hara, 161
O'Leary, 149, 195
O'Meara, 60, 83
O'Neil, 92

O'Neill, 125, 185
O'Reilly, 165
O'Shea, 202
O'Toole, 79, 117
Oakley, 216
Oates, 185
Oatley, 206
Oatt, 63, 83, 106
Oberholster, 117, 218
Obert, 43, 65, 124
Oborne, 68, 76, 123
Odam, 179
Odendaal, 143, 148, 151, 168, 173, 178, 180, 193, 202, 211
Oelofse, 76
Office, 137, 171, 231
Ogden, 173
Ogilvie, 48, 143, 189, 218
Ogilvy, 180
Ogle, 89
Ogston, 53
Oldenburg, 171
Oldfield, 212
Oldham, 157, 182
Oldknow, 64, 109
Oldridge, 152
Olds, 144, 155, 202
Oleggio, 174
Olen, 177
Olesen, 34
Oliver, 117, 158, 187, 189, 209
Olivier, 186, 191
Olwage, 52
Onisimo, 119

Oosthuizen, 149, 172, 173, 182, 196, 212, 214
Oosthuysen, 149, 209
Opie, 196
Oppenheim, 45, 89
Opperman, 109
Orchard, 167
Ord, 67, 134
Orford, 209
Ormerod, 58, 191
Orsmond, 123
Orton, 144
Osborn, 23
Osborne, 199, 202, 218, 222
Oscroft, 123
Osinga, 184
Osterberg, 219
Osterloh, 160
Ott, 146
Otterson, 161
Ousthuizen, 49
Owen, 23, 82, 103, 165, 168, 176, 196, 208, 211, 215
Owens, 65
Oxden, 213
Oxley, 23, 58
Pa1iouras, 197
Packenham, 199
Padget, 104
Pafitis, 37
Pagara, 118
Page, 35, 152, 156, 158, 202, 209, 216
Paget, 67, 78
Paguwah, 130
Pahlana, 227

Index

Paine, 89
Painona, 106
Painting, 108
Paira, 137
Paisley, 138
Pakayi, 130
Paley, 172
Palframan, 196
Pallister, 217
Palm, 204
Palmer, 23, 38, 52, 54, 58, 164, 165, 166, 169, 170, 173, 181, 209
Palphramand, 48
Palterman, 150
Pambuka, 90
Pamhi, 117
Pamire, 171
Pankhurst, 172
Panton, 124
Papadopoulos, 193, 196
Papenfus, 63, 105, 183
Paradza, 93, 138
Paradzai, 93
Paradzayi, 106, 124, 140, 141
Parayi, 231
Paraziva, 87
Pardoe, 66, 125
Pardon, 176
Parham, 174
Parirewa, 224
Park, 220
Parker, 23, 25, 30, 36, 54, 60, 104, 127, 153, 160, 161, 168, 171, 189, 190, 196, 210, 218, 235
Parkin, 132, 164, 169, 172, 182, 211, 228
Parkinson, 23, 53, 191
Parnham, 65, 133
Parratt, 133, 208
Parry, 83, 100, 109, 116, 146, 187
Parsloe, 217
Parson, 203
Parsons, 117, 215
Partridge, 19, 23, 155, 158, 186
Parwada, 90
Pascoe, 123, 145, 152, 175, 185, 191, 200, 212, 213
Pasea, 74
Pasipamire, 139, 140
Pasipanodya, 98
Passaportis, 32, 42, 122
Paswani, 86
Patch, 23, 31, 47, 138, 142
Patching, 95, 118, 179
Paterson, 35, 156, 172, 200
Patman, 31
Paton, 36, 167
Patreck, 116
Patrick, 131, 227
Patros, 55
Patterson, 23, 108, 158, 173, 215
Pattison, 166
Pattle, 168
Pattulo, 184
Paul, 41, 48, 94, 96, 109, 122, 140, 147, 168, 211
Paulos, 141
Paulsen, 152, 201
Pauw, 95
Pawadyira, 94
Paxton, 66, 73, 179, 203, 204
Pay, 101
Payne, 80, 82, 89, 103, 151, 163, 178, 183, 204, 208
Payton, 152, 195, 203, 217
Peacock, 178
Peacocke, 75, 76, 145, 177
Peacocks, 186
Pead, 219
Peake, 136
Peall, 151
Pearce, 28, 42, 63, 80, 84
Pearmain, 115, 216
Pearse, 73
Pearson, 35, 36, 49, 147, 176, 182
Peart, 134
Peatfield, 218
Peckover, 91
Pederson, 186
Pedzi, 95
Pedzisai, 86
Pedzisavi, 117
Pedzisayi, 59, 72, 198

287

Index

Peetz, 214
Peinke, 74, 79
Peirson, 56, 130, 192, 232
Pelham, 33, 132
Pelissier, 114
Pelser, 135
Pemiwa, 86, 103
Penduka, 93
Pengelley, 173
Peniyasi, 169
Penman, 24, 30, 35, 168
Penney, 130, 212
Penton, 33, 123, 128
Penyani, 227
Pepler, 202
Percival, 202
Perepeczko, 166
Perioli, 147
Perkat, 209
Perkin, 172
Perkins, 62, 93, 121, 133, 161, 187, 235
Perlmutter, 216
Perrett, 145, 197
Perry, 23, 101, 177, 212, 214
Perryman, 183
Peter, 92, 94, 141
Peters, 36, 37, 62, 82, 110, 120, 222, 223
Petersen, 165
Peterson, 59, 117, 183
Petrakis, 166, 169
Petro, 108, 111
Petros, 98, 169

Petter, 38, 46, 72, 128
Pettifor, 189
Pettit, 67
Petzer, 157
Peverett, 179
Peyper, 172
Pfidze, 230
Pfupa, 122
Phahlane, 94
Pheasant, 43
Phelan, 83
Philemon, 137
Philimon, 227
Philip, 160, 180
Philipson, 131
Phillimon, 95, 105, 126, 139
Phillip, 117, 130, 236
Phillips, 23, 28, 31, 41, 62, 82, 98, 133, 148, 172, 173, 199
Phillipson, 172
Philp, 145, 181, 218
Phineas, 97, 104, 114
Phinias, 42, 130
Phipps, 135
Phiri, 192, 193, 228
Phiyalo, 223, 227
Pickard, 89
Pickett, 156
Pickles, 161
Picoto, 76
Pienaar, 174, 189
Piercy, 184
Piers, 135, 175
Pierson, 161, 188

Pieters, 78, 126
Pigott, 173
Pihl, 149
Pike, 35, 55
Piki, 142
Pikirai, 107
Pikiseni, 131
Pikitai, 91
Pilate, 28
Pilavachi, 204, 206
Pilbrough, 63, 82, 187
Pilcher, 201
Pile, 78, 127, 206
Pilingo, 227
Pilot, 118
Pilson, 31
Pinchen, 23, 207
Pincus, 23
Pingurayi, 127
Pink, 66, 123, 130
Pinner, 123, 130
Pio, 141, 167, 192
Pirie, 67, 133, 215, 220
Piringondo, 28
Pirrett, 116
Pisirai, 85, 101
Pisirayi, 128
Pissas, 194
Pistorious, 210
Pistorius, 174
Pita, 224
Pitchford, 75
Pithey, 19, 23
Pitman, 77
Pitori, 115
Pitt, 235
Pittard, 24
Pittaway, 5, 238

288

Index

Pitzer, 162, 207
Plant, 60, 202
Plastow, 89
Platen, 174
Plenderleith, 172
Plenji, 136
Pluke, 53
Plumbley, 148
Plumsteel, 48
Pocock, 49, 201
Podmore, 45, 82
Pohl, 143, 150
Pointer, 236
Pole, 57
Polenakis, 219
Polisensky, 168
Polito, 169
Pollard, 108, 143
Pollet, 36
Pollit, 56
Polwarth, 217
Polworth, 215
Pomfret, 184
Pompi, 86
Pondayi, 86
Pondo, 228
Pongweni, 42, 130
Poole, 129, 158
Pooley, 170
Pope, 31, 151, 194, 197
Popukai, 88
Porterfield, 65, 122
Portman, 54
Pose, 224
Posselt, 147
Postles, 214
Postlethwayt, 59, 167
Postlethwayte, 201

Potgeiter, 155
Potgieter, 115, 149, 179, 180, 191
Potter, 97, 103, 151, 196
Potts, 202, 206, 213, 220
Poullaos, 183
Poultney, 161
Poulton, 132, 151
Pouter, 23
Povey, 124
Powell, 83, 102, 116, 165, 177, 180, 200, 219
Power, 99, 202
Powys, 69
Poyamba, 186
Pozzo, 170
Pratt, 35, 37, 63, 82, 91, 97, 110, 160, 170
Preece, 32
Prentice, 154, 234
Prentis, 149
Prescott, 168
Preston, 183
Pretorius, 67, 80, 132, 133, 148, 150, 155, 159, 163, 169, 175, 187, 214, 220, 236
Price, 35, 43, 44, 84, 117, 146, 179, 186, 188, 218
Pridmore, 212
Prince, 113, 167, 187

Pringle, 23, 32, 63, 102, 126, 134, 173, 208
Prins, 173
Prinsloo, 52, 148, 182, 186, 213
Prioleau, 60, 175
Prior, 94, 179
Pritchard, 163, 192
Proctor, 222
Promnitz, 169
Proudfoot, 123
Prowse, 36
Prytz, 184
Psaradellis, 208, 212
Pswerukai, 99
Pswerukayi, 119
Pugeni, 87
Pugh, 37, 63, 83, 97, 109, 124
Pullar, 133
Puma, 227
Pundo, 84
Punter, 63, 83, 107
Purazi, 169
Purcell, 159, 195
Purchase, 163
Purditt, 236
Purdon, 155, 188
Purkiss, 176, 185
Purse, 235
Putterill, 50
Pwere, 92
Pyle, 129
Pym, 107, 155
Pyper, 215
Quaile, 199
Quantick, 149
Querl, 150

Quick, 119, 214
Quili, 55
Quinlan, 38
Quinn, 184
Quinton, 23, 38, 77, 192
Quirk, 77, 123, 128, 216
Raath, 176
Rabarira, 185
Rabbetts, 161
Rabe, 147, 177
Rabie, 38
Rabson, 42
Rabvu, 228
Rachbind, 179
Rademan, 201
Rademeyer, 144, 149, 154, 200
Radford, 32, 124
Radloff, 161, 179
Radnitz, 31
Radue, 210
Rae, 38, 44, 180, 181
Rafael, 114
Rafero, 69, 137, 138, 141
Raft, 216
Rah, 104
Rainbird, 126
Raine, 179
Rainsford, 74, 201
Raizenberg, 161
Ralston, 76
Ramaboea, 88
Rambgawasika, 95
Rambgwayi, 231
Ramby, 167
Ramsay, 157, 162, 185

Ramsbotham, 66
Ramsden, 213
Ramushu, 230
Randall, 112, 122
Randell, 172
Ranga, 100
Ranganai, 88
Ranganayi, 92, 228
Rangarairayi, 28
Rangarayi, 141
Range, 157
Rangwani, 120
Ranjeni, 193
Rankin, 80, 188
Raphael, 117
Rapson, 55
Rashai, 87, 106
Rashamira, 43
Rashayi, 43, 84
Ratcliffe, 58, 191
Ratering, 194
Rattray, 89
Rauch, 182
Rausch, 49, 63, 99
Rautenbach, 145, 157
Ravenhill, 170
Ravenscroft, 157, 197, 202
Rawlins, 32, 122
Rawson, 61, 82, 97, 147, 170
Rawsthorne, 219
Rawstorne, 207
Ray, 92
Rayimon, 105
Rayne, 161
Raynor, 159, 174
Rea, 56, 149
Read, 156, 193

Reade, 104
Reaney, 209
Reay, 168, 184
Record, 111
Redelinghuys, 175
Redfern, 34, 91, 127
Redlinghuys, 176, 207
Redman, 181, 218
Redmile, 191
Redmond, 218
Reece, 80
Reed, 37, 154, 157, 177, 200
Reedman, 23
Rees, 35, 84, 150, 208
Reeves, 63, 89, 94, 112, 176
Reid, 26, 34, 61, 65, 89, 124, 150, 157, 160, 198, 203, 210, 212
Reid-Daly, 26, 65, 124
Reith, 67, 134
Reitz, 158
Remigius, 227
Renard, 199
Renney, 222
Rennie, 128
Rens, 112
Renwick, 167
Reoch, 168
Restorick, 89
Reuben, 142
Revell, 76
Revolta, 187
Rewayi, 107

Index

Reyneke, 47, 137, 163, 218
Reynolds, 43, 76, 177, 203, 209, 216
Rgwadamuka, 139
Rhodes, 153, 160
Rice, 123, 128, 130, 166, 185, 194, 198, 229
Rich, 62, 65, 82, 103, 124
Richard, 90, 94, 96, 101, 110, 227
Richards, 66, 129, 132, 144, 146, 152, 162, 167, 183
Richardson, 55, 133, 176, 179, 182, 184, 189, 197
Riches, 159
Richter, 55, 209
Rickards, 224
Ricquebourg, 167
Riddell, 52, 177, 204
Riddle, 60, 173
Rider, 219
Ridge, 162
Ridley, 185
Riekert, 42
Riga, 140
Rigby, 43, 198
Righter, 200
Riley, 75, 145, 146, 167, 188
Rimbu, 58
Ring, 182
Ringado, 224
Ringshaw, 124
Rinke, 149, 163, 183
Rinos, 52

Rippon, 168
Rishart, 126
Rishworth, 124
Risseeuw, 182
Ritchie, 126, 134, 150
Ritchken, 34
Ritson, 117
Rix, 220
Robb, 171
Robbie, 57
Robert, 85, 96, 171, 211
Roberts, 23, 25, 37, 38, 74, 114, 118, 124, 144, 161, 184, 197, 199, 201, 207, 208, 214
Robertse, 162
Robertson, 34, 35, 77, 145, 147, 149, 153, 204, 209, 211
Robey, 164, 184
Robi, 192
Robins, 42, 97
Robinson, 30, 31, 33, 39, 45, 48, 53, 57, 61, 62, 75, 78, 79, 82, 84, 92, 93, 96, 98, 110, 118, 128, 133, 156, 168, 172, 184, 189, 199, 205, 209, 210, 217, 219
Robo, 227
Roche, 101
Rochester, 63, 163
Rock, 196
Rockingham, 56
Rodger, 58, 127

Rodgers, 64, 87, 117, 138
Rodwell, 58, 75, 220
Roe, 79, 206, 212
Roelofse, 198, 211
Roetz, 212
Roffey, 83, 169
Rogan, 156
Rogers, 67, 76, 98, 127, 146, 149, 151, 159, 171, 176, 179, 183, 201, 203
Rogerson, 162
Rohey, 181
Roland, 80
Rollason, 204
Rollett, 162
Romani, 192
Romilly, 30
Ronald, 180
Ronne, 46
Roodt, 80
Rooken, 37, 40
Rookes, 130
Roome, 65, 77, 126, 206
Roos, 31, 196
Roper, 34, 67, 143, 159, 197, 207
Roquette, 183
Rorke, 173
Rose, 73, 148, 218
Rosenfels, 35, 38, 44, 150, 162, 182
Rosenhahn, 56
Rosentels, 161
Rosettenstein, 59, 171

Index

Ross, 19, 21, 37, 43, 64, 78, 95, 108, 123, 125, 131, 171, 172, 180, 187, 203, 209, 212, 213, 217
Rossen, 55
Rosslee, 223
Rossouw, 76, 210
Roswell, 181
Roth, 174
Roulston, 194
Rouse, 23, 197
Rousseau, 199
Roussot, 149
Roux, 174, 175, 215
Rowan, 146
Rowayi, 139
Rowe, 38, 67, 72
Rowell, 217
Rowland, 64, 65, 77, 95, 112
Rowlands, 99
Rowles, 150, 185
Rowley, 38, 124, 194, 216
Roy, 107, 187
Royikop, 119
Royston, 163, 194
Rozendaal, 57
Rozi, 99
Ruambara, 227
Rubidge, 161
Ruchiva, 142
Ruckezo, 92
Rudiger, 215
Rudland, 21
Rudnick, 172
Rudolf, 201
Rudolph, 39, 151, 155
Ruduvo, 127
Rufaro, 94, 142
Ruffell, 196
Ruffey, 145, 201
Rufura, 76
Rufurwukuda, 85
Rugoyi, 227
Ruka, 88
Rukara, 224
Rukweza, 228, 229
Rule, 24
Rumano, 102
Rumeu, 230
Rumpumudzuzo, 228
Rundle, 77
Rundofa, 112
Runesu, 100, 105, 127, 135
Rungano, 106
Runovuya, 227
Runyararo, 102, 107
Rupiya, 185
Rusakaniko, 137
Rusape, 87, 146, 147, 148
Ruscheche, 68
Rusere, 86
Rusheche, 131
Rushmere, 23
Rushoko, 118
Rusibe, 228
Rusinavako, 118
Rusive, 113
Russell, 53, 84, 105, 125, 135, 163, 170, 212, 213
Rutherfoord, 150, 202
Rutherford, 174, 213
Rutswara, 112
Ruttledge, 156, 160
Ruunduke, 112
Ruwuyu, 43
Ruzidzo, 95, 111
Rwazivesu, 76
Rwizi, 84, 97
Rwodzi, 96
Ryan, 23, 57, 68, 79, 154, 208
Ryder, 159
Rynn, 52
Sabastian, 117
Sabastin, 132
Sabelo, 108
Sabuda, 231
Sacchi, 60, 144, 194
Sachse, 33, 42, 73
Sadza, 114
Sage, 143
Sager, 132
Saich, 31
Saida, 88
Saide, 171
Saidi, 231
Saimoni, 186
Saini, 171
Sainsbury, 56, 149
Saint, 158, 206, 218
Saira, 139
Sairosi, 70, 227
Sake, 129
Sakuro, 87
Salathiel, 95
Salmon, 123, 152
Salter, 78, 126, 155

Index

Salthouse, 167
Sam, 93, 138
Samasuwo, 111
Samhungu, 225
Samisoni, 186
Samji, 79
Samkange, 107
Samler, 117
Samongoe, 90
Samoyo, 120
Sampson, 62, 78, 160, 205, 220
Samson, 55, 100, 113, 120, 177, 227
Samuel, 39, 118, 139, 211, 217, 227
Samuels, 43
Samunderu, 98
Samuriwo, 23
Samutete, 115
Samways, 91
San, 107
Sanangurayi, 169
Sande, 171
Sandeman, 192
Sanders, 38
Sanderson, 45, 62, 67, 82, 94, 105
Sandford, 35
Sanford, 204
Sang, 186
Sanganayi, 115
Sangani, 169
Sanger, 162
Sangerhaus, 143
Sani, 116
Sankey, 91
Sanrey, 188
Santano, 231
Santi, 49
Sanyani, 169
Sarai, 115
Sarayi, 107
Sarirowona, 28
Sasseen, 55
Satterthwaite, 134
Saul, 61, 91, 105, 168
Saunder, 31
Saunders, 35, 36, 52, 73, 89, 128, 154, 160, 195, 197, 200, 216
Saunyama, 92
Sauriri, 225
Savada, 108
Savage, 93
Savanhu, 224
Savory, 78, 204
Sawulo, 118
Sawuro, 98
Saywood, 197
Scales, 129, 163
Scammel, 36
Scannell, 158
Scarff, 115
Scatcherd, 126
Schaap, 144
Schafer, 145
Schaffer, 220
Schaller, 166
Scheepers, 44
Schekman, 156
Schippers, 173
Schlachter, 39, 57, 145, 170
Schlebuch, 210
Schmah, 219
Schneider, 166
Schobesberger, 77
Schofield, 65, 126
Scholefield, 210
Scholtz, 177
Schonken, 77, 107, 131, 144
Schoon, 149
Schots, 73
Schoultz, 166, 169, 196, 201, 216
Schrag, 43, 74
Schroeder, 162
Schulenberg, 16
Schulenburg, 28
Schulman, 146
Schultz, 157, 176, 191, 197, 201, 209, 219
Schwikkard, 174
Schwim, 36
Scotch, 118
Scott, 17, 48, 52, 58, 60, 73, 76, 96, 111, 123, 126, 127, 132, 145, 148, 150, 156, 162, 164, 166, 168, 172, 173, 181, 183, 195
Scott-Martin, 197
Scutt, 200
Searle, 174
Searson, 190
Seaward, 108
Second, 186
Seda, 114
Seddon, 24, 203, 206
Seear, 79
Seeber, 75
Sekete, 229

Index

Selby, 195
Selkirk, 179
Sellman, 178
Semende, 120, 228
Semmans, 158
Senando, 141
Senekal, 53, 76
Senior, 53
Serfontein, 133, 189
Servesto, 96
Setiya, 193
Seton, 67
Seward, 83, 106, 154, 215
Sewell, 100, 215
Sexton, 207
Seymour, 34, 148, 166
Seymour-Smith, 201
Shacklock, 197
Shadaya, 104
Shadireki, 61
Shadreck, 53, 88, 101, 111
Shahadat, 220
Shalovsky, 58
Shamu, 44, 102
Shamuyarira, 227
Shamwarira, 107
Shand, 199
Shandare, 193
Shangwa, 235
Sharman, 190
Sharp, 35, 53, 149
Sharpe, 79, 161
Sharples, 214
Shatewa, 137, 139
Shattock, 150, 180
Shava, 231

Shavi, 105
Shaw, 46, 54, 56, 59, 74, 78, 90, 122, 156, 165, 167, 178, 180, 191, 195, 200, 209, 210, 211, 212
Shawe, 190
Shay, 59, 149
Shayamano, 137
Shayamunda, 104
Shearer, 148, 159
Sheasby, 59, 175, 211
Shedrick, 96, 107
Sheldon, 151
Shelton, 153, 184
Shepherd, 36, 80, 211
Sheppard, 144
Sher, 205, 215
Sheriff, 45, 82, 92
Sherlaw, 155
Sherren, 19, 25, 30, 45, 82
Sherringham, 83
Sherwin, 72, 134
Sherwood, 206
Shewan, 235
Shewell, 68, 103
Shibulo, 95
Shiel, 106
Shield, 89, 160
Shiels, 216
Shimongola, 36, 113
Shinn, 149, 189
Shipley, 160
Shires, 79, 209
Shoko, 41, 138

Shomai, 141
Shonayi, 113
Shongwe, 58
Shonhiwa, 106
Shoniwa, 88, 90, 225, 227, 228
Shora, 102
Short, 61, 82, 145, 157, 205, 220
Shraga, 172
Shumba, 23, 63, 99, 113, 119, 120
Shupayi, 229
Shurukayi, 118
Shute, 33, 127
Shutte, 144
Siachokola, 72
Siambula, 229
Siamujaka, 229
Siangale, 69, 138, 141
Siansali, 115
Siasumpa, 122
Sibanda, 52, 88, 94, 102, 112, 117, 193, 198, 229, 232, 236
Sibangani, 91, 224
Sibanjere, 192
Sibonda, 105
Sibotshiwe, 169
Sibson, 35
Sibula, 88
Siddall, 216
Sidhlohlo, 227
Sidnell, 63, 92
Sidojiwe, 114
Sievwright, 25
Sifana, 138
Sifile, 87

Index

Sigauke, 120, 228
Sigeca, 90
Sigola, 23
Sigsworth, 196
Sikelela, 104
Sikonzile, 105
Silk, 170, 171
Siluchili, 55
Silva, 187
Silver, 99, 117, 223, 235
Silvester, 88, 107
Sim, 219
Simbi, 124, 229
Simeon, 85
Simmonds, 30, 31, 42
Simmons, 127
Simon, 67, 72, 87, 90, 96, 112, 118, 129, 135, 136, 141, 194
Simoni, 138
Simons, 192, 235
Simonsen, 58
Simpson, 37, 89, 162, 170, 171, 178
Sims, 53
Simson, 152
Simudzai, 99
Simushi, 228
Simuzibe, 95
Sinanga, 229
Sinclair, 57, 58, 75, 156, 162, 167, 176, 182, 218
Sindle, 166
Singadi, 177
Singangwari, 90
Singer, 213

Singleton, 78, 176, 207
Singo, 116
Sinira, 140
Sinoia, 146, 147, 228
Sinosi, 229
Sinto, 200
Sinudza, 85
Sinyoro, 90
Sione, 228
Sipatiso, 114
Sipepu, 104
Sipo, 86
Siriro, 109
Sitanimezi, 118
Sithole, 93, 120
Sittig, 188
Situbeni, 98
Sivertsen, 179
Sives, 187
Siwela, 113
Siyachitema, 91, 109
Siyakatshana, 95
Siyakurima, 101
Siyambi, 115
Siyawamwaya, 228
Siyazini, 231
Siyiwa, 141
Siziba, 228
Skeeles, 157
Skeen, 23, 66, 185
Skehel, 36
Skilton, 176
Skinner, 198
Skipworth, 169
Slabbert, 195
Slack, 166, 196
Slater, 124
Slatter, 67, 135

Slaven, 23, 219
Slavin, 207
Slawski, 166
Sleigh, 166, 196
Slement, 217
Sletcher, 30
Sligh, 157
Sloman, 103
Sloot, 183
Sly, 165, 206
Smal, 195
Small, 199
Smart, 148, 178, 207, 227
Smit, 72, 152, 164, 165, 170, 175, 182, 194, 220
Smith, 18, 19, 21, 23, 25, 34, 35, 37, 40, 43, 55, 57, 58, 59, 60, 63, 65, 72, 74, 76, 78, 83, 100, 103, 114, 123, 124, 127, 131, 143, 144, 146, 148, 149, 150, 151, 152, 153, 154, 156, 157, 160, 161, 162, 163, 164, 165, 166, 168, 174, 176, 177, 179, 180, 183, 185, 187, 189, 190, 193, 195, 196, 199, 202, 203, 205, 207, 209, 210, 212, 215, 216, 217, 218, 219, 220, 236

Index

Smithdorff, 72, 125
Smithers, 32
Smithyman, 124
Smuts, 164
Smythe, 124
Snelgar, 28, 72, 183
Snell, 37
Snoer, 223
Snook, 181
Snuggs, 191
Snyders, 187
Snyman, 124
Sobey, 128
Sodinda, 105
Sogwala, 24
Soka, 41
Sole, 157
Solomon, 75, 85, 98, 99, 100, 112, 135, 141
Solotiya, 229
Somanje, 55, 186
Somers, 153
Somerville, 150
Sommerville, 213
Sonayi, 142
Soso, 133
Sosora, 84, 97
Soutar, 165
Souter, 55, 69, 139, 190
South, 111
Southam, 153, 197
Southey, 65, 72, 124, 157, 184, 220
Southgate, 59
Southwood, 77, 148
Sowden, 75
Sowoya, 227
Sowter, 89

Spain, 181
Spalding, 75
Spanner, 53
Spanton, 60, 183
Sparey, 58
Spargo, 167
Sparks, 35, 89
Sparrow, 54
Speedie, 151
Spence, 54, 68, 166, 183, 219, 220
Spencer, 49, 83, 186
Spider, 227
Spiers, 157
Spies, 156, 168, 219
Spilhaus, 34
Spink, 24, 88
Spinner, 231
Spiret, 179
Spoel, 24
Spoor, 214
Springer, 67, 129
Spurgin, 93
Spurr, 49
Squires, 170, 171
St Claire, 148
St. Clair, 58, 183
Stableford, 37
Stacey, 181
Stafford, 52, 155
Stagman, 32
Staines, 117
Stallwood, 24
Stam, 174
Stambolie, 210
Stamp, 58, 131
Standage, 176, 222, 223
Stander, 186, 200, 203

Standers, 149, 197
Standirek, 90
Standish, 36, 214
Stanger, 147
Stanley, 114, 167
Stannard, 44, 62, 82, 98, 103
Stanning, 53, 179
Stansfield, 33, 132
Stanton, 104, 235
Stanyon, 146
Stapleberg, 148
Staples, 149
Stapleton, 195
Starling, 171
Starr, 199
Stassen, 69, 139
Staude, 170
Staunton, 170, 174, 181, 186
Stayila, 113
Stead, 73, 78, 135, 219
Steane, 217
Stedall, 155, 180
Steel, 126, 175, 190, 195, 209
Steele, 167, 189, 191
Steenkamp, 188
Stegman, 165
Stein, 149, 219
Stella, 189
Stenner, 61, 82, 100
Stenslunde, 160
Stenson, 166
Stephen, 58, 71, 86, 87, 98, 119, 126, 220, 221, 229
Stephens, 63, 92, 212, 213

296

Index

Stevens, 55, 99, 103, 120, 131, 175
Stevenson, 63, 115, 126, 162, 180, 217
Steward, 163
Stewart, 54, 145, 152, 158, 167, 171, 177, 185, 187, 210, 213, 220, 227
Steyl, 159, 194
Steyn, 60, 66, 74, 76, 119, 125, 144, 149, 157, 158, 159, 173, 175, 176, 178, 183, 187, 188
Steynberg, 63, 111, 197, 217
Stidolph, 184
Stiel, 174
Stiff, 83
Stilwell, 216
Stinton, 161
Stirling, 59
Stitt, 93, 110
Stobart, 28, 38, 184, 186, 188
Stober, 147, 199
Stock, 100, 108
Stockil, 165
Stockton, 129
Stodart, 174, 188
Stoddart, 222, 223
Stoef, 227
Stojecki, 48
Stokes, 38, 127, 145, 146, 166, 188
Stokoe, 84
Stols, 68, 213

Stoltz, 129, 216
Stolzer, 176
Stone, 34, 62, 97, 134, 153, 207, 209, 212, 214
Stonhill, 56
Stoole, 218
Stopforth, 202
Storey, 75
Stork, 209
Storrer, 161, 186
Stott, 170
Stout, 44
Stow, 105
Stowell, 157, 180
Straarup, 163
Straatman, 182
Stracham, 31
Strang, 117
Stranix, 60, 194
Stratfold, 208
Stratford, 168, 181
Strauss, 67, 77, 133
Straw, 49
Streak, 215
Streeter, 24, 78, 188
Strever, 161
Stringer, 124
Strong, 24, 37, 39, 42, 178, 195
Struckel, 144
Strugnell, 163
Strut, 168
Struthers, 135, 176
Strydom, 133, 135, 158, 167, 186, 197
Stuart, 24, 63, 65, 69, 83, 126, 141, 181, 182, 196, 215
Stubbs, 164, 172

Stuhardt, 54
Stumbles, 19, 24
Stuttaford, 77, 221
Style, 56, 59, 160, 164
Sudbury, 28, 212, 215
Suffell, 34
Sulter, 31
Sumba, 227
Sumbe, 230
Summers, 119
Sumner, 58
Sundquist, 192
Susute, 84
Sutcliffe, 208
Suter, 207
Sutherland, 40, 106, 135, 144, 187, 196
Sutherns, 41
Suttie, 122
Suttill, 74
Sutton, 93, 223
Suuring, 186
Svoboda, 66, 73, 75
Swain, 165
Swan, 74, 155
Swando, 130
Swanepoel, 48, 158, 168, 185
Swann, 76
Swannack, 153
Swanton, 196
Swart, 33, 55, 76, 77, 123, 144, 154, 172, 183, 186, 213
Sweeting, 124
Swift, 34, 69, 186, 216
Swindells, 144, 192

Index

Swinurai, 84
Swinurayi, 169
Swire-Thompson, 196
Switzer, 178
Swova, 101
Sykes, 75
Sylvester, 227
Symes, 127
Syminton, 187
Syropoulo, 145, 188
t'Hart, 54
Taapatsa, 229
Taberer, 147
Tabor, 193
Tabudikira, 137
Tachi, 125
Tachiveyi, 138
Tachiweyi, 96, 227
Tachiwona, 87, 90, 130
Taddios, 102
Tafa, 231
Taffs, 176
Tafira, 142, 227
Tafirapasi, 122
Tafirayi, 139
Tafirenvika, 85
Tafirenyika, 111, 113
Tafireyi, 140, 229
Tafuenyika, 96
Tagara, 115
Tagu, 193
Tagumirwa, 108
Tailos, 192
Tait, 38
Takabvanargwo, 87
Takadiya, 54
Takadiyi, 109

Takafa, 228
Takaidza, 227
Takaindisa, 86
Takaingofa, 128
Takanyama, 142
Takaruza, 94, 230
Takavada, 92, 129, 236
Takavindisa, 125
Takavingeyi, 94, 232
Takawira, 58, 75, 87, 88, 90, 93, 100, 107, 110, 112, 113, 115, 116, 125
Takayindisa, 113
Takaza, 130
Takazidza, 229
Takundwa, 117, 120, 139, 232
Talbot, 32, 183
Tamai, 87
Tamanikwa, 87, 98, 118
Tamayi, 138
Tambaoga, 91
Tambara, 230
Tambudzi, 225
Tamhla, 231
Tamike, 177
Tammadge, 162
Tanawira, 85, 100
Tandari, 73
Tangamuni, 58
Tanganyika, 99
Tangeni, 227
Tangirayi, 101
Tannahill, 175
Tanner, 24, 159

Tanser, 214
Tanyanyiwa, 88, 106
Tapera, 84, 97, 118, 140
Tapers, 55
Tapfumaneyi, 70, 101, 107
Tapingonzayi, 141
Tapsell, 158
Tapson, 31, 32, 120, 130, 144, 156, 189, 192
Tapurayi, 91
Tarambiwa, 232
Tarasana, 108
Tarazani, 99, 119
Tarboton, 188, 194
Targwireyi, 139
Tarirayi, 115
Tarr, 40, 65, 125, 126, 158, 162, 171, 184, 187, 202, 233
Taruberakera, 124
Tarugarira, 91
Tarumburura, 137
Tarusarira, 137, 139
Tarusenga, 55, 139, 141, 192
Taruvinga, 92, 104
Taruwinga, 84, 85, 97
Taruwona, 84, 98, 125
Taruza, 227
Tarwireyi, 86
Tarwiwa, 88
Tasara, 104
Tashaya, 225

Index

Tasker, 108, 128, 158
Tate, 215, 216
Tatham, 181
Tatos, 212
Tattersfield, 162
Tatton, 53, 54, 133
Taurai, 139
Taute, 152, 154
Tauzeni, 169
Tavanka, 137
Tavaziva, 99
Tavener, 147, 184, 186
Tavengana, 141
Tavengwa, 80, 115
Tavererwa, 138
Tavezeza, 116
Tavimbgwa, 85
Tawa, 86
Tawandira, 137
Tawasika, 230
Tawazaza, 137
Tawengwa, 102
Tawira, 111
Tawona, 104
Tawonezvi, 140
Tawonezwi, 128, 230
Tawonisa, 87
Taws, 166
Tayengwa, 91, 94, 99, 106
Tayimbgwa, 99
Taylor, 36, 37, 43, 78, 91, 101, 104, 105, 107, 114, 123, 125, 147, 152, 159, 161, 164, 165, 170, 175, 176, 178, 191, 196, 200, 205, 217
Tazwinga, 125
Tazwivinga, 101, 139, 140
Teasdale, 135
Tebbit, 145
Teichmann, 184
Telfer, 28, 74, 209
Temani, 122
Temba, 93, 94, 99, 113, 126, 139
Tembani, 106
Tembeka, 125
Tembo, 63, 97, 118
Tendayi, 101
Tendepi, 90, 116
Tengayi, 55
Tengesai, 108
Tengwe, 224
Tennant, 108, 197
Tennent, 144
Tennick, 212
Tera, 227
Terblanche, 156, 181
Terblans, 175
Terera, 232
Tererayi, 115
Ternouth, 159
Terry, 63, 108
Thackwray, 205
Thalu, 131
Thebe, 227
Thedvall, 194
Theobald, 80, 124
Theron, 42, 164, 172, 179
Theuma, 181
Theunissen, 109, 214
Tholet, 150
Thom, 35, 141, 202
Thoma, 228
Thomas, 63, 73, 75, 79, 83, 97, 101, 105, 116, 122, 136, 147, 155, 165, 173, 174, 180, 188, 199, 200, 219, 224
Thomassett, 162
Thomlinson, 73
Thompson, 24, 28, 31, 35, 52, 55, 64, 67, 84, 93, 101, 118, 122, 132, 149, 153, 156, 163, 169, 177, 185, 198, 216, 220, 224
Thomson, 32, 75, 101, 136, 143, 157, 163, 166, 174, 217, 219
Thorburn, 145
Thorn, 66
Thornberry, 119
Thorne, 67, 171
Thorniley, 204
Thornton, 76, 144, 160, 236
Thorogood, 181
Thorpe, 45, 61, 82, 92
Thrush, 43
Thurlby, 92
Thurlow, 144, 176
Thurman, 129, 218

Index

Thwaites, 175
Tibbett, 187
Tibbits, 187
Tichafa, 97, 227
Tichagwa, 193
Tichaindepi, 139
Tichaoneka, 111
Tichawona, 139
Tichawurawa, 105, 115
Tiedt, 187
Tifa, 232
Tiffin, 41, 218
Tigere, 225
Tihu, 227
Tiki, 69, 81, 139, 230
Tilbury, 80, 205
Till, 115, 147
Tilley, 170
Tilly, 73, 129
Timitia, 140
Timitiya, 64, 87
Timm, 222, 223
Timmins, 207
Timms, 196
Timote, 169
Timothy, 86, 88, 90, 93, 103, 106, 126
Timoti, 84, 175
Timuri, 88
Tinapi, 142
Tinargo, 103
Tinarwo, 119, 137
Tinawapi, 84, 97, 110, 171
Tindale, 198
Tindle, 189
Tingle, 153
Tipler, 209, 210

Tippett, 175
Tippetts, 103
Tipple, 104
Tiran, 171
Tiribacho, 140
Tirivanhu, 94, 138
Tiriwanhu, 90
Titi, 124
Titus, 22, 114
Tivagone, 86
Tiya, 137
Tiyeli, 104
Tiyemba, 139
Tizayi, 87
Tobaiwa, 175
Tobayiwa, 78, 127, 140
Tobbell, 222
Tobias, 130
Todd, 66, 158
Toddun, 112, 222, 233
Toet, 78
Togara, 85, 97, 100, 141, 225
Tokwe, 109
Tole, 93
Tolmay, 77
Tolond, 130
Tolson, 214
Tomlins, 59, 154
Tomlinson, 61, 83, 96, 170, 175, 177
Toms, 123
Tonda, 232
Tonde, 102, 235
Tongai, 131
Tongayi, 116, 236
Tongerai, 96
Tongesayi, 139

Tongodzayi, 138
Tongogara, 120, 132
Tongopera, 124
Tooms, 180
Topping, 146, 187
Tornbohm, 147
Torr, 148
Torrance, 38, 103
Torrie, 166
Torrington, 178
Tough, 164, 166, 173
Tourle, 42, 57, 191, 205, 219
Tovakari, 9, 42
Townley, 198
Towns, 183
Townsend, 37, 83, 202, 237
Towsey, 24, 25
Tozer, 152, 190
Tracey, 24, 32
Traill, 111
Trangmar, 63, 94, 106
Trass, 28
Travers, 24, 57, 154
Traynor, 44
Treacy, 174
Treble, 59, 143
Tredgold, 184
Treger, 214
Trent, 218
Tresise, 192
Trethowan, 24
Trevelyan, 178
Trevenen, 208
Trickett, 189
Trigg, 67

300

Index

Triggs, 54
Trinder, 56
Trition, 160
Trivella, 35, 191
Trott, 152
Trotter, 150
Troughton, 154
Trow, 153
Trower, 89
Trubi, 83, 119
Trueman, 116
Truman, 230
Truscott, 206
Tsamba, 110
Tsanzirayi, 104, 138, 141
Tsapi, 97
Tsavara, 236
Tserayi, 106
Tshabalala, 97, 235
Tshabe, 119
Tshangana, 95
Tshaya, 106
Tshele, 118
Tshibokwana, 131
Tshili, 116
Tshuma, 114
Tsigah, 63, 85, 99
Tsikai, 93
Tsikayi, 96, 112
Tsingirayi, 94, 110
Tslentis, 150
Tubbs, 73, 78
Tucker, 75, 84, 197, 201
Tuer, 165
Tulley, 39, 211
Tumbare, 39, 65
Tumner, 30
Tunmer, 168

Turnbull, 79, 127, 156, 159
Turner, 32, 45, 53, 54, 79, 89, 123, 124, 132, 135, 152, 162, 170, 176, 197, 206, 236
Tutani, 61, 62, 92, 94, 106, 232
Tutayi, 193
Tweedie, 154
Twiggens, 80
Twine, 41, 115
Tyrer, 148, 179
Tyrrell, 194
Tyzack, 164
Udal, 172
Uglietti, 208
Umali, 55
Umtali, 49, 145, 146, 147, 148
Underwood, 89
Unwin, 161
Upton, 42
Upward, 91
Urayayi, 84, 98
Usai, 84
Usaiwevu, 230
Usher, 165
Ushewokunze, 109
Uta, 87
Utton, 125, 136
Uys, 143, 183
Vakayi, 91
Valdemarca, 206
Valentine, 178, 224
Valintine, 182, 193
Valley, 134
Vambe, 95, 110, 136
van Aardt, 117

van Antwerp, 217
van As, 177, 187, 207
van Blerk, 236
van Breda, 220
van Buuren, 166
Van Buuren, 59
van de Linde, 55
van den Berg, 72
van den Bergh, 198, 201
van der Bank, 63, 149, 195
van der Berg, 163, 213
van der Burgh, 159
van der Byl, 19, 21, 149
van der Hoff, 172
van der Horst, 197
van der Merwe, 58, 128, 132, 134, 136, 149, 150, 161, 163, 185, 187, 195, 197, 210, 219, 220
van der Riet, 39, 42
Van der Ruit, 213
van der Sande, 186
van der Spay, 177
van der Spuy, 37
van der Struys, 216
van der Veen, 189
van der Vyver, 172
van der Walt, 48
van der Westerhuizen, 200

301

Index

van der Westhuizen, 167, 193, 213
van der Zandt, 72
van Deventer, 147
van Driel, 133
van Dyk, 184
van Ede, 158
van Eden, 144
van Eeden, 112, 200
van Emmenis, 181
van Greunen, 214
Van Greunen, 223
van Heerden, 21, 36, 56, 134, 146, 147, 153, 165, 167, 168, 196, 207
van Helsdingen, 196
van Horsten, 119
van Hussteen, 200
van Jaarsveldt, 198
van Leeuwen, 158
van Lent, 177
van Malsen, 43
van Niekerk, 43, 56, 57, 67, 145, 153, 160, 161, 166, 168, 173, 183, 198, 213, 220
van Ramesdonk, 167
van Reenen, 30, 167, 176
van Reenen Mostert, 30
van Reijsen, 161
van Renen, 163
van Rensburg, 60, 154, 155, 170, 178, 183, 203, 208, 213
van Rheede van Oudtshoorn, 214
van Rhyn, 195
van Rooyen, 72, 78, 197, 198, 210
van Staden, 107
van Straaten, 191
van Tonder, 58, 78, 151, 159, 162, 178, 189
van Veen, 189
van Vuuren, 168, 169, 173, 219
van Wyk, 53, 153, 182
van Zeeland, 187
van Zyl, 40, 53, 69, 142, 144, 200, 214, 217
Vandayi, 88
Vanhuvavone, 132
Vani, 86
Vanirai, 118
Vanja, 130
Vanji, 95
Vansittert, 30, 45, 82
Vanstone, 49
Varga, 37
Varkevisser, 35, 65, 125, 163, 165, 191, 207
Varrall, 197
Vasagie, 187
Vashee, 193
Vass, 123
Vaughan, 36, 79, 135, 154, 155, 177, 185, 210, 214
Vawdrey, 55
Vazhure, 93, 100, 112
Veale, 204, 211
Veckrange, 133
Vellem, 224
Vengayi, 87, 104
Venn, 167
Venter, 52, 145, 151, 179, 198
Venters, 154
Verbeek, 36, 159
Vercueil, 153
Verdon, 127
Vere, 170, 212, 213
Veremu, 225
Verenga, 90
Verengayi, 95
Verhagen, 184
Verheek, 187
Vermaak, 143, 190, 208, 212
Vermeulen, 169
Vernall, 158
Vernon, 84, 199
Versfeld, 164
Verster, 178
Versveld, 153
Verwey, 154
Vickery, 79, 151, 161, 180, 203, 204, 213
Victor, 98
Viljoen, 32, 135, 146, 157, 166, 168, 177, 181, 187

Index

Vincent, 43, 44, 98, 105, 150, 202
Vind, 174
Vingirai, 94
Vinti, 55, 228
Virima, 96
Virimai, 140
Visagie, 202
Visser, 166, 175
Vissian, 177
Vista, 236
Vitalis, 78
Vitori, 100, 119
Vivier, 218
Viviers, 55, 193, 198
Voigt, 158
Volk, 157
Volker, 50, 175, 194
Vollgraaf, 216
von Memerty, 147, 159, 179
von Riesen, 59, 163
Vonnie, 100
Vorster, 177, 186, 189
Vos, 74
Vosloo, 176, 185
Voss, 77
Vukeka, 115
Vunzawabaya, 193
Vuryi, 225
Vushe, 104
Vusumzi, 116
Vye, 93
Waddacor, 54
Waddell, 157, 167
Waddington, 156
Wafawanaka, 120
Wainer, 220
Waizi, 229

Wakefield, 37, 56, 91, 185
Wakeford, 30
Walden, 182
Wale, 74
Wales, 83
Walford, 210
Walker, 24, 31, 59, 78, 80, 89, 106, 112, 126, 127, 134, 151, 154, 155, 158, 166, 169, 170, 171, 176, 187, 188, 191, 198, 205, 210, 214, 215, 218, 219, 220
Wall, 57, 79, 143, 193, 211
Wallace, 58, 74
Waller, 59, 64, 91, 103, 108, 188
Wallis, 24, 158
Wallman, 217
Walls, 20, 32, 46, 122, 124, 190
Walmisley, 151, 185
Walsh, 33, 36, 42, 46, 59, 123, 125, 128, 181
Walter, 97
Walters, 31, 58, 126, 191
Walthew, 235
Walton, 107, 143, 161, 172, 209, 220
Wamarirai, 224
Wamiridza, 90
Wantenaar, 187

Ward, 24, 34, 36, 45, 52, 62, 74, 92, 98, 108, 143, 149, 155, 157, 178, 182, 184, 217
Wardhaugh, 219
Wardle, 42, 173
Warinda, 105
Waring, 151
Warner, 135, 149
Warner-Pratt, 199
Warraker, 28
Warren, 44, 63, 72, 83, 97, 109, 183, 210, 213
Warwick, 54, 89, 169, 192
Wata, 112
Waterhouse, 151
Watermeyer, 109
Waters, 101, 164, 199, 208, 216, 235
Waterworth, 153
Wathen, 178
Watkins, 89, 124, 167, 168, 218
Watmough, 214
Watridge, 58, 162
Watson, 36, 38, 39, 43, 50, 53, 56, 79, 101, 110, 125, 129, 145, 149, 155, 156, 176, 178, 185, 191, 195, 209, 220
Watt, 28, 39, 74, 151, 160, 195, 207
Watters, 170
Watts, 40, 97
Watungwa, 85, 118

Index

Watura, 96
Waugh, 63, 83, 107
Way, 101, 200
Waymouth, 160
Waziwenyi, 98
Weare, 93, 110
Weatherley, 93
Webb, 61, 63, 74, 78, 82, 100, 104, 111, 122, 154, 170, 174, 196, 207, 209
Webber, 77, 122, 164
Weber, 167
Webster, 24, 40, 122, 148, 159, 184, 185, 187, 213
Wedderburn, 131
Wedlake, 184
Weeks, 166, 183, 186
Weideman, 128, 184
Weiderman, 154
Weigall, 214
Weimer, 89
Weinmann, 217
Weir, 218
Wekie, 58
Welch, 42, 91, 220
Welensky, 125
Wellburn, 132
Weller, 89, 184
Wellington, 36
Wells, 24, 35, 59, 69, 78, 119, 124, 129, 155, 157, 180, 183, 201, 204, 218
Went, 211

Wentworth, 73
Werner, 112
Werrett, 176
Werth, 112
Wessels, 168, 175, 200
Wesson, 155
West, 112, 119, 124, 143, 166, 168, 170, 172, 176, 195, 203, 209, 224
Westbury, 170
Weston, 35, 91, 108, 199
Westwater, 34
Westwood, 203
Wetmore, 19, 24
Whales, 153, 214
Whaley, 24, 175
Whande, 228
Whata, 24
Wheatcroft, 60
Wheatley, 188
Wheaton, 37, 170
Wheeler, 38, 83, 119, 156, 158, 164, 174, 199
Wheelwright, 151
Whidi, 224
Whitaker, 151
White, 30, 33, 34, 36, 42, 43, 45, 58, 60, 63, 66, 80, 89, 103, 123, 149, 152, 162, 168, 173, 178, 182, 185, 192, 197, 199, 203, 210, 211, 214

Whitehead, 83, 101, 172, 181
Whitehead-King, 197
Whitehorn, 55
Whitelaw, 91, 108
Whitfield, 167, 209, 212
Whiting, 135, 189, 193
Whitley, 157
Whitlock, 58
Whitson, 190
Whittaker, 155, 182
Whittal, 28
Whittall, 178
Whittingham, 174
Whittington, 192
Whittle, 58
Whitton, 67, 128
Whitworth, 168, 177
Whyte, 38, 72, 143
Wickenden, 48, 91
Wicker, 180
Wickes, 156
Wickham, 173, 176, 183
Wicksteed, 167
Widdop, 165
Widdows, 35
Widdup, 35
Wiehe, 202
Wienand, 183
Wiese, 196
Wiesner, 160
Wiggill, 163, 175, 180
Wiggins, 146, 166, 168, 173

Index

Wightman, 46, 136, 183, 184
Wilbert, 107, 141
Wilbore, 126, 182
Wilcox, 63, 83, 101, 160
Wild, 72
Wilde, 37, 79, 80, 146, 149, 153, 163, 177, 184, 191, 196, 201, 207, 209, 218
Wilfred, 55, 95
Wilhelm, 112
Wilhelmi, 168
Wilken, 201
Wilkes, 165
Wilkins, 155, 178
Wilkinson, 44, 49, 60, 65, 73, 114, 125, 165, 185
Will, 161
Willar, 37, 65, 122
Willard, 177
Willcock, 176
Willcox, 97
Willemse, 149
William, 19, 61, 92, 119, 120, 139
Williams, 24, 38, 59, 67, 79, 84, 99, 102, 114, 133, 135, 145, 148, 150, 153, 155, 161, 163, 167, 169, 172, 181, 184, 185, 191, 199, 201, 206, 208, 210, 220

Williamson, 30, 55, 58, 145, 146, 150, 156, 185, 195
Willie, 95
Willis, 28, 42, 58, 151, 163, 213
Willmans, 67
Willmore, 148, 202
Willoughby, 135
Willows, 213
Wills, 172, 200
Willson, 202
Wilmot, 24, 101
Wilms, 75
Wilmshurst, 127
Wilson, 16, 24, 28, 31, 35, 36, 43, 56, 73, 77, 80, 86, 89, 90, 103, 112, 122, 132, 148, 156, 158, 165, 166, 182, 183, 185, 187, 191, 192, 195, 197, 203, 205, 207, 209, 210, 215, 227
Wilton, 93, 146
Wiltshire, 31, 37, 55, 74, 89, 96
Wimbush, 219
Winch, 126
Winchcombe, 91
Windle, 182
Wingfield, 185
Wingrove, 204, 208, 220
Winn, 60
Winning, 202
Winskill, 167
Winter, 62, 83, 103

Winwood, 151, 190
Wise, 127, 228
Wishart, 112, 217
Wite, 214
Wither, 116
Wittstock, 219
Wixley, 164
Woan, 36
Woest, 181
Wolfe, 158
Wolhuter, 101, 185
Wolley, 160
Wolton, 174
Wood, 43, 53, 54, 67, 104, 110, 145, 148, 158, 177, 178, 182, 195, 211
Woodburne, 117
Woodcock, 67, 170
Woodhead, 59, 190
Woodhouse, 131
Woodley, 158
Woods, 42, 83, 143, 216, 218
Woodworth, 154
Woolcock, 38
Wooldridge, 31
Wooler, 172
Woolf, 164
Woollen, 236
Worden, 97, 119
Wordsworth, 45, 89, 165, 166, 169
Worral, 36
Worroll, 58
Worsley, 37, 89, 174
Worswick, 174
Wort, 122, 131
Worthington, 56, 143

Index

Wozhele, 70
Wrathall, 21
Wray, 149, 185
Wrench, 152, 160
Wright, 30, 31, 37, 45, 48, 59, 61, 69, 82, 89, 92, 103, 128, 145, 157, 168, 174, 195, 207, 211, 214
Wrigley, 66
Wuchirayi, 175
Wuranda, 28, 43, 44
Wurayayi, 42, 125, 127, 136
Wushe, 114, 119
Wyatt, 105
Wylie, 196
Wynn, 79, 207, 208
Wynne, 174
Wyrley, 34
Yakobe, 113
Yancok, 58
Yangama, 131
Yeatman, 79
Yeoman, 34, 74, 132, 145
Yeomans, 52, 176
Yorath, 161
York, 33, 58, 74, 97, 135, 157, 160, 174
Young, 19, 24, 36, 49, 57, 59, 80, 91, 117, 146, 153, 154, 161, 173, 192, 212, 213
Youngman, 65, 211
Younie, 130
Zacharia, 102
Zacharias, 207, 210
Zakeu, 88, 107
Zakeyo, 62, 106
Zaktrager, 57
Zama, 61, 90
Zandonda, 227
Zangel, 215
Zangira, 86
Zaranyika, 111, 118, 131
Zariro, 118
Zayoni, 224
Zefeniya, 107
Zeibani, 195
Zekiya, 86, 103
Zengeni, 112
Zengeya, 112
Zeniasi, 224
Zephania, 63, 88, 107
Zerf, 223
Zhizhinji, 166
Zhuwao, 178
Zihonye, 117
Zihute, 71
Zikhali, 231
Ziki, 110
Zimani, 88, 113
Zimbgwa, 88
Zimbudzana, 110
Zimbwa, 111
Zimuto, 24, 223
Zindaga, 225
Zingwanda, 106
Zinhu, 49, 227
Zinvemba, 227
Zinyemba, 78, 121
Zishiri, 85, 87
Zissimatos, 73, 208
Zivai, 91, 109
Zivengwa, 104
Ziwanaut, 223
Ziyera, 87
Zographos, 172
Zonda, 181
Zondiwa, 232
Zowah, 227
Zozo, 224
Zulu, 63, 85, 88
Zvimba, 119
Zvimbvatu, 110
Zvinoitavamwe, 79
Zvinowanda, 90
Zvirimumoyo, 56
Zvitambira, 175
Zvoushe, 118
Zwanyanya, 110
Zwati, 109
Zwawanda, 132
Zwenyika, 90, 227
Zwidzai, 105
Zwidzayi, 86, 102, 139, 223
Zwimba, 21, 90
Zwinashe, 139
Zwinavashe, 95, 110
Zwinowanda, 141

Also available from Jeppestown Press:

Where the Lion Roars: An 1890 African Colonial Cookbook
Mrs A. R. Barnes

A reprint of one of Africa's earliest English-language cookery books, dating from 1890. Mrs Barnes' recipes for translucent, aromatic melon and ginger konfyt; fiery curries; and sweet peach chutney are as delicious now as they were a century ago; while instructions for making a canvas water cooler, and for treating snake-bite or fever, offer a fascinating insight into the domestic lives of southern Africa's Victorian colonists. ISBN: 0-9553936-1-2

For full details of our inventory, or to order direct, view our web site at **www.jeppestown.com**

JEPPESTOWN

The Bulawayo Cookery Book and Household Guide
Edited by Mrs N. Chataway

This reprint of Zimbabwe's earliest cookery book is packed with recipes for Edwardian African delicacies: garnet-coloured tomato jam; fiery, home-made ginger beer and spicy bobotie. Packed with contemporary advertisements for companies like Puzey and Payne, Philpott and Collins and Haddon and Sly, the book even contains a section on veld cookery, contributed by Colonel Robert 'Boomerang' Gordon, D.S.O., O.B.E., who went on to raise and command the Northern Rhodesia Rifles at the outbreak of the First World War.
ISBN: 0-9553936-2-0

For full details of our inventory, or to order direct, view our web site at **www.jeppestown.com**

The Anglo-African Who's Who 1907
Walter H. Wills (ed.)

A reprint of Walter Wills' quirky colonial reference book, containing the details of nearly 2,000 prominent men and women of Edwardian Africa. This astonishing work includes biographies of settlers, soldiers, explorers, politicians and traditional leaders from every corner of the continent. Invaluable for genealogists, historians, military researchers and medal enthusiasts, it offers details of over 1,200 separate medal awards, together with fascinating biographical sketches of colonial African celebrities—many of whom were known personally to the editor. ISBN: 0-9553936-3-9

For full details of our inventory, or to order direct, view our web site at **www.jeppestown.com**

JEPPESTOWN